기독교문서선교회(Christian Literature Center: 약칭 CLC)는 1941년 영국 콜체스터에서 켄 아담스에 의해 시작되었으며 국제 본부는 미국 필라델피아에 있습니다. 국제 CLC는 59개 나라에서 180개의 본부를 두고, 약 650여 명의 선교사들이 이동 도서차량 40대를 이용하여 문서 보급에 힘쓰고 있으며 이메일 주문을 통해 130여 국으로 책을 공급하고 있습니다. 한국 CLC는 청교도적 복음주의 신학과 신앙 서적을 출판하는 문서선교기관으로서, 한 영혼이라도 구원되길 소망하면서 주님이 오시는 그날까지 최선을 다할 것입니다.

추천사 1

최 형 근 박사
서울신학대학교 선교학 교수, 한국로잔위원회 총무

하나님의 선교는 성육신적이고, 예수 그리스도의 십자가와 부활이 그 중심에 있기에 급진적이고 근원적이다. 따라서 교회의 선교가 깨어지고 분열된 세상에서 복음의 온전함과 변혁적 성격을 회복하기 위해서는 초대 교회가 그랬듯이 급진적이고 근원적이어야 한다. 교회가 예수 그리스도의 발자취를 따라 걷는다는 성경적 이미지는, 삶의 모든 양상을 아우르는 형성적(formative) 의미와 총체적(wholistic) 의미를 담아낸다.

이 점에서,『래디컬 미션』은 현대 선교의 핵심 주제인 하나님의 선교, 성육신, 총체적 선교, 상황화, 선교적 교회와 부상하는 선교 전략으로써 비즈니스 선교, 디아스포라, 일터 선교 등을 다양한 사례를 통해 친절하게 안내하는 지침서의 성격을 갖고 있다.

로잔운동(Lausanne Movement) 50주년을 맞아 한국에서 열리는 제4차 로잔대회를 앞두고, 이 책이 제시하는 선교의 본질과 적용은 한국 교회 선교를 확장하고 심화하는 계기가 될 것이다. 하나님의 선교에 참여하므로 열방 가운데 복음을 살아내고 모든 영역에서 하나님 나라의 영향력을 발휘하기 원하는 모든 그리스도인에게 필독을 권한다.

추천사 2

안 승 오 박사
영남신학대학교 선교학 교수

이 책은 선교에 관심을 가진 성도들과 현장 사역자들과 바람직한 선교의 나아가야 갈 방향에 대해 나누고 싶은 저자 정한길 선교사의 지혜, 지식, 경험, 열정 등을 가득 담고 있다.

이 책에는 오늘날 많이 논의되고 있지만 정작 선교의 주역인 평신도에게는 다소 낯선 다양한 선교 관련 용어, 즉 총체적 선교, 비즈니스 선교, 창의적 접근 지역 선교, 미션 플랜팅, 성육신 사역, 상황화 전략, 선교적 교회 등이 잘 소개되고 있다.

이 책은 이상과 같은 중요 선교 관련 용어들에 대해 아주 쉽고 자상한 설명을 담고 있을 뿐 아니라 다양하고 구체적인 실례까지 제시하고 있어 선교에 관한 바른 이해와 실천에 큰 도움을 줄 것이다.

나아가 이 책은 저자의 풍부한 지식과 경험을 바탕으로 세계선교·가 나아가야 할 바람직한 방향을 잘 제시하고 있어 세계선교·의 발전을 위해 귀하게 기여할 것으로 기대된다. 이런 점에서 선교사들과 목회자들 그리고 선교에 헌신된 모든 성도에게 필독을 권한다.

추천사 3

비조이 코시 박사
인터서브 국제 총재

    역동적인 참여가 절실히 필요한 주제들에 대해 저자의 『래디컬 미션』을 추천하게 되어 매우 기쁘다. 오늘날의 선교 전략은 거의 2세기 전에 교회 상황의 현실에 기반해 만들어진 개념에 기초하고 있다. 이 책이 중요한 것은 현재 선교의 상황이 엄청나게 변화하고 있기 때문이다.

    현재 대다수의 신앙인은 글로벌 사우스에 살고 있고 이 지역에 교회가 더 널리 퍼져 있는 상황에서 우리는 시급히 선교에 대한 성경적 명령과 선교가 앞으로 수십 년간 어떻게 이루어질 것인지를 재정의하고 재발견해야 한다. 이에 저자는 우리에게 선교의 '무엇'과 '어떻게'에 대해 새롭게 생각하도록 도전한다.

    이 책은 저자의 신학적, 선교학적 관점뿐만 아니라 선교사로서 30년 경험과 상호 작용에서 비롯되었다. 그는 아시아를 포함한 세계의 수많은 사역자와 교류하면서 한국 선교 운동과 긴밀히 협력하는 특권을 누렸다. 그 결과물인 그의 저서는 학자와 선교사 그리고 성도 모두가 반드시 읽어야 할 책이라 생각한다.

폴 벤더-사무엘 박사
영국 옥스퍼드선교대학원 학장

우리는 19세기에 태동되어 20세기에 완성된 선교에 관한 이해를 계승했다. 그 개념은 유럽에서 개발되었으며 이젠 더 이상 존재하지 않는 세계를 이해하는 접근 방식이다. 그동안 선교는 '저기'에서 일어나는 일로 정의되며 선교사라고 불리는 전문가에 의해 수행되었다.

세상은 너무도 다양하고 하나님은 모든 상황에서 교회를 성장시키고 계신다는 사실에도 오래된 교회나 새로운 교회는 여전히 선교는 선교사만의 일이라 생각한다. 그러나 성경의 전체 이야기를 살펴보면 모든 사람이 하나님의 선교에 참여하도록 초대받았고 그분의 목적은 모든 사람과 만물의 갱신과 치유를 위한 것임을 알 수 있다. 저자는 이 책을 통해 우리가 그 이야기를 이해하고 그 안에서 우리의 위치를 찾도록 돕고 있다.

• • •

말콤 맥그리거 선교사
전 SIM 국제 총재, 랭햄 파트너십 학자 프로그램 부대표

지난 40년 동안 세계선교는 엄청난 변화를 겪었다. 우리는 지금 21세기 선교의 새로운 시대에 살고 있으며 저자의 저서 『래디컬 미션』은 선교의 새로운 상황을 탄생시킨 주요 변화와 전략을 설명하고 있다. 아마도 이 새로운 현실의 가장 중요한 측면은 아프리카, 아시아, 라틴 아메리카에서의 교회의 성장일 것이다.

그리스도의 복음을 아직도 듣지 못한 이들을 긍휼이 여기시는 하나님은 이러한 대륙들로부터 새롭고 확장된 선교사 공동체들을 부르셔서 이미 그 일에 참여하고 있는 사람들과 합류하게 하셨다. 저자는 21세기 선교의 핵심 개념들에 대해 논의하면서 각 장의 구분을 통해 선교의 패러다임 전환을 명확하게 설명한다.

저자는 1장에서 책을 시작하면서 이것이 하나님의 선교이며 우리는 그분의 종임을 상기시킨다. 저는 이 책을 선교에 헌신하는 교회 지도자들과 신학교 교수들과 성도에게 주저함 없이 추천한다.

케빈 히긴스 박사
전 윌리엄캐리국제대학교 총장, 프런티어벤처스 대표

    저자의 『래디컬 미션』을 추천하게 되어 기쁘다. 타문화 사역자들은 거의 항상 그들의 본국 파송 교회의 문화와 DNA를 지니고 있기 때문에 그 DNA가 건강하고 선교적이어야 하는 것은 무척 중요하다. 이 책의 가장 중요한 목적은 지역 교회와 성도가 그 DNA를 개발하도록 돕는 것이다. 이 책은 당신의 삶을 선교적 삶으로 받아들이도록 격려할 것이며, 또한 지역 교회가 선교적 교회가 되도록 격려할 것이다.

◆ ◆ ◆

넬슨 제닝스 박사
전 OMSC 대표, 「글로벌 선교학」 저널 편집인

    이 야심 찬 연구에서 저자는 독자들이 고려해야 할 광범위한 선교 주제들을 제시했다. 교회와 그리스도인 개개인은 이 책을 통해 21세기 복음 사역과 복음적 삶에 대한 귀중한 격려를 발견할 수 있다. 저자는 미시오데이(*Missio Dei*) 및 기독교 선교의 본질과 같은 지속적인 주제에 대한 성경적, 선교학적 가르침을 제공한다. 그는 현재에 있어 점점 더 중요해지고 있는 디아스포라 선교와 창의적 접근 국가의 문제를 포함해 다양한 현대 선교의 주제들도 다루고 있다.
    이 책을 통해 선교사들과 선교단체들이 큰 유익을 얻을 수 있겠지만, 모든 그리스도인과 교회들 역시 지역적으로나 세계적으로 하나님의 선교 안에서 그들의 선교적 역할을 더 깊이 발견할 수 있을 것이다. 현재와 미래를 위한 건설적인 선교 주제들에 대한 이 특별한 연구에 대해 저자에게 많은 감사를 드린다!

토마스 M. 스톨터 박사
그레이스신학교 선교학 교수

  선교적인 사람들이 이 세상에 소금과 빛 그리고 복음의 메신저가 되도록 훈련시키는 것보다 더 큰 교회의 목적은 없다. 저자의 『래디컬 미션』은 지역 교회가 선교에 대해 이해심을 갖고 선교의 사명을 감당할 수 있는 문을 열어 준다.

  이 책의 10개의 장은 하나님 선교의 기초, 목적, 수단 및 전략을 설명하며 격동의 세상에서 지역 교회에 의한 사명의 성취를 가능하게 한다. 선교적 삶을 구현하기 위한 저자의 선교적 해석학은 신학자만을 위한 것이 아니며 모든 곳의 모든 그리스도인을 위한 것이다.

  저자는 종교에 대해 말하는 것이 아니라 우리 존재의 핵심이 되는 하나님과의 관계에 대해 이야기하고 있으며, 이는 개인과 교회를 위한 상황적이고 성육신의 메시지와 선교적 삶의 방식으로 귀결된다. 그는 하나님의 사명을 받아들이는 성도에게 삶 자체가 세상을 위한 그분의 계획 일부가 된다는 점을 분명히 한다.

래디컬 미션
21세기 세계선교의 가장 중요한 열 가지 주제!

Radical Mission

Written by Francis Jung

All rights reserved.

Korean Edition Copyright ⓒ 2024 by Christian Literature Center, Seoul, Korea.

래디컬 미션

2024년 2월 20일 초판 발행

지 은 이 | 정한길

편　　집 | 도전욱
디 자 인 | 서민정 이승희
펴 낸 곳 | (사)기독교문서선교회
등　　록 | 제16-25호(1980. 1. 18.)
주　　소 | 서울특별시 동대문구 천호대로71길 39
전　　화 | 02-586-8761~3(본사) 031-942-8761(영업부)
팩　　스 | 02-523-0131(본사) 031-942-8763(영업부)
이 메 일 | clckor@gmail.com
홈페이지 | www.clcbook.com
송금계좌 | 기업은행 073-000308-04-020 (사)기독교문서선교회
일련번호 | 2024-10

ISBN 978-89-341-2648-5 (93230)

이 책의 출판권은 (사)기독교문서선교회가 소유합니다.
신저작권법에 의하여 한국 내에서 보호받는 저작물이므로 무단 전재와 무단 복제를 금합니다.

래디컬 미션

21세기 선교의 가장 중요한 열 가지 주제

Radical Mission

정한길 지음

선교가 변해야 교회가 산다!

지금, 세계선교의 패러다임이 변하고 있다.
선교 현장의 흥미로운 여러 사례를 통한
재미있는 선교 배우기

CLC

CONTENTS

추천사 1 **최형근 박사** _서울신학대학교 선교학 교수, 한국로잔위원회 총무   1
추천사 2 **안승오 박사** _영남신학대학교 선교학 교수   2
추천사 3 **비조이 코시 박사** _인터서브 국제 총재   3
         폴 벤더-사무엘 박사 _영국 옥스퍼드선교대학원 학장   4
         말콤 맥그리거 선교사 _전 SIM 국제 총재   4
         케빈 히긴스 박사 _전 윌리엄캐리국제대학교 총장   5
         넬슨 제닝스 박사 _전 OMSC 대표   5
         토마스 M. 스톨터 박사 _그레이스신학교 선교학 교수   6

프롤로그   12

제1장 | 선교의 주체는 누구일까?
       하나님의 선교(Mission of God)   17

제2장 | 우리 생각보다 더 큰 선교
       총체적 선교(Wholistic Mission)   47

제3장 | 선교사 접근금지
       창의적 접근 지역(Creative Access Nations)   79

제4장 | 비즈니스, 선교의 프런티어
       비즈니스 선교(Business as Mission)   115

제5장 | 하나님, 인간의 몸을 입으시다
       성육신 사역(Incarnational Mission)   147

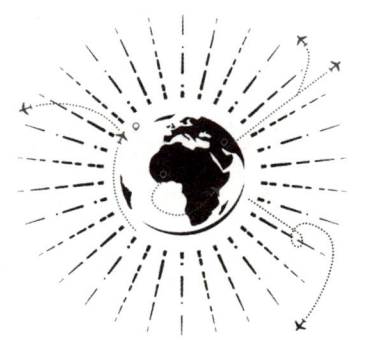

제6장	새로운 주자들이 달린다 미션 플랜팅(Mission Planting)	180
제7장	현지 문화와 언어로 상황화(Contextualization)	214
제8장	선교지와 파송지, 경계가 무너지다 재입국과 디아스포라(Re-entry & Diaspora)	245
제9장	나는 선교사입니다 삶으로서의 선교(Life as Mission)	279
제10장	경계를 허무는 그리스도인 선교적 교회(Missional Church)	312

참고 문헌　　　　　　　　　　　　　　　　　　　344

> 프롤로그

선교가 변해야 교회가 산다!

그리스도인들에게 이렇게 질문한다면 뭐라고 대답할까?
"선교는 무엇입니까?"
아마도 대부분의 그리스도인은 우리의 지상 과업, 이룩해야 할 사명 등으로 설명하지 않을까?

사실 선교는 우리 그리스도인에 대한 하나님의 특별하고 놀라운 은혜의 선물이다. 또한, 하나님과 동역을 가능케 한 엄청난 축복의 초대이기도 하다. 이렇게 성경의 가장 핵심적인 주제 중 하나인 선교는 또한 그리스도인들에게 있어 가장 피상적이고 협의적으로 이해되는 주제이기도 하다.

선교란 무엇이며 선교에 있어 우리 그리스도인의 역할은 무엇인지에 관한 논쟁은 교회 역사를 통해 지속되어 왔다.

선교는 과연 무엇이고 우리 그리스도인 개개인의 역할 그리고 교회의 역할은 무엇인가?

이 거대한 담론을 일반 성도에게 어떻게 쉽게 이해시키고 가르칠 것인가?

지난 30년을 선교사로 섬겨오면서 여러 교회와 선교단체 등에서 선교를 주제로 다양한 강의와 세미나 등을 인도할 수 있는 축복이 있었다. 그리고 그 와중에 깨닫게 된 것은 생각 외로 선교에 대해 전문적이지 않은 일반 성도 누구에게나 선교에 대해 이해하기 쉽고 간결하게 쓰인 저서들이나 프로그램들은 그리 많지 않음을 알게 되었다.

그렇기에 어떻게 하면 선교의 모판이 되는 지역 교회의 일반 성도에게 선교가 무엇인지를 이해하기 쉽게 설명하고, 현대 선교에 대한 전체적 그림을 보여 주며, 더 나아가 선교적인 삶을 살 수 있도록 도움을 줄 수 있을까 하는 한 사람의 선교사로서의 거룩한 부담감이 이 책을 시작하게 된 계기가 되었다.

특히, "우리가 한국 교회와 후배 선교사들을 위해 남길 것은 책밖에 없습니다"라는 동료 선교사들의 격려하는 목소리들과 빠르게 변화하는 시대에 맞추어 교회와 성도에게 선교 현장과 선교학에서 새롭게 부상하는 선교의 중요한 이슈들을 소개하고, 성경적인 선교의 의미와 개념을 가르치며, 교회의 다수를 차지하는 일반 성도를 격려하여 선교의 대과업의 부르심에 어떻게 주님과 동역해 나갈 것인지를 함께 고민하자는 마음이 이 책을 끝낼 수 있었던 동력이 되었다.

그러므로 이 책은 몇 가지 뚜렷한 목적을 가지고 있다.

첫째, 선교에 관한 정의와 개념을 이 책을 읽는 독자가 스스로 정리하도록 돕는 일이다.

지금까지 전통적인 선교에 대한 패러다임을 가지고 있었던 독자들이라면 책을 읽으며 무엇이 성경 전체에서 가르치는 총체적이고 전인적인 선교인지를 스스로 정의 내리길 기대한다. 이전의 우리가 마치 '맹인모상'(盲人摸象)의 이야기같이 각자 듣고 부분적으로 경험한 선교라는 과업을 이 책을 통해 더욱 풍성하고 균형 있는 총체적 선교의 개념으로 정리되어 나가길 기대한다.

둘째, 교회와 선교사 그리고 선교단체(교단 선교부)와 현지 선교부 간의 서로의 이해를 돕고 협력하는데 도움이 되기 위함이다.

한국 선교는 2만 명이 넘는 선교사를 파송했다고 그 수를 자랑하고 있지만 종종 "포수가 없는 야구 경기"에 비유되곤 한다. 아직도 많은 한국 선교사는 선교단체에 속하지 않고 어떤 책무에도 관계 없이 독자적으로 일하고 있다. 또한, 다수의 선교단체는 소속된 선교사들의 책무를 챙길 현장 체제를 갖추지 못한 것도 사실이다.

거기에 선교사와 파송 교회 그리고 선교사가 소속된 선교단체 간의 긴장은 늘 존재해 왔다. 때로는 주도권 다툼으로, 때로는 서로의 역할에 대한 이해의 부족으로 동역과 연합이 중요한 선교 사역을 더욱 어렵게 만든 것도 사실이다. 파송 교회는 재정을 내세우고, 선교단체나 선교부는 행정권을 그리고 선교사는 선교지의 상황을 내세우며 서로를 이해하려는 열린 마음과 포용보다는 편견과 갈등으로 서로를 지치게 만드는 일들이 너무 많았다.

이런 일들은 대부분 '상호 역할'(Role)과 '책무'(Accountability)에 대한 이해의 부족에서 비롯된 결과들이다. 이 책의 여러 사례들을 읽으며 교회와 선교사 그리고 선교단체 간의 책무와 역할은 무엇인지 그리고 어떻게 효율적인 동역의 시너지를 만들어 낼 수 있을지를 함께 고민해 보기를 바란다.

셋째, 현대 선교의 새로운 개념들과 어떻게 선교의 패러다임들이 변화하고 있는가에 대한 이해다.

『미션 퍼스펙티브』(Mission Perspective)에서 랄프 윈터(Ralph Winter) 박사가 설명한 것 같이 세계선교의 흐름은 계속 변하고 있다. 1792년부터 시작되어 1910년까지의 '연안 선교'(Coast Mission)를 시작으로, 1865년에서 1980년까지의 '내륙 선교'(Inland Mission), 1934년부터 시작된 '미전도 종족'(Unreached People Group) 선교 시대를 넘어 더욱 빠르게 변화하는 21세기의 선교는 이전의 여러 선교의 개념이 새롭게 정의되고 더욱 확장되고 있다.

따라서 선교학자들이나 선교사들과는 다르게 일반 성도는 아직도 이전의 선교 개념에 머물러 요즘 선교사들이 이야기하는 선교의 개념들을 외계어(?) 정도로 들을 수 있다. 바라기는 이 책을 통해 여러 가지의 새로운 현대 선교의 용어들과 개념들 그리고 선교의 패러다임들이 어떻게 변화하고 있는가를 이해함으로 모든 성도에게 현재의 선교 흐름에 대한 이해를 돕는 도우미의 역할을 하길 기대한다.

넷째, 가장 중요한 것은, 이 책을 통해 우리 자신의 새로운 정체성을 확립하는 일이다.

정체성은 자신의 존재 가치이며 본질적 특징이기도 하다.

그렇다면 우리 성도의 정체성은 무엇일까?

우리는 하나님의 자녀들이며 예수 그리스도의 제자들이다. 그리고 또 한가지 우리가 기억해야만 하는 중요한 정체성은, 우리 그리스도인 모두가 보내심을 받은 선교사라는 것이다.

우리가 모두 선교사들이라고?

그렇다면 지금 우리가 후원하고 있는 해외에 나가 사역하고 있는 선교사들과 일반 성도의 차이는 무엇일까?

이것이 바로 우리가 앞으로 이 책을 읽어나가며 함께 배우고 스스로 정의 내릴 우리 자신의 새로운 정체성이다.

"우리 그리스도인들은 모두가 부름 받은 선교사들이다."

앞으로 계속 강조하고 또 강조할 말이다.

이 책에는 다양한 상황(Context) 속에서 다양한 사역으로 세상을 섬겨 나가는 다양한 배경의 선교사들과 성도의 실제 이야기들을 최대한 많이 담으려 노력했다. 이들의 이야기들은 누구나 이해하기 쉽고 흥미로운 개인의 삶이요 간증들이다. 이들의 이같은 개인적 이야기들을 끄집어 낸 것은 이들 역시 모두 특별한 슈퍼맨이나 영웅적 삶을 갈망하는 사람들이 아닌, 이 글을 읽어 나가는 독자들과 같이 고민하고 갈등하며 좌절감도 느끼는 보통의 사람들임을 나누고 싶었기 때문이다.

다만 이 책에 실려 있는 선교사들과 성도들이 독자들과 상이한 한 가지는 하나님이 주신 사명과 도전에 먼저 순종한 선교의 선배들이라는 것이다. 이들의 이야기를 들으며 공감되었으면 좋겠다.

이 글을 읽는 독자들도 먼저 선교에 동참한 선배들과 같이 각자에게 주신 은사와 역할에 따라 개개인에게 허락하신 세상의 다양한 삶의 영역 속에서 하나님 나라를 위해 섬기고 싶은 마음이 조금씩 끓어오른다면 필자의 역할은 성공한 셈이다. 우리들이 할 수 있는 일들, 우리들을 기다리고 있는 일들이 이 세상에는 너무나 많다.

이 책은 학문적이거나 선교의 학술적 개념에 대해 깊이 쓴 글이 아니다. 다만 선교를 좀 더 배우고 실천하고 싶은 모든 성도 남녀노소가 쉽게 읽고 이해하고, 선교에 대한 우리의 시각이 좀 더 넓어질 수 있도록 도움을 주며, 멀리만 있었던 선교가 개개인의 현실 바로 가까이에 자리 잡게 하여 성도 한 사람 한 사람이 스스로 선교의 자원자가 되어 현재 우리의 삶 속에서 하나님의 신실한 선교사로 살도록 돕는 것이 이 책의 목적이라 할 수 있다.

이 책은 선교를 배우고자 하는 일반 성도를 위한 선교 훈련이나 세미나 등의 교재로 사용하거나, 선교사로 준비하는 선교 후보생들의 보조 교재로, 혹은 오랫동안 해외에 나가 사역하고 있는 선교사들이 최근 선교의 동향을 이해하는 데 도움이 되는 도우미로 사용될 수 있을 것이라 기대해 본다.

부디 이 책을 읽는 모든 성도가 예수 그리스도께서 승리의 주로 다시 오시는 그 날까지 주인이신 그분이 기뻐하시는 세상 가운데 축복의 통로로 귀하게 사용되는 충성된 성도로 살아 드리길 기도한다. 마라나타!

여름이 깊이 익은 프린스턴에서

제1장

선교의 주체는 누구일까?
하나님의 선교(Mission of God)

'주체가 된다'는 말은 어떤 사물의 작용이나 행동의 주가 되는 것을 말한다.

그렇다면 우리가 지금 이야기를 시작하는 선교에서 그 주체는 과연 누구일까?
선교를 주관하는 선교의 주인은 누구일까?
선교사를 파송하는 교회일까?
아니면 선교 사역을 직접 선교 현지에서 감당하는 선교사일까?
그렇지 않다면 같은 신학적 사상을 가진 교회들의 집합체인 교단일까?
이에 대해 우리는 어떤 관점을 가질 수 있을까?

1. 선교의 주체와 기능은 다르다

"누가 뭐래도 선교의 주체는 교회입니다!"

교회들의 연합체로 선교단체를 설립하신 그 단체의 대표 목사님이 필자에게 한 말씀이다.

"선교의 주체는 주님이 주인이신 교회이기에 선교단체가 주도하는 선교는 성경적이지 않습니다."

다시 한번 목사님은 필자에게 방점을 찍듯 강조했다.

"선교의 주체가 누구인가?"

이에 대한 논쟁은 역사적으로 교회와 교단 그리고 선교사 그룹 간의 팽팽한 힘겨루기(?)가 있었던 주제다. 자기들의 교회가 가장 성경적이고 복음적인 신학 사상을 가지고 있다는 과도한 교회 중심 또는 교단 중심적인 생각을 가진 이들과 이에 반발하는 선교사 그룹들 간의 갈등도 이 주제의 본질을 회피하는데 커다란 부정적 역할을 해 왔던 것도 사실이다.

실제로 지난 수 세기 동안 다수의 교회는 교회가 선교의 주체라고 생각해 왔다. 조금 더 강하게 이야기한다면, 교회가 선교의 주체가 되어야만 한다고 주장해 왔다. 이렇게 주장하는 이들은 선교는 교회에 주어진 사명이고 교회를 통해 선교가 진행되고 있기에 교회가 선교의 주체라고 주장하였고, 어떤 교회들은 공공연히 "선교의 주체는 교회입니다"라는 문구를 내걸기도 하였다.

또한, 이러한 주장은 더 나아가 교회의 집합체인 교단이 선교의 주체가 되어 더 큰 그림 속에서 선교를 끌어나가야 한다고 주장되기도 하였는데, 이런 주장들이 대두하게 된 커다란 원인 중 하나는 지역 교회들의 선교단체들에 대한 부정적 인식이 있었음은 부인할 수 없을 것이다. 특히, 그중 선교단체들이 교회의 동역자가 아니라, 교회에서 선교 자원들을 선교단체로 빼내 가려고 한다고 생각하는 피해의식이 이러한 교회의 선교단체들에 대한 반발심에 큰 몫을 하였다.

분명 선교는 교회가 존재하는 목적이며 교회의 정체성 가운데 가장 우선되는 것임은 확실하다. 하지만 그런데도 교회는 선교의 주체가 될 수는 없다. 아니 불가능하다. 왜냐하면, 하나님은 교회를 자신의 선교, 곧 하나님의 선교를 위해 시작하셨기 때문이다. 그러므로 교회는 하나님이 기뻐하시는 선교를 하기 위해 하나님이 만드신 공동체지만 절대 선교의 주체가 될 수 없다.

교회가 만약 선교의 주체라고 주장한다면 이는 만드신 분과 그분에 의해 만들어진 공동체의 주객전도가 되는 모습이 될 수 밖에 없다. 교회는 하나님이 주체가 되시는 '하나님의 선교'(Mission of God)와 동역하며 하나님이 완성하실 그분의 나라를 세상에 삶으로 증명해 나가기 위해 그분께서 친히 시작하신 공동체다.

그렇다면 '타문화'(Cross-cultural) 선교의 최일선에서 선교 사역을 감당하고 있는 선교사는 어떤가?

선교의 실제적 사역들을 직접 감당하는 선교사들은 선교의 주체라고 말할 수는 없을까?

결론은 선교사 역시 타문화 선교의 최전방을 담당하는 프런티어로서 선교 사역을 하고 있으나 이 역시 하나님이 주도하시는 선교의 명령에 반응해 순종으로 사역을 감당하는 선교의 객체일 뿐, 절대 선교의 주체라고 말 할 수는 없다.

2. 선교를 친히 감당하시는 하나님

그렇다면 선교의 주체는 누구인가?

선교의 주체는 하나님이시다. 세상을 창조하신 창조자 하나님은 자신의 선교를 친히 감당하신다. 이에 대해 존 스토트(John Stott)는 선교가 일차적으로 교회의 본성이 아닌 하나님의 본성에서 나온다고 이야기하고 있다. 왜냐하면, 성경의 살아 계신 삼위일체 하나님은 보내시는 하나님이시기 때문이다.[1]

> 여호와께서 아브람에게 이르시되 너는 너의 고향과 친척과 아버지의 집을 떠나 내가 네게 보여 줄 땅으로 가라. 내가 너로 큰 민족을 이루고 네게 복을 주어 네 이름을 창대하게 하리니 너는 복이 될지라. 너를 축복하는 자에게는 내가 복을 내리고 너를 저주하는 자에게는 내가 저주하리니 땅의 모든 족속이 너로 말미암아 복을 얻을 것이라 하신지라 (창 12:1-3).

스토트는 우리에게 너무도 익숙한 창세기 12장의 말씀을 통해 다음과 같이 말하고 있다. 아브라함에게 고향과 친척을 떠나 알지 못하는 곳으로 가라고 명령하신 하나님은 그에게 복을 주시고 그를 통해 세상에 복을 주시겠다고 약속하시며 그를 보내셨다.

이렇게 아브라함을 보내신 하나님은 경건한 백성을 남기시기 위해 요셉을 이집트로 보내셨고, 그 후 이집트에서 압제 받는 이스라엘 백성에게 해방의 복음과 함께 모세를 보내셨고, 이후에도 이스라엘 백성을 향한 경고와 약속의 말씀들과 함께 그분의 선지자들을 끊임없이 보내셨다.

그러나 그럼에도 하나님의 명령에 순종하지 않는 이스라엘 백성에게 마침내 그 아들 예수 그리스도를 보내셨다. 그리고 아버지와 아들 하나님은 성령을 보내셨고, 아들 예수께서는 아버지 하나님과 같이 제자들을 보내셨고, 이제는 그분의 제자들인 모든 성도를 세상으로 보내신다.[2]

---

[1] 존 스토트 & 크리스토퍼 라이트, 『선교란 무엇인가』, 김명희 역 (서울: IVP, 2018), 23.
[2] Ibid., 24-25.

이렇게 하나님은 그분의 선지자들과 아들 그리고 성령을 보내셨기에 최초의 선교는 하나님의 선교라고 말할 수 있다. 이에 대해 크리스토퍼 라이트(Christopher Wright)는 그의 역작 『하나님의 선교』(Mission of God)에서 요한계시록 7:10의 예를 들며 다음과 같이 설명한다.

> 구원하심이 보좌에 앉으신 우리 하나님과 어린양에게 있도다(계 7:10).

라이트는 새 창조에서 구속받은 사람들이 부르는 본문은 "선교가 우리 하나님께 있도다"라는 말도 똑같이 타당하다고 말한다. 즉, 선교는 우리의 것이 아니다. 선교는 하나님의 것이다. 분명히 하나님의 선교는 우리의 모든 선교보다 앞서며, 우리 선교의 기원이다.[3] 그는 계속해서 다음과 같이 글을 인용한다.

> 하나님은 세상에서 그분의 교회를 위해 선교를 두신 것이 아니라, 그분의 선교를 위해 교회를 두셨다. 선교가 교회를 위해 만들어진 것이 아니다. 교회가 선교, 곧 하나님의 선교를 위해 만들어졌다.[4]

3. '하나님의 선교'의 유래와 역사

처음 '하나님의 선교', 즉 라틴어 'Missio Dei'라는 용어는 원래 로마가톨릭교회의 교의학 분야에서 사용되었던 말이었는데, 이 용어의 의미는 "하나님 자신의 역사로서의 선교"(mission as an activity of God himself)를 뜻하

---

[3] 크리스토퍼스 라이트, 『하나님의 선교』, 정옥배, 한화룡 역 (서울: IVP, 2010), 74.
[4] J. Andrew Kirk, *What Is Mission? Theological Explorations* (London: Darton, Longman&Todd; Minneapolis: Fortress Press, 1999), 23-37.

며, 하나님이 그의 독생자 예수 그리스도를 세상에 파송하셨고 또한 성령을 통해 마지막 때까지 역사하신다는 것을 의미한다. 따라서 교회는 오직 그분의 선교를 위한 기구요, 인간은 그 선교의 도구로서 응답하는 객체라고 말할 수 있다.

그렇다면 '하나님의 선교' 개념을 개신교는 언제부터 사용했을까?

개신교에서 '하나님의 선교' 개념은 독일의 선교 학자였던 칼 하르텐슈타인(Karl. Hartenstein)에 의해 1952년 독일 빌링겐대회(Willingen Conference)에서 처음 사용되었다. 하르텐슈타인의 선교관은 복음적이고 전통적이었다고 할 수 있었는데, 그는 하나님의 선교 개념을 통해 삼위일체 하나님이 선교의 주체이자 선교사의 파송자임을 설명했고, 교회의 선교는 하나님의 선교 때문에 가능하다고 확언함으로써 교회를 통해 하나님의 선교가 이루어지고 있음을 주장하였다.

이런 하르텐슈타인의 주장에 반해 이 대회에서 주제 강연을 한 화란의 호켄다이크(J. C. Hoekendijk)는 본래의 '하나님의 선교'의 개념을 왜곡해 "교회의 선교는 하나님의 선교가 아니다"라고 주장하며 교회의 개종 운동을 거부하고, 하나님의 선교가 샬롬의 역사, 즉 인간화, 사회정의, 해방, 인권운동 등의 사회 구원을 의미하며 이를 교회가 앞장서야 한다고 주장했다.

이렇게 '하나님의 선교' 개념은 빌링겐에서 열린 '국제선교협의회'(IMC)에서 본격적으로 사용되기 시작되었고, 빌링겐대회 이후 게오르그 비체돔(Georg Vicedom)의 저술을 통해 자유주의적인 에큐메니칼 진영에서 유명해졌다. 그 후 '하나님의 선교' 개념은 더욱 그 본래의 의미가 왜곡되어 선교가 하나님의 것이라는 의미는 선교가 우리 것이 아니라는 의미가 되어 버렸고, 이렇게 자유주의 진영에서 왜곡된 신학은 사실상 전도를 무시하고 사회 구원만을 주장하게 되었다.

이후 이 용어는 때때로 교회의 역할을 과소평가하기 위한 의도로 사용되기도 했는데, 만일 하나님이 진정한 선교사라면 우리의 본분은 교회의 선교를 촉진하는 일이 아닌 세상에 나가서 "하나님이 세상에 행하고 계신 일"을 파악하고 그분과 힘을 합치는 일이라고 보았다.

여기서 "하나님이 행하시는 일"은 종교적인 부문이 아닌 세속적인 부문에서 일어나고 있다고 생각했고, 이러한 주장은 당시 떠오르는 세력을 찾아 정치 발전과 문화 발달을 지지하는 일과 선교 활동을 동일시하기에 이르렀다.[5] 결국, '하나님의 선교' 개념은 자유주의와 복음주의 논쟁의 중심에 서서 지속적인 비판을 받게 되었다.

이렇게 논쟁의 중심에 선 '하나님의 선교' 개념은 그 후, 사회 구원으로 기울어 버린 WCC의 진보적 선교관에 반대하는 움직임도 일어났다. 1974년, 빌리 그레이엄(Billy Graham)과 존 스토트(John Stott)가 주도한 스위스 로잔 대회가 바로 그 대표적인 예다. 여기서 발표된 '로잔 언약'(Lausanne Covenant)은 영혼 구원과 사회 구원의 조화를 꾀하면서, '하나님의 선교' 개념의 본래 의미를 따른 성경적 회귀를 촉구하게 되었다.

특히, 존 스토트의 후계자인 크리스토퍼 라이트(C. J. H. Wright)는 선교는 '성취해야 할 사명'(mission)이라기보다, 성경을 통해 자기를 바로 인식한 '하나님 백성의 삶의 결과'라고 정의하였다. 즉, 선교의 주체이신 하나님이 주도하시는 하나님의 선교는 세상의 주인으로써 그분이 친히 창조 목적에 맞게 세상을 통치하시며, 선교의 주인으로써 자기 뜻대로 선교를 친히 이끌어 가신다는 것이다.

---

5 레슬리 뉴비긴, 『오픈 시크릿』, 홍병룡 역 (서울: 복 있는 사람, 2012), 43-44.

4. 마오쩌둥까지도 사용하셨다고?

우리는 지난 역사를 통해 하나님이 어떻게 역사 속에서 자기 뜻을 이루시고 그분의 뜻대로 인도해 오셨는지를 배울 수 있다. 성경의 역사 속에서도 심지어 고레스왕 등과 같이 하나님을 알지 못하는 왕이나 인물 등을 통해서도 하나님은 자기 뜻을 지속해서 이루어 오신 것을 보면 우리는 그저 그분의 위대한 경륜에 감탄을 자아낼 수밖에 없다.

성경의 간증은 누구든지 하나님의 권세 아래서 움직일 뿐만 아니라 결국 그분의 주권적인 역사를 이루는 데 힘을 보탤 수밖에 없음을 보여 준다. 두려움은 우리에게 필요 없다.

주님이 다스리신다!

중국에서 선교 운동을 중심으로 사역하면서 중국에 대한 전반적인 도서들을 읽어나가며 신(新)중국의 아버지 마오쩌둥에 대해 연구할 기회가 있었다. 마오쩌둥은 우리가 다 아는 바와 같이 공산주의를 통해 중국을 통일하여 1949년 신중국을 건설한 인물이다. 그를 연구하며 참으로 흥미로운 일들을 발견할 수 있었는데, 마오쩌둥이 처음 중국을 통일하고 시행한 정책들은 자기가 공산주의자로서 그의 사상적 신념에 근거한 일들이었으나 당시의 중국 인민들이나 민주주의 배경에서 살아온 우리의 시각에서는 너무도 이해하기 어려운 극단적이고 무자비한 일들이 많았다.

그가 가장 먼저 신중국을 건국하고 중국 대륙에서 시작한 일은 공산주의의 유물론적 사상에 따라 모든 종교를 중국에서 제거하는 일이었다. 그는 수많은 중국 내의 다양한 종교 시설을 파괴하였고 "종교는 아편이다"라는 정치 슬로건 아래 종교인들 특히, 그리스도인들을 강력하게 탄압했다. 얼마나 그 탄압이 강력했는지 1970년대의 문화혁명을 외부에서 바라봤던 서방의 교회들은 중국의 교회들이 이러한 핍박에 모두 사라졌을 것으로 생각할 정도였다.

어떻게 이런 일이 일어날 수 있는가?
거대한 땅 중국이 공산화된 것도 이해가 되지 않는데 어떻게 이런 참혹한 고통을 주의 백성에게 허락하실 수 있는가?
하나님은 정말 살아 계시는가?
그분은 정말 지금도 세상을 다스리고 계시는가?
하지만 그 결과는 어땠을까?

중국 정부의 잔인하고도 강력한 탄압에 가시적인 교회들은 대부분 사라진 것 같이 보였지만, 지하로 잠적한 중국 교회는 점조직으로 나뉘어 복음을 나누며 전하였고, 1990년대 덩샤오핑의 지도 아래 중국 정부가 개혁 개방 정책을 실시한 후 중국 내 지하 교회들의 어마어마한 부흥을 보게 된 서구 교회들은 그 놀라움을 금치 못하였다.
어디 그뿐인가!
마오쩌둥의 종교 탄압 정책에 의해 중국의 수많은 사당과 종교시설들이 파괴되었기에 중국 인민들은 수천 년 동안 그들의 사상을 잠식했던 전통적인 미신과 우상숭배에서 억지로 떨어져 나올 수 있었고, 그로 인해 그들의 마음이 영적으로 순수해지고 가난해질 수 있었다.
중국의 신중국 이전의 중국 인민들의 종교적 모습을 보려면 타이완을 가 보라. 매캐한 향으로 덮인 도시 곳곳의 사당과 절들은 이전의 중국이 종교적으로 어떤 모습이었는지 우리에게 잘 시사해 준다.
그뿐만이 아니다. 아직도 중국의 다양한 지역에서는 중국의 대표적인 7대 방언[6]을 사용하고 있지만 사실 말이 방언이지 다른 언어나 다름없다. 물론 지금은 표준어인 '보통화'(普通话, Mandarin)를 통해 어느 곳을 방문

---

6   중국 학자들이 인정하는 공식적 분류 기준에 따르면 중국의 7대 방언은 크게 '북방(北方)방언', '오(吳)방언', '상(湘)방언', '감(贛)방언', '객가(客家)방언', '월(粵)방언', '민(閩)방언'으로 나뉜다.

하든지 언어 소통에는 큰 문제가 없다. 다만 좀 다른 억양과 발음으로 애를 먹을 수 있지만 말이다.

하지만 중국 대륙이 막 통일된 1949년 쯤의 신중국 당시에는 다양한 지역에서 다양한 방언을 사용하고 있었기에 다른 방언을 쓰는 사람과는 언어 소통이 불가능했다. 북쪽 사람이 남쪽이나 서쪽으로 가면 같은 중국 땅 아래서도 소통 자체가 불가능했다. 이런 상황 속에서 마오쩌둥은 중국 인민의 사회적 통합을 위해 당시 북방 언어 중 수도 베이징의 언어인 북경어를 중국 언어의 표준어로 정하고 모든 중국 인민이 북경어를 배우고 사용하게 했다.

과연 어떤 일이 일어났을까?

선교사라면 너무도 동감하겠지만 신중국 이전에는 남쪽에 복음을 전하려면 남쪽 방언을 배우고, 서쪽에 복음을 전하려면 서쪽의 방언을 알아야 했지만, 마오쩌둥의 언어 통일 정책 이후에는 표준어인 북경어, 즉 보통화만 알면 어디서든지 복음을 전할 수 있었고, 그 결과 북경어를 표준어로의 언어의 통일은 중국 안의 복음의 놀라운 확산을 가져오게 된 계기가 된 것이다.

하나님은 마오쩌둥도 사용하실 수 있으시다!

5. 무슬림들이 돌아온다!

이러한 놀라운 상황은 비단 중국만이 아니다. 지난 7세기에 등장한 이슬람[7]은 1,400여 년의 역사 가운데 무슬림[8]들 안에서 그 어떤 커다란 부

---

[7] '이슬람'은 자신을 알라의 뜻에 복종하는 행위 즉, 종교 자체를 의미한다.
[8] '무슬림'은 자신을 알라의 뜻에 복종하는 사람을 의미 즉, 이슬람을 믿는 사람을 의미한다.

흥의 역사는 거의 없었다고 말할 수 있다. 하지만 근래에 들어 그동안 철옹성 같았던 이슬람 지역들 안에서도 조금씩 변화의 조짐이 보인다.

기독교 역사학자 데이비드 게리슨(David Garrison)에 따르면 이슬람 세계 안에서는 19세기 말에 단 2차례, 20세기에 11차례의 집단 회심 사건이 있었는데, 21세기에 들어 지난 13년간 69차례의 크고 작은 집단 회심이 일어났다고 했고, 2000년 이후만도 약 800만 명의 무슬림이 회심했을 것이라 추정했다.[9]

얼마나 놀라운 이야기인가?

어떻게 그토록 견고하게 보이는 이슬람 세계 안에서 이런 집단 회심 사건들이 일어날 수 있었을까?

그것은 하나님이 선교의 주인으로서 친히 일하고 계시기 때문이다.

사실 그동안 이슬람 세계를 포함한 대부분의 '창의적 접근 지역'은 선교사 비자뿐 아니라 '비정부 기구'(None Government Organization, NGO)를 통해 비자를 받는 것도 지극히 어려웠고, 어떤 지역들은 선교사의 접근 자체가 아예 거부되어 왔다.

그런데 21세기에 들어오면서 수많은 사람이 더 나은 삶을 찾아 특히 기독교 배경의 서구 세계로 이주하게 되었고, 그중 다수의 사람은 그동안 선교사들이 들어가기 어려웠던 미전도 종족 출신이거나 극도로 선교사들을 거부하는 이슬람 지역 출신 사람들이었다. 더욱이 이라크와 시리아 전쟁, 그리고 아프가니스탄 전쟁 등과 같이 이슬람 극단주의 단체들로 인한 여러 전쟁을 겪으며 이에 염증을 느낀 수많은 무슬림이 서구 세계로 이주하거나 난민 등의 신분으로 들어오게 되었다.

---

9 데이비드 게리슨, 『하나님의 교회개척 배가운동』, 이명준 역 (요단출판사, 2005),

필립 이야기: 이란 청년들의 아버지

동남아시아의 이슬람 국가인 말레이시아의 화교[10] 필립은 지역의 존경받는 사업가다. 사실 필립의 또 다른 역할은 선교단체들을 지역에서 섬기는 사역자이기도 하다. 그의 조국인 말레이시아에는 여러 다른 배경의 국가에서 무슬림들이 난민으로 들어와 있다. 말레이시아가 이슬람이 국교인데다가 90일까지 무비자 입국이 가능하기 때문이다.

한 동남아시아 국가에서의 중국 선교대회에서 만난 필립이 요즘 어떻게 지내냐는 필자의 질문에 반갑게 말문을 열었다.

"말레이시아는 다른 나라의 무슬림들에 대해 매우 관대하기 때문에 특히 아프리카와 중동의 무슬림 난민이 많이 들어와 있어요. 물론 모든 이가 말레이시아에서 계속 살려고 하는 것은 아니고, 일단 1차 목적지로 말레이시아를 선택하는 것이지요. 요즘에는 이란 사람들이 난민으로 많이 들어오고 있는데 대부분 젊은 사람이지요. 이들과 사업을 통해 연결되고 또 이들이 말레이시아에 정착하는 것을 도와주면서 몇몇 젊은이의 결혼도 시키고 도움을 줄 수 있었죠. 그러다 보니 자연스럽게 이란인을 위한 교회가 시작되었어요. 지금은 120여 명의 MBB[11]들이 모여 함께 예배 드리고 있지요. 정말 놀라운 일이에요. 모두 하나님의 은혜입니다."

---

10   한국에서는 중국계 디아스포라를 화교와 화인 구분없이 일반적으로 '화교'(華僑)라고 부르지만, 중국계 디아스포라 중에서 중국 국적을 유지하며 외국에 사는 중국인은 '화교'(華僑), 중국계지만 거주 국가의 국적을 취득하고 살아가는 중국계 디아스포라는 '화인'(華人)이라 부르는 것이 올바르다. 이 글에서는 화교로 통일하였다.

11   'MBB'는 'Muslim Background Believer'의 약자로 '무슬림 배경의 그리스도인'을 지칭한다.

필립은 이렇게 무슬림의 나라 말레이시아에서 젊은 이란 청년들의 아버지로 섬기고 있다. 그의 여러 역할 가운데 또 다른 귀한 역할을 하나님이 허락하신 것이다. 이란에서는 상상도 할 수 없는 일들이 말레이시아에서 일어나고 있다. 현재 필립은 다른 지역들에서의 이란 공동체들을 지원하고 있기도 하다.

시아파[12] 이슬람의 맹주 이란은 1979년 아야톨라 호메이니에 의한 이란 혁명 이후, 이슬람 율법을 앞세워 반(反)서방을 기치로 내세우며 이란인의 민주적 권리를 억압해 왔다. 하지만 전체 인구 8,800만 명의 절반이 33세 미만인 이란인은 이란 혁명의 경험이 없는 세대이고, 1990년대 이후 노동 운동이 부활하면서 새로운 세대의 이란 젊은이들이 반정부 시위의 주축이 되고 있다. 최근 2022년 9월 16일, 22세의 쿠르드계인 마흐사 아미니가 율법 경찰인 '지도 순찰대'에 히잡을 착용하지 않았다는 이유로 구금된 후 의문사하자 "여성, 삶, 자유"를 외치며 반정부 시위대는 히잡 착용을 강요하는 정권에 대항하기도 하였다.

이렇게 세계 유일의 이슬람 신정 국가라는 이란의 정치 체제에 이골이 난 수많은 이란 젊은이가 자국을 떠나 인근 국가 등으로 자리 잡고 있는데, 이런 이란 젊은이들을 대상으로 하는 사역은 말레이시아뿐 아니라 이란과 국경을 마주하고 있는 코카서스 지역의 아제르바이젠, 조지아, 아르메니아와 튀르키예 등으로도 점차 확장되고 있다.

---

[12] 이슬람에서 무슬림은 '수니파'(Sunni)와 '시아파'(Shia)로 크게 나뉜다. 전 세계 약 18억의 무슬림 중 약 85퍼센트가 수니파이고, 약 15퍼센트가 시아파다. 수니파는 사우디아라비아를 수장으로 모로코에서 인도네시아에 이르는 40개 이상의 국가에서 대다수를 차지하고, 시아파는 대표적 국가인 이란을 중심으로, 이라크, 바레인, 아제르바이잔 등의 국가에서 다수를 차지한다. 이 둘의 차이는 무함마드의 계승자를 누구로 보느냐에 따라 발생하였는데, 수니파는 선출된 '칼리프'(최고 지도자)를 후계자로 본 반면, 시아파는 무함마드의 사촌이자 사위인 알리를 계승자로 여겼다. 4대 칼리프였던 알리가 암살당하자, 알리의 추종자였던 시아파는 '무함마드의 혈족인 알리만이 칼리프의 자격이 있다'고 주장하며 분리되었다.

어떻게 이런 변화들이 일어날 수 있었을까?

계속된 하나님의 가라는 명령에도 우리 그리스도인들이 지난 1,400여 년간 여러 이유를 대며 무슬림들에게 가려고 하지 않으니, 이제는 하나님이 친히 무슬림들을 우리에게 보내 주고 계시는 것이다.

왜 그럴까?

우리가 그토록 색안경을 끼고 바라보는 그들 무슬림도 하나님이 사랑하시는 자녀이기 때문이다. 그렇기에 먼저 하나님의 자녀 된 우리가 그들에게 찾아가 이제 우리 주변으로 찾아온 그들에게도 사랑을 나누며 복음을 증거하라는 기회를 주시는 것이다.

비록 무슬림들을 찾아 그들의 땅으로 찾아가지는 못했지만, 우리 주변으로 찾아온 이들에게 사랑의 손길을 내밀지 못하면 되겠는가?

자국을 등진 무슬림들은 누군가의 도움이 필요한, 강도를 만나 상처 입은 사람들이다.

누가 그들의 선한 사마리아인으로 섬길 수 있을까?

하나님은 우리를 사랑하시는 것 같이 난민들과 무슬림들도 사랑하신다.

6. 그래도 하나님이 통치하신다

학창 시절 많이 즐겨 불렀던 찬양 가운데 <복음 들고 산을>(How lovely on the mountain)이란 찬양이 있다. 외국곡이었던 이 찬양의 후렴구는 "주 다스리시네"(Our God reigns)라는 가사가 반복된다. 이 찬양의 후렴구를 반복해 부르며 어떤 상황에서도 그분의 계획에 따라 세상을 다스리고 통치하시는 왕 되신 하나님을 기억하며 많은 격려와 은혜를 받곤 했었다. 하나님은 우리가 이해할 수 없는 상황에서도 지속해서 자기 계획과 섭리에 따라 세상을 경영하시고 통치하며 다스리신다. 이런 하나님의 전적인 통치는 선교 사역에서도 동일하다.

브루스와 케이트의 이야기: 교회가 생겼습니다

브루스와 케이트는 서남아시아 방글라데시의 다카에서 생활했던 이야기를 해 주었다.

"다카는 세계에서 인구밀도가 가장 높은 곳으로 정말 어디를 봐도 사람밖에 보이지 않지요. 당신도 중국에서도 살아 봤으니 잘 알겠지만, 정말 사람이 많답니다."

케이트가 브루스를 바라보고 크게 미소 지으며 말을 이었다.

"사람은 그렇게 많지만 도시의 위생시설들이 잘 갖추어지지 않아 서민들은 살기 쉽지 않아요. 지금도 도시 빈민가의 아이들을 생각하면 마음이 답답하답니다. 처음 다카에 도착했을 때 첫 인상이 아직도 기억이 나요. 여기 저기 울리는 자동차의 경적 소리, 도로와 인도를 구별 않고 걸어 다니는 사람들, 정말 앞으로 이곳에서 어떻게 살 수 있을까 잠시 고민이 되더라구요."

'잠시' 그런 고민도 있었지만, 이 두 사람은 다카의 주변 환경에 조금씩 적응해 나갔다. 그들이 처음 이사한 다카의 서민 아파트는 서남아시아의 다른 서민 아파트들같이 창문엔 유리도 없는 정말 말 그대로 서민들이 사는 아파트였다. 이사한 첫날, 현지 이웃들은 두 사람의 허락도 받지 않고 아파트에 들어와 그들의 살림 도구들을 살펴보며 아직 시작도 못한 현지 언어로 이것저것을 물었다.

"물론 방글라데시에 가기 전 그곳의 문화를 공부했기에 어느 정도는 예상했지요. 일단 저희에게는 훈련받았던 것 같이 현지 문화와 현지인들의 삶에 잘 '본딩'(Bonding)하여 그들과 함께 그들처럼 사는 것이 첫 번째 목표였어요. 현지인처럼 먹고, 입고, 자전거 같은 교통수단을 이용하고 … 열심히 노력했지요."

이렇게 4년 정도를 살다 보니 두 사람은 공용어인 벵골어에 꽤 능숙해졌고 이젠 본격적인 사역을 할 수 있겠다고 생각했다.

그런 어느 날, 현지 경찰들이 그들을 찾아왔다.

"다짜고짜 사흘 안에 방글라데시를 떠나라고 명령하더라구요. 만약 기간 내에 떠나지 않을 경우엔 강제 추방하겠다고요. 이제 겨우 4년이 지났고 사역이 막 시작될 참인데 말이에요."

브루스와 케이트는 무척 실망했으나 용기를 잃지 않고 선교 본부와 상의해 이집트로 선교지를 옮기기로 하였다. 그들은 비정부 기구를 통해 비자를 받았고 수년 동안 이집트에 머물며 아랍어를 배운 후 사역을 시작했다.

"어느 날, 난민들을 돌보는 사역을 마치고 집에 돌아왔는데 경찰서에서 전화가 왔어요. 경찰서에 출두하라고요. 무언가 안 좋은 예감이 들었지요."

그들이 경찰서에 출두하자 경찰은 일주일 내로 이집트를 떠나라고 명령했다. 이 명령은 위에서 내려왔으니 자기들은 아무 상관없다는 말과 함께 였다.

"우리의 사역은 항상 이랬던 것 같아요. 방글라데시에서도 이집트에서도 말이에요. 이제 조금 더 있으면 사역의 열매들이 맺힐 것 같은데 …"

그 후 그들은 요르단으로 또 다시 떠났다.

"우리는 자주 하나님이 우리에게 무엇을 원하시는지 깨닫지 못할 때가 많이 있어요. 우리가 사역했던 그 나라들에서 왜 그렇게 떠나야 했는지 모르겠지만, 한 가지 놀라운 것이 있어요."

"그게 뭐지요?"

> 케이트의 눈이 반짝였다.
> "우리가 떠나야 했던 그 나라들에 지금은 현지 교회가 생겼답니다!"

선교사가 선교 현지에 들어가 사역하면서 종종 잊곤 하는 것이 바로 "하나님이 통치하신다"라는 것이다. '창의적 접근 지역'에서 사역하는 브루스와 케이트 같은 선교사들에게는 이렇게 '추방'[13] 되는 상황 속에서 겪는 심리적, 육체적인 어려움이 종종 있지만, 그와 다르게 선교에 비교적 열린 국가들 안에서 사역하는 선교사들은 어느 순간 사역이 조금씩 자라나고 커지는 것을 경험하게 된다. 그때, 어느 순간, 시작된 사역이 선교사 자신이 중심이 되어 주도하는 것 같은 착각에 빠지게 된다.

그래서 마치 자기가 그곳에 없으면 선교지의 모든 사역은 그 순간 완전히 '정지'가 될 것 같은 착각에 빠질 수 있다. 이런 순간 선교사는 하나님이 아닌 자기가 선교의 주체가 된다. 자기 능력과 경험, 그동안 축적된 사역의 기술적인 면이나 재정과 인간 관계 등, 모든 사역이 자기 때문에 유지되며 지속되고 있다는 커다란 착각에 빠질 수도 있다.

그렇기에 자기가 시작해 진행하고 있는 사역을 다른 사역자들과는 함께 나눌 수 없는 자기 사역이라 생각하게 되고, 그런 생각까지 이른 선교사는 다른 선교사들이나 현지 사역자들과의 동역에 대해 지극히 배타적인 태도나 자세를 보이게 되고, 이는 종종 다른 사역자들과의 관계 속에서 크고 작은 갈등으로 나타나게 된다. 이런 위기의 상황은 여러 선교지에서 종종 나타난다.

---

13 요즘엔 선교계에서 '추방'보다는 '비자발적 철수'라는 용어를 사용하곤 하지만, 이 책에서는 이해를 돕기 위해 추방이란 용어를 사용했다.

박과 리의 이야기: 서로 간의 거리 100킬로미터

박은 서남아시아의 한 국가에서 사역하고 있는 꽤 많이 알려진 시니어 선교사다. 그는 40여 년 전 그곳에 도착해 교회를 개척하고 특히 교육 사업에 힘을 쏟았다. 계층간 교육의 혜택이 전혀 상이한 지역의 특성상 교육이 열악한 서민들을 위해 유치원에서부터 대학까지 설립하고 기숙사까지 완비한 학교들을 세워 갔다. 또한, 그는 한국의 규모 있는 교회들을 끌어당겨 재정적 기초를 마련하였고 이런 과정에서 서남아시아에서 커다란 사역을 하고 있는 능력 있는 선교사로 알려지게 되었다.

사역이 커지면서 동역자들이 필요했던 박은 한국에서 후배 선교사 가정을 선교지로 초청했고 후배 선교사인 리 가족은 선교지에 도착하여 언어를 배우고 동역을 준비해 나갔다. 언어 공부 기간이 끝나고 사역이 시작된 후 박과 리는 서로의 선교 철학이 여러 면에서 많이 다르다는 것을 알게 되었다.

이러한 서로 간의 선교에 대한 관점의 차이는 사역 문제만이 아니라 관계에까지 부정적 영향을 미쳤고, 한국적 문화 속에서의 선후배 간의 관계에 더해 선교지에 먼저 들어온 선임자와 후임자 사이의 미묘한 관계까지 겹친 복잡한 갈등의 상황까지 이르게 되었다.

결국, 박은 리에게 자기가 사역하고 있는 지역에서 100킬로미터까지의 지역을 리에게 접근금지(?) 지역으로 선포(?)했고, 리는 박이 사역하는 지역을 떠날 수 밖에 없었다. 초청을 받았던 첫 사역지를 선임자와의 갈등으로 떠날 수 밖에 없었던 리는 고민 끝에 새로운 길을 보여 달라고 금식기도를 하는 중 갑자기 세상을 떠났다.

선교지에 먼저 입국해 사역을 시작한 선교사 중에는 특이한 '주인의식'(?)을 가진 이가 꽤 많이 있다. 특히, 선후배 관계가 뚜렷한 한국 선교사 간에는 자기가 먼저 이곳에 들어왔으니, 후에 들어온 선교사들은 먼저 들어온 선배인 자기 말을 존중하고 따르라는 일종의 '지배 의식'을 가진 이들이 종종 있다. 이런 선교사들이 사역하고 있는 선교지는 항상 관계의 문제가 있고 서로 간의 갈등이 끊임없이 일어난다.

그렇기에 박과 리의 이야기와 같은 비극적이고 안타까운 일들이 또다시 다른 선교지에서도 일어날 수 있는 것이다. 이 모두가 선교에 있어 하나님의 주되심과 그분의 통치를 잊고 있기에 일어나는 일이다. 선교사들은 절대 착각하면 안 된다. 선교의 주인은 하나님이시고 우리의 선교 사역을 이끄시고 통치하시는 분도 하나님이시다.

7. '본딩', 미래를 결정하는 첫 단추

동물 심리학자였던 콘라드 로렌츠(Konrad Lorenz)[14]는 자기가 기러기알을 부화시켰을 때 새로 태어난 기러기 새끼들은 부화된 후 맨 처음 보았던 로렌츠가 기러기 어미인 줄 알고 그를 따라다니는 것을 보고 첫눈에 빠지는 '각인'(Imprinting) 이론을 주장했다. '각인 이론'은 그 후 선교학에서 선교사가 선교 현지에 도착했을 때 현지인과 현지 문화에 동화되어 적응해야 한다는 이론으로 발전되며 '본딩'(Bonding)의 기본 개념이 확립되었다.

선교 현지에 처음 도착한 신임 선교사는 각자 개인의 정도 차이는 있지만 현지의 문화충격을 받게 된다. 이때, 그 문화충격으로 인해 신임 선교사에게 여러 문제가 나타날 수 있는데 그중 하나가 선교사의 감정적 문제

---

14   콘라드 로렌츠(1903-1989)는 오스트리아의 동물 행동학 및 비교 행동학의 창시자다. 1973년 노벨 생리학, 의학상을 수상하였다.

이다. 신임 선교사가 처음 선교지인 현지에 도착했을 때는 본국에서의 수많은 방해물을 헤치고 도착했기에 "드디어 내가 해냈다" 혹은 "난 결국 왔다" 등 자기가 이루어낸 결과에 대해 커다란 성취감을 느끼게 되고, 앞으로의 일들에 대해, 마치 이제 결혼에 막 골인한 신혼의 단꿈 같은 큰 기대감으로 상향 곡선을 그리게 된다.

하지만 정작 현지에서의 어느 정도의 시간이 지난 후엔 하염없이 쏟아지는 여러 어려움 때문에 초기에 느꼈던 신혼 같은 긍정적 감정들은 점차 하향 곡선을 그리게 된다. 그리고 그 이후엔 각자 개인차가 있겠으나 어떤 이들은 감정의 가장 깊은 밑바닥까지 내려갈 수 있다.

"난 왜 이곳에 왔는가, 나는 누구인가?"

이런 심한 감정적 혼란과 더불어 선교사가 된 것에 대한 후회 등의 더욱 심각한 어려움도 겪을 수 있다. 또한, 또 다른 문화충격으로 인한 문제는 기능적 문제다. 신임 선교사가 선교 현지에 도착하면 자기 모습이 마치 아무것도 스스로 할 수 없는 어린아이가 된 것 같은 느낌이 들 수 있다. 다시 말하면 자기 사역을 하기 위해 이곳에 도착했는데 막상 도착해보니 할 수 있는 것은 아무것도 없고 현지인들은 자신을 마치 아이를 대하는 것 같이 대한다는 것을 느낄 수 있다.

현지인과 소통할 수 있는 언어도 할 수 없고, 아는 사람도 없고, 어디에 무엇이 있는지도 모르고, 어떻게 가야 하는지도 모르고, 그야말로 총체적 난관에 부딪히게 된다. 이 역시 개인의 성격이나 살아왔던 경험 등으로 인한 개인차가 있을 수는 있으나, 일반적으로 그런 상황 속에서 선교사는 자기의 무기력함을 느끼고 답답함을 느끼게 된다. 하지만 이런 기능적 측면은 현지에서 시간이 좀 더 흐르고 현지 상황에 점차 익숙해지면 조금씩 회복되고 좀 더 편안한 마음으로 적응해 살아갈 수 있게 되는 것이 일반적이다.

그러므로 이런 어려움들을 보완하고 도움을 주는데 매우 중요한 역할을 하는 것이 바로 현지에서 올바르게 '본딩'하여 현지 문화나 언어 등에 적절하게 적응하는 일이다.

그렇다면 그 '본딩'에서 가장 중요한 것은 무엇이고 어떤 것들이 있을까?

8. 현지 문화 적응, 타이밍이 중요하다

고린도전서 9:19-24에서 사도 바울은 몇몇 사람을 얻기 위해 율법 아래 있지 아니하나 율법 아래 있는 자같이, 유대인들에게는 유대인같이, 약한 자들에게는 약한 자같이, 심지어 스스로 자유하였으나 모든 사람에게 종같이 되어 자기를 선교 전략의 도구로 사용하였음을 말하고 있다.

> 내가 모든 사람에서 자유로우나 스스로 모든 사람에게 종이 된 것은 더 많은 사람을 얻고자 함이라. 유대인들에게는 내가 유대인과 같이 된 것은 유대인들을 얻고자 함이요 율법 아래 있는 자들에게는 내가 율법 아래에 있지 아니하나 율법 아래에 있는 자 같이 된 것은 율법 아래에 있는 자들을 얻고자 함이요. 율법 없는 자에게는 내가 하나님께는 율법 없는 자가 아니요 도리어 그리스도의 율법 아래에 있는 자이나 율법 없는 자와 같이 된 것은 율법 없는 자들을 얻고자 함이라. 약한 자들에게 내가 약한 자와 같이 된 것은 약한 자들을 얻고자 함이요 내가 여러 사람에게 여러 모습이 된 것은 아무쪼록 몇 사람이라도 구원하고자 함이니, 내가 복음을 위하여 모든 것을 행함은 복음에 참여하고자 함이라. 운동장에서 달음질하는 자들이 다 달릴지라도 오직 상을 받는 사람은 한 사람인 줄을 너희가 알지 못하느냐 너희도 상을 받도록 이처럼 달음질하라 (고전 9:19-24).

사도 바울은 선교의 목적을 이루기 위해 그 어떤 문화와 상황에서도 자기를 그 문화에 적응시킬 준비와 능력을 갖추고 있었음을 보여 준다. 그의 이러한 모습은 이 시대 새로운 선교 현지에서 사역을 시작하는 모든 신임 선교사에게 적용된다. 신임 선교사가 처음 파송되어 선교 현지에 도착하면 제일 먼저 시작해야 할 일은 자기가 사역하게 될 현지인들의 문화와 세계관을 배우고 현지 언어를 습득하는 일이다.

선교사가 만약 현지의 문화와 언어를 무시하거나 배우지 않고, 자기에게 익숙한 본국의 문화 속에 계속해서 머물고 있다면 이는 선교사로서 매우 잘못된 모습이다. 왜냐하면, 선교사가 현지의 문화와 언어를 이해하지 못하고 선교 사역을 하는 것은 아예 불가능하기 때문이다.

따라서 대부분의 선교단체는 신임 선교사가 파송 받은 현지로 들어갔을 때 최우선 순위로 현지의 언어와 문화를 배우는 일에 집중하는 것이 요구된다. 그러므로 이 시기, 즉 현지에 도착한 때부터 신임 선교사는 최소한 1-2년 동안은 언어 학교 등에 등록해 집중적으로 언어를 공부하고 현지인들과 만나며 그들을 문화를 몸으로 배우는 시간이 있어야 한다.

9. 바른 '본딩'을 위한 팁

그렇다면 첫 '본딩'의 1-2년 동안 선교사가 주의해야 할 것은 어떤 것들이 있을까?

먼저, 내전 상황이나 현지 지역 안에 특별한 위험 요소가 없다면 선교사는 가능한 외국인들이 많이 모여 사는 지역이 아닌 현지인들 속에 사는 것이 바람직하다. 특히, 일부 한국 선교사들은 사역을 위해 들어간 현지에서도 한국인이 많이 거주하는 지역에 주거지를 잡는 경우가 있는데 이는 특별히 '본딩'의 기간에는 바람직하지 못하다. 대부분의 경우 신임 선교사가 현지에 도착하면 선임 선교사나 같은 단체의 선교사가 마중을 나오고 주거지를 구하는 데 도움을 주는 경우가 많다. 하지만 이런 도움은 신임 선교사에게 심리적 안정감을 줄 수는 있겠지만, 신임 선교사의 '본딩'을 돕는 데는 최선의 방법은 아니다.

왜 그럴까?

그 이유는 명확하다. 신임 선교사가 현지에 도착한 첫 '본딩'의 시간부터 현지인이 아닌 같은 외국인인 동료 선교사가 안내하고 집을 구하는 데 도움을 준다면 앞으로 신임 선교사는 자기를 도와준 선교사를 계속 찾아가 도움을 청할 가능성이 크기 때문이다. 게다가 아마도 동료 선교사는 신임 선교사의 집을 자기 집 근처에 준비해 줄 확률이 높다.

이런 경우 이들은 서로 간의 지속적인 만남이 이어질 확률이 많아지고, 그렇게 된다면 결국, 이 신임 선교사에게 현지에서의 첫 '본딩' 대상이 그 동료 선교사가 되어 버릴 수 밖에 없다. 따라서 이러한 상황을 방지하기 위해 될 수 있으면 신임 선교사는 현지 선교팀과 연결되거나 다른 선교사의 소개로 연결된 현지인 사역자에게 도움을 받는 것이 좋으며, 그 현지인 사역자를 통해 다른 현지인들을 만날 수 있는 구조를 만드는 것이 바람직하다.

또 다른 '본딩'의 주의점은 차량을 구입하는 시기와 연결되어 있다.

신임 선교사가 현지 문화를 배우기에 가장 좋은 장소는 어디일까?

현지의 시장을 방문하고, 이웃집에 초청받고, 박물관을 방문하는 것은 어떤가?

사실 이런 일들은 대부분 선교사는 비교적 잘 시도하는 일이다. 하지만 그중에서 선교사들이 가장 어려워하고 부담스러워해 대충 뛰어넘고 싶은 일이 있다. 바로 현지의 대중교통을 이용하는 일이다. 물론 현지의 대중교통은 본국의 그것과는 전혀 다를 확률이 많다. 아마도 대부분 무척 열악해 에어컨이 없을 수도 있고 히터가 아예 작동하지 않을 확률도 높다.

그것뿐이랴!

사람들은 왜 그리도 많고 실내가 깨끗하지도 못하고, 유리창은 아예 없고, 어떤 경우에는 위험하기까지 한 경우도 있다. 거기에다 사람들의 몸에선 왜 그리 지독한 냄새가 나는지… 그렇게 이런저런 이유로 선교사들은 현지에 도착한 후 얼마 지나지 않아 좋은 차 한 대씩을 외국이나 현지에서 구입하는 경우가 많다. 필자는 '본딩' 기간 동안 무조건 차량을 구입하는 것이 잘못되었다고 말하는 것은 아니다.

선교사 가족에게 부득불 납득할 만한 특별한 사정이 있어 차량을 빨리 구입할 수밖에 없는 상황이라면 그럴 수 있다고 생각한다. 하지만 현지에 도착한 뒤 얼마 지나지도 않아 외국에서 번쩍거리는 값비싼 새 차를 뽑아 폼 나게(?) 타고 다니는 이들을 보면, 무슨 생각으로 선교지에 왔는지 보는 마음이 불편하게 된다. 물론 후원금이 충분해 그럴 수도 있겠지만, 조금은 불편하고 힘들어도 추운 버스 안에서 현지인들의 마음을 느껴보기도 하고 숨쉬기 어려울 정도의 뜨거운 공기가 열린 창문을 통해 들어오는 차 안에서 현지인들의 삶을 공감해 보는 것도 그들의 삶을 이해하는 데 중요하다.

10. 현지인들과 공감대를 형성하기

선교단체 간에는 조금씩 다른 선교 정책이 있지만 필자가 동역했던 국제 선교단체들은 선교사가 현지에서 생활할 때 현지인 기준 중간이나 중하 정도의 생활 수준을 기본으로 제안하곤 했었다. 물론 어떤 생활 수준이 선교사에게 가장 바람직하다고 말하기는 어렵겠지만, 서구 식민주의 시대같이 선교사가 자기만의 담을 쌓고 너무 높은 생활 수준으로 생활한다면 현지인들과 삶의 공감대를 전혀 형성하지 못하는 것은 물론, 현지인들은 선교사를 그저 도움을 요청하는 사람으로만 인식할 수 있다.

또한, 너무 현지인 같이 생활하는 것도 외국인인 선교사에겐 너무도 육체적으로 가혹한 생활 방식이 되어 장기적으로 사역하지 못하고 중도에 선교지를 떠나게 하는 원인이 될 수 있으므로 이 역시 바람직하다 할 수 없을 것이다. 따라서 선교사는 현지에서 생활할 때 균형을 잘 잡는 것이 필요하다. 선교사는 가능한 한 현지인의 삶과 비교적 가까운 생활 방식을 택하는 것이 좋다. 왜냐하면, 현지인들에게 커다란 이질감을 느끼게 하지 않고 서로 간의 공감대를 형성하는 데 바람직하기 때문이다.

프란시스의 이야기 1: 모든 이웃이 가족입니다

프란시스는 알바니아 수도인 티라나에서 일 년 동안의 언어 기간을 마치고 동남쪽의 사역지로 떠났다. 새로운 도시에 정착한 프란시스와 그의 가족은 두 달에 한 번 정도 티라나에 가서 물품을 구하기 위해 16년 된 차량을 현지인에게서 구입했는데 이 차량이 문제였다. 디젤 차량인 프란시스의 차량은 추운 겨울에 아침마다 시동이 걸리지 않았고, 그는 아침마다 차량의 시동을 거는 일에 아침 일과를 소모하곤 했었는데, 이를 보다 못한 현지 이웃들이 집에서 나와 함께 차량을 밀고 시동을 거는 것을 도와주었다.

"아침마다 차량 시동을 위해 쩔쩔매는 저를 보더니 동네 이웃 남자들이 한두 명씩 나오더군요. 참 불쌍하다는 얼굴로 말이에요. 그러다 보니 매일 아침마다 저의 차량 시동을 위해 이웃들이 정기적(?)으로 나오더군요. 잘못 구입한 고물 차량으로 고생했는데 그 고물 차량 덕분에 이웃들과 자연스럽게 가까워졌답니다."

서구나 한국에는 낯선으로 풍경이겠지만, 무슬림들이 사는 여러 지역에서는 이웃이 이사 오면 자연스럽게 찾아와서 자기들의 집같이 집

안에 무엇이 있는지를 살펴보는 게 일반적이다.

"이웃 아저씨들, 청년들과 그렇게 친구가 되면서 이웃 아주머니들도 우리 집에 자연스럽게 방문하게 되었지요. 그런데 아주머니들이 저희 부엌을 샅샅이 둘러보더니 너희 나라는 북한보다도 더 못사느냐고 하더군요. 사실 부엌세간이 거의 없이 갔거든요. 그러더니 다음날 우리 집에 자기들이 손수 요리한 빵과 음식을 가지고 다시 오셨어요. 아마 불쌍하게 생각하셨나 봐요. 하하. 그러더니 거의 매일 이웃 아주머니가 음식을 가져다주더군요."

이런 이웃들과의 친밀한 관계는 계속되었다. 이제 30대 초중반의 프란시스와 그의 아내는 이웃 어른들을 '어머니, 아버지'로 부르며 가족같이 대했다. 이웃들도 역시 프란시스와 그의 가족을 피부 색깔만 다른 또 다른 가족으로 자연스럽게 받아들였다.

예전 구소련권에서 사역했던 한 선교사가 자기는 처음 현지에 도착해서 2년여 동안을 집 밖의 상황이 너무 무서워서 집 안에만 있었다고 이야기하는 것을 들은 적이 있다. 지금의 러시아나 구소련에서 독립한 국가들에서 사역하는 선교사들이 들으면 웃을 이야기지만, 당시 90년대 초 그 지역에서 사역해 본 선교사들은 이 말이 어떤 의미인지 이해할 수 있을 것이다. 시대와 상황이 여러모로 많이 달라졌다. 요즘 새로운 시대를 맞아 선교사들의 선교에 대한 생각도 시대와 더불어 다를 수 있을 것이다.

그럼에도 선교사들이 현지에서 살아가는 현지인들이나 현지의 상황을 직접 대면하는 것을 두려워해 움츠려 있다면 그들 자신의 삶과 사역은 무척이나 고될 것이며, 현지인들은 자기들의 상황과 전혀 다른 삶을 살고 있는 선교사들과 전혀 공감대를 형성하지 못할 것이다. 그렇기에 그런 상황일수록 되도록 현지 문화 속에 적극적으로 파고들어 현지인 친구들을 빨리 만들어 현지 문화에 익숙해지는 것이 중요하다.

하지만 만약 선교사 자신의 성격이나 상황상 현지인에게 찾아가기 힘들다면 그들을 자기 집으로 초청하는 방법도 있다. 다시 말하면 자기 집을 오픈 하우스로 만들어 현지인들이 많이 들락날락하도록 만들면 된다. 그러면 자연스럽게 이웃들과 어울리게 된다. 대부분의 선교 현지의 문화는 가족 중심적이고 공동체 중심적이기에 가정집으로의 손님 초대에 응하고 초대하면서 한국이나 서구 등지와는 다르게 더 쉽게 서로 간에 교류가 싹트게 된다.

대부분의 시간을 외국의 다른 선교사가 아닌 현지인들과 보내는 선교사, 이들 앞에 어떤 일들이 앞으로 벌어질지 보이지 않는가!

11. 언어 이해와 문화 이해는 정비례

선교사의 문화 적응의 시기는 선교사의 성향에 따라 다르다. 어떤 이들은 극도의 스트레스를 받기도 하고, 또 다른 이들은 새로운 문화를 배우며 신선한 성취감과 행복감을 만끽하기도 한다. 하지만 어떤 개인의 성향이 되었든지 이 시기에 발생하는 여러 문제를 돌파할 수 있는 가장 좋은 방법은 현지 언어에 집중해 최선을 다해 배우는 것이다.

이 시기에 언어의 기초를 잘 놓지 않는 선교사는 첫 1-2년의 문화 적응기를 지나면 언어의 진보를 이루기가 어렵다. 여러 보고서와 데이터가 첫 2년간 언어를 집중해서 잘 배우지 않으면 이후에 언어를 배우는 것이 더욱 어렵다는 것을 증명하고 있다.

선교 학자인 데이비드 헤셀그레이브(David Hesselgrave)는 이렇게 말했다.

선교 사역이란 간단히 요약하면 타문화 의사전달이다. 선교사는 성경적인 메시지를 성경과 문화 안에서 해석해야 한다. 선교사는 성경의 메시지

를 자기가 목표로 하고 있는 문화에 맞게 이해하여 설득력 있는 방법으로 전해야 한다.[15]

만약 선교사가 현지의 언어를 이해하고 사용하지 못한다면 그는 현지의 문화를 이해하기는커녕 온전한 사역을 하는 것조차 불가능할 것이다.

그렇다면 문화란 무엇일까?

문화를 한마디로 정의하는 것은 쉽지 않다. "문화를 정의하는 것은 문화를 공부하는 학자만큼 많다"라는 말과 같이 문화의 정의는 다양하다. 그래서 여기서는 영국 인류학의 창시자로 여겨지며 옥스퍼드대학교의 최초의 인류학 교수였던 에드워드 버넷 타일러(Edward Burnett Tylor)의 고전적 정의를 인용한다. 타일러는 "문화는 지식, 신앙, 예술, 도덕, 법률, 관습 등 인간이 사회의 구성원으로서 획득한 능력 또는 습관의 총체다"[16]라고 정의했다.

문화 속에는 정치, 경제, 사회, 언어, 심리, 종교 등의 수많은 것이 포함되어 있으므로 이런 문화는 우리 각자의 삶의 전 영역에 영향을 준다. 따라서 선교사가 새로운 문화권에 도착해 그 문화 속에서 정착하기 위해서는 현지인들의 세계관이나 역사의식 그리고 가치관 등을 배워 나갈 때 언어를 습득하는 것은 문화 습득의 가장 중요한 역할을 할 수밖에 없다. 따라서 시간을 투자해 언어를 잘 배우지 않고는 현지 문화를 결코 온전히 이해할 수 없을 것이다.

선교사는 언어를 이해한 만큼 현지의 문화를 이해할 수 있다. 왜냐하면, 현지 언어의 표현 속에 현지의 문화가 듬뿍 들어 있기 때문이다. 그러므로 현지의 언어를 충실하게 꾸준히 습득해야 함은 그 자체가 선교며 그

---

15 데이비드 헤셀그레이브, 『선교 커뮤니케이션론』, 강승삼 역 (서울: 생명의말씀사, 1999), 23.
16 에드워드 버넷 타일러, 『원시 문화 1』, 유기쁨 역 (서울: 아카넷, 2018), 31.

선교사의 선교 사역의 미래를 보여 주는 지표이기도 하다.

그러므로 언어를 배우고 집중하는 일에는 파송 교회의 이해와 협력이 필요하다. 선교사를 파송한 후 일정한 기간 선교사가 충분히 언어와 문화를 배울 수 있도록 시간을 주지 않는 교회는 파송 교회로서 자격이 없는 교회다. 이런 모습은 마치 전쟁에서 반드시 승리할 수 있는 군인이 되라고 요구하면서도 총기를 다루는 것을 배우고 각종 전투 훈련을 받아야 하는 훈련 시간을 주지도 않고 전장으로 내보내는 국가와 같다.

파송 교회는 선교사가 현지에 도착해 장기적인 사역을 위해 일정한 시간을 허락해 주어 언어를 배우고 문화를 습득하도록 인내하고 기다려 주어야 할 것이다.

12. 내 생각보다 더 큰 선교

하나님이 세상을 구원하시는 방법은 우리의 유창한 말솜씨나 행위가 아닌 바로 하나님 복음의 능력 그 자체다. 이 일은 하나님의 시간에 그분의 성령을 통해 그분이 선택하신 백성의 마음속에서 이루시는 하나님의 사역이다.

> 나는 심었고 아볼로는 물을 주었으되 오직 하나님은 자라나게 하셨나니 …(고전 3:5-8).

결국, 우리가 복음의 씨를 뿌리지만 열매를 맺게 하시는 분은 하나님 그분 자신이라는 것을 절대 잊어서는 안된다. 문제는 우리가 많은 순간 이 사실을 잊고 산다는 것이다. 현대 선교는 100여 년 전의 선교 상황과는 여러모로 달라졌다. 시대의 변화에 따라 환경이 변화되었으며 그 사역의 대상도 달라졌다. 이제 남은 대부분의 개척 선교지는 '무슬림 지역'이거나 복음이 쉽게 들어갈 수 없는 '창의적 접근 지역'들이다.

이런 지역에서 사역하는 선교사들은 오랜 시간이 지나도록 사역의 열매를 맺지 못하는 것에 스스로 절망할 수 있다. 또한, 어떤 이들은 더 나아가 자기는 실패한 선교사라는 깊은 상처를 가지고 선교사로서 중도 탈락 할 수도 있다. 비단 선교사뿐만이 아니다. 선교사를 파송한 교회도 지치는 것은 마찬가지다. 그래서 자기들이 파송한 선교사의 선교지를 좀 더 사역의 가시적 열매가 있는 지역으로 교회 임의로 옮기는 경우도 종종 볼 수 있다. 한편으로 교회의 입장이 이해가기도 한다.

하지만 여기서 우리가 잊은 것이 있다. 우리가 그토록 헌신을 외치는 그 선교 역시 하나님이 주체시며 주인이시라는 것이다. 만약 파송된 선교사나 파송한 교회가 선교의 주체라면 사역의 열매를 맺지 못하는 선교사나 그 선교사를 파송하고 지원하는 교회가 자기들의 선교를 실패했다고 이야기할 수 있을 것이다.

하지만 선교를 친히 계획하시고 이끄시는 분이 하나님이라면 그리고 그분이 선교의 주인이라면, 선교지에서 최선을 다해 충성스럽게 사역했고, 교회는 최선을 다해 선교사를 지원했는데도 그곳에 사역의 가시적 열매가 없다면, 비록 그렇다 할지라도 그 선교는 실패한 것이 아니다.

왜 그런가?

바로 뿌려진 복음의 씨앗들이 하나님의 때에 그분의 주권적 사역으로 반드시 열매 맺을 날이 올 것이기 때문이다. 따라서 선교사와 교회는 선교의 주인이신 하나님을 신뢰해야 한다. 왜냐하면, 지금도 많은 선교지에서 뿌려진 복음의 싹들이 조금씩 그 열매를 맺고 있기 때문이다. 하나님은 비록 현재 우리 눈에는 보이지 않지만 그분의 뜻에 따라 계획하신 그분의 선교를 지금도 차근차근 이루어 나가고 계신다. 그분은 과거에도 지금도 그리고 앞으로도 세상을 다스리시고 주관하시고 통치하시는 그 하나님이시다.

제2장

우리 생각보다 더 큰 선교
총체적 선교(Wholistic Mission)

하나님의 생각은 우리의 생각보다 더욱 크시다. 우리의 제한된 지식으로는 우주의 창조자이신 하나님의 크고 넓고 깊으신 경륜을 절대 다 이해할 수 없다. 그런데도 우리는 종종 하나님의 생각과 능력을 우리의 한 줌 지식과 이해로 제한하려 한다.

선교에 있어선 어떤가?
혹시 우리가 생각하는 선교의 모습과 방식이 하나님이 우리에게 명령하시는 선교의 모든 것이라고 착각하고 있지는 않은가?
과연 하나님은 우리에게 어떤 선교를 말씀하시고 계실까?

1. 맹인이 코끼리를 만지다

한 번도 코끼리를 본 적이 없는 맹인이 코끼리를 만지며 마치 코끼리의 모습이 자기가 만지는 부분의 모습이라고 상상한다는 '군맹무상'(群盲撫象)[1]이란 성어는 우리에게 시사하는 바가 적지 않다.

혹시 우리 자신도 이런 맹인들과 같이 선교라는 대과업을 우리가 듣고 배운 제한된 지식 내에서 정의하고 있지는 않은가?

아직도 많은 성도는 선교가 '선교지' 혹은 '현지'라고 하는 비교적 경제적으로 낙후되어 있고 정치적으로 혼란한 비서구 국가나 지역에 들어가 전도하고, 교회 건물을 지으며, 세례를 주는 일 정도로 생각한다. 또한, 가끔은 파송 교회 등에서도 선교 여행 등으로 선교 현지를 방문해서 전도도 하고 의료봉사나 건축 등으로 선교사의 사역을 돕는 전통적인 선교관에 머물러 있다.

이같은 한국 교회의 전통적 선교관에 의하면, 선교사가 머나먼 타국의 오지에 가서 죽도록 고생한다고 하면 성도에게 은혜가 되고, 방법이나 과정은 어떻든 일단 교회 건물을 많이 짓고 세례를 많이 주었다고 하면 훌륭한 선교사라는 도그마를 지금도 대부분 굳게 믿고 있다. 그래서 지금도 동남아시아나 아프리카 어느 국가에 수십 개의 교회를 개척한 선교사라는 수식어를 달고 다니는, 소위 사역 잘하는 유명한 선교사를 많이 볼 수 있다.

선교사가 교회 건물을 짓는다고 하면 헌금도 많이 하고 선교 여행 등으로 직접 방문해서 함께 헌당식을 하기도 한다. 아직도 한국 선교사들이 많이 사역하는 선교 현지에는 아예 파송 교회의 이름을 따서 00교회,

---

[1] '군맹무상'이란 여러 맹인이 코끼리를 더듬는다는 뜻으로, 자기 좁은 소견과 주관으로 사물을 그릇 판단함을 의미한다.

**교회 등으로 이름을 지어 놓은 곳들도 많다. 아마도 어떤 이들은 복음을 통해 예수 믿는 사람들이 많아지고 그에 따라 교회 건물을 많이 건축하는 것이 무엇이 문제냐고 반문할 수 있을 것이다. 문제는 결과만 좋으면 과정과 방법, 또한 현지인들이 느끼는 정서는 전혀 문제가 될 것이 없다는 식의 발상이 문제다. 즉, 선교의 내용이 문제인 것이다.

선교의 정책과 전략이 시대에 따라 변화되듯이, 21세기에 들어오면서 각각의 선교 현지의 상황들도 무척 달라졌다. 지금 대부분의 선교지에는 그 규모가 크든지 작든지 이미 자생적인 현지 교회가 선교 사역의 동반자로 대부분 세워져 있다. 물론 자생적인 현지 교회가 아직 존재하지 않는 '미전도 종족 그룹'(Unreached People Group)² 이 다수를 차지하는 지역에는 선교사가 주도하는 새로운 교회 개척이 필수겠지만, 지금의 선교는 비록 연약하고 소수의 작은 그룹이라고 해도 현지의 이미 세워진 자생적 교회들을 도우며 그들이 그 지역에서 굳게 세워져 나갈 수 있도록 함께 동역하며 돕는 사역들이 필요하다.

---

2 '미전도 종족 그룹'(Unreached People Group, UPG)이란 타문화권의 도움 없이 스스로 복음화 할 수 있는 공동체가 없는 종족으로, 기독교인의 비율이 2퍼센트 미만인 종족을 가리킨다. '미전도 종족 선교의 아버지'라 불리는 랄프 윈터(Ralph D. Winter) 박사가 1974년 스위스 로잔에서 열린 복음주의 세계선교대회에서 이 개념을 처음 주창했다. 미전도 종족 전문 단체인 조슈아 프로젝트(Joshua Project)에 따르면, 전체 복음화율이 2퍼센트 미만인 미전도 종족은 7,400여 개로, 세계 인구의 42퍼센트인 약 32억 명으로 추산된다. 종교별로는 무슬림이 4,000여 개로 가장 많고, 토착 종교 부족과 힌두교, 불교 순으로 조사됐다. 미전도 종족 선교단체들은 자생력 있는 교회와 신자의 유무, 성경책 번역 여부 등으로 선교사 파송과 교회 개척이 특히 필요한, 복음화율 0~0.1퍼센트 미만의 미전도 종족 그룹을 '미개척 미전도 종족'(UUPG)으로 지칭한다. 이를 더 세분화하면 복음화율이 0퍼센트로 복음 전도와 교회 개척이 시급한 종족을 '비개척 미전도 종족'(Unengaged Unreached People Groups)으로, 기독교인이 0명은 아니지만 복음화율이 0.1퍼센트 미만인 종족은 '미개척 미전도 종족'(Under-Unengaged Unreached People Groups)으로 분류할 수 있다. 지난 20년간 세계 미전도 종족 개척 선교 운동을 주도해 온 '남은 과업 성취 운동본부'(FTT, Finishing The Task)는 지금까지 3,200여 개의 미전도 종족(UUPG)이 복음화율 0퍼센트를 벗어났으며, 현재 220~230여 개 종족만 남아 있다고 밝혔다.

그럼에도 많은 선교사가 현지의 이미 세워진 자생적 교회들을 무시하고 자기들의 교단과 교회들을 새롭게 시작하는 경우가 많이 있는데 과연 이런 선교를 건강한 선교라고 말할 수 있을지 의문이다.

제2차 로잔 대회인 1989년의 마닐라 대회에서는 "오늘의 선교 최전방은 오지나 시골이 아니라 대도시다"라고 선언했다. 시대의 변화에 따라 현대 선교는 대도시로 몰려드는 학생, 직장인, 외국인 근로자 등에 대한 관심과 함께 도시의 어두운 그림자인 슬럼가나 영세민 주거지 그리고 난민들이나 장애인 등에 대한 더욱 다양하고 조직적인 선교 전략이 계속해서 시도되어야 할 것이다.

현대의 선교는 지금까지 우리가 생각했던 것보다 그 범위와 영역에 있어 훨씬 크고 복잡하다. 특이한 것은 최근 어떤 자료에 따르면 일반 성도나 목회자뿐 아니라 선교사들 가운데서도 선교사로 사역한 지 오래될수록 '총체적 선교'에 대해 낯설어한다는 결과도 있다. 그만큼 아직 한국 교회에 '총체적 선교'라는 개념은 그리 익숙하지 않다고 할 수 있다.

2. 복음과 선교에 대한 재조명

예전엔 서울의 길을 걷다 보면 "구원받고 천국 가십시오"라는 소리를 종종 듣곤 했다.

그렇다면 구원이란 무엇일까?
누군가 우리에게 "구원이 무엇입니까?"
이렇게 묻는다면 무엇이라고 대답하겠는가?
죽어서 천국 가는 것일까?
정말 그 뿐일까?

분명 구원은 영생을 누리는 것이다. 하지만 구원이란 단순하게 죽어서 천국에 가는 것만은 아니다. 구원의 시작과 완성은 우리가 예수 그리스도를 믿고 하나님의 통치에 참여하는 그 순간부터 시작되어 예수님의 재림을 통한 새 하늘과 새 땅에서 완성된다. 안타깝게도 대다수의 한국 교회는 구원을 영혼 구원과 개인 구원이라는 측면에만 지나치게 국한했기 때문에 구원의 의미를 제한하는 커다란 오류를 범하였다.

그 결과 예수 믿고 구원받았다는 사람들이 예수는 믿되 예수님의 삶은 따르지 않는 지극히 이원론적 신앙으로 변질되었고, 교회에 나가는 교인과 성도의 의미를 구별해 사용해야 할 작금의 상황까지 이르게 되었다.

오랫동안 기독교는 선교가 인간의 영혼 구원을 위해 복음을 전하는 것이라고 믿었다. 그래서 인간의 영혼 구원을 위해 복음을 선포하고 천국에 가게 하는 것을 선교의 궁극적 과제로 여겼고 이에 교회 개척을 선교의 핵심 사역으로 삼았다. 하지만 구원을 죽음 후에 천국에 가는 것으로만 생각함으로써 이 세상의 삶과는 무관하게 생각하는 이원론적인 구원관이 특히 복음주의 교회들 안에 퍼져 위기를 초래했다. 이렇게 개인의 영혼 구원만이 구원이라 생각하는 구원에 대한 기형적 이해는 현재 한국 교회의 상황만 봐도 그 심각성을 쉽게 느낄 수 있다.

따라서 성경에서 가르치는 구원의 총체성에 대한 이해는 교회에 필수적이다고 할 수 있다. 그러므로 복음의 선포는 총체적일 수밖에 없고 총체적이어야만 한다. 왜냐하면, 말로만 전하는 복음은 삶으로 연결되는 제자도로 이어지기 어려우며 왜곡된 복음을 전달할 수 있기 때문이다. 진정한 제자도는 삶을 공유할 때만 가능하다.

아프리카 사하라 이남의 많은 국가를 한번 살펴보라!

그 나라들 가운데는 기독교 국가라 할 정도로 기독교인 비율이 높은 국가들이 있지만, 왜 아직도 극심한 가난과 부패와 내전에서 헤어나지 못하고 있을까?

그 이유는 복음을 가진 자의 합당한 삶이 없고, 제자도가 없으며, 하나님 나라가 선포되지 않는 기형적 복음 때문이다. 그러므로 복음이 그저 선포로 끝나는 것이 아닌 삶을 통해 전해질 때 그 복음은 그 삶을 통해 제자도를 전수하게 된다. 이는 복음이 요구하는 삶의 모습을 경험하고 복음을 받는 것이기 때문이다.

하나님이 세상을 창조하신 후 "보시기에 참 좋았다"라고 말씀하셨던 세상, 즉 세상의 모든 피조 세계는 근본적으로 선하게 창조되었다. 그러나 인간의 불순종으로 말미암아 죄가 세상 가운데 들어 오게 되었고, 결국 인간뿐 아니라 세상은 '총체적으로 타락'하게 되었다.

결국, 하나님이 선하게 창조하신 모든 피조 세계가 인간의 불순종하는 죄로 인해 전적으로 타락하게 되었고, 이 타락의 결과로 인간에게 죽음과 고통, 슬픔 등을 가져왔을 뿐 아니라 이 세상의 자연과 사회의 모든 영역까지 그 죄의 영향을 미치고 죽음이 확대되었다. 따라서 하나님의 선교의 대상은 죄로 말미암아 타락한 인간의 온전한 회복뿐만이 아닌 모든 피조 세계의 온전한 회복이 포함되는 것이다.

모든 피조 세계의 전적인 타락으로 말미암아 하나님은 독생자 예수 그리스도를 세상 가운데 보내시어 세상의 모든 피조 세계를 총체적으로 그리고 전인적으로 구원하시길 원하셨고, 예수 그리스도 십자가의 구원을 통한 '총체적 복음'은 인간과 피조 세계를 총체적으로 구원할 길을 주셨다. 그러므로 이렇게 하나님의 구원이 총체적이라면 선교도 역시 총체적이여야 한다. 선교는 근본적으로 교회의 선교이기에 앞서 삼위일체 하나님으로부터 시작되며 하나님 스스로 주체가 되시는 하나님의 선교인 것이다.

3. 총체적 선교, 예수님의 선교 방식

'총체적 선교' 또는 '통전적 선교'라고 불리는 'Wholistic Mission'[3]은 예수께서 친히 감당하셨던 선교의 방식이다. 이에 대해 예수께서 세상에 계시면서 3년간의 공생애 기간 감당하신 복음 전도의 사역을 마태는 다음과 같이 설명하고 있다.

> 예수께서 온 갈릴리에 두루 다니사 그들의 회당에서 가르치시며 천국 복음을 전파하시며 백성 중의 모든 병과 모든 약한 것을 고치시니 … (마 4:23).

예수께서는 사람들에게 하나님 나라를 "가르치시며", "전파하시며", "고치셨다"라고 성경은 표현하고 있다. 영어 성경에서는 "Teaching, Preaching, Healing"으로 번역되었는데, 현대어로 말하면 사람들에게 천국 복음에 대해 설교만 하신 것이 아니라 성경공부도 시키시고, 병자를 고치시는 치유 사역도 함께 하셨다는 말이다. 사실 이런 표현들은 예수님의 사역에 대표적인 모습으로 설명되었지만, 성경을 좀 더 자세히 살펴보면 예수께서 사람들을 대하는 좀 더 세밀하고 밀도 있는 그분의 모습과 태도, 반응들이 잘 묘사되어 있다.

특히, 예수께서 당시 고통받는 사람들에게 행하셨던 사역의 모습에는 보다 섬세한 그분의 마음과 모습이 잘 표현되어 있다. 예수께서는 사람들의 육체적, 영적인 고통을 그저 보고 계시지만 않으셨다. 그분은 때로는 말씀으로, 때로는 직접 사람들을 만지며 그들의 병들을 치료해 주셨다. 시각 장애인(장님), 지체 장애인(앉은뱅이), 한센병 환자(나병환자), 혈우병 환자, 심지어 죽은 나사로와 과부의 아들까지도 살려 주셨다.

---

3   혹은 영어로 'Holistic Mission'이라 쓰기도 한다.

그뿐이었는가?

육체적 고통을 당하는 사람들뿐만이 아닌 영적으로 고통받고 있던 수많은 귀신 들린 사람의 귀신을 쫓아 주시고 자유케 하셨다.

예수께서는 또한 자기감정을 사람들과 나누셨다. 나사로가 죽었다는 소식을 들었을 때 그분은 눈물을 흘리기도 하셨다. 사람들은 그 모습을 보며 예수께서 나사로를 얼마만큼 아끼시고 사랑하셨는지를 알았다. 예수께서는 지나가던 과부의 아들 장례 행렬에서 아들을 잃으므로 자기 모든 것을 잃은 과부를 불쌍히 여기시고, 그 아들을 살려주시며, 친히 과부에게 데려다주신 그의 따뜻한 모습에서 사람들은 정서적으로 많이 공감했을 것이다.

그뿐만이 아니다. 예루살렘에 들어가셔서 성전을 방문하셨을 때 채찍을 만들어 성전에서 장사하는 사람들을 내쫓으시고 고함치시며 화를 내시는 예수님을 보며 사람들은 그 예수께서 얼마나 하나님을 사랑하시고 성전을 시장 바닥으로 만든 자들에게 분노하는지를 알 수 있었다.

예수께서는 경제적으로도 어려운 사람들도 지나치지 않으셨다. 물론 이런 사역이 그분의 주된 사역은 아니었지만, 많은 이가 예수님의 말씀을 들으러 와서 들판에서 허기졌을 때 예수께서는 그들을 불쌍히 여기시고 친히 먹이셨다. 제자들은 이런 그들의 스승을 결코 이해할 수 없었지만, 예수께서는 사람들을 그냥 보내시지 아니하시고 친히 기적을 베푸셔서 떡 다섯 개와 물고기 두 마리로 오천 명을 먹이셨다. 그런데 이런 기적은 한 번만 베푸신 것이 아니다.

예수님의 사역은 이런 개인 삶의 영역들 안에만 국한되지 않고 당시 사회적 상황에 대해서도 반기를 드셨다. 예수께서 세상에 계셨던 당시 사회 구조 안의 가장 낮은 계층인 창녀들과 나병 환자들, 로마의 앞잡이라고 불렸던 세리, 갈릴리 촌구석의 어부들까지… 이들의 하나같은 공통점은 그 당시 사회에서 가장 밑바닥에 있었던 무시 받고 천대받았던 사람들이었다.

이들은 당연히 사회 속에서 억눌렸던 사람들이었지만 예수께서는 이들의 친구가 되셨고, 이들과 함께 생활하시고, 다니시면서 하나님 나라를 선포하셨다. 따라서 예수께 있어 하나님 나라의 복음 전도 사역은 자기를 통해 이루어진 하나님 나라의 통치에 대한 순종의 삶을 사는 것이었는데, 그것은 육신적으로나 영적으로 연약한 이들을 치유해 주며, 불의와 가난의 중심에 있는 근본적인 악과 세계관과 제도를 변혁시키며, 하나님 나라의 자녀들이라는 새로운 삶으로 초대하는 그야말로 총체적 사역이었다.

이러한 예수 그리스도의 총체적 선교 방식은 영적인 구원에만 집중된 사역이 아닌 인간의 신체적, 정서적, 경제적, 사회적 영역까지 관심을 두는 '전인적 선교'라고 말할 수 있다. 그러므로 총체적 선교는 하나님 나라의 선교 방식이라는 것을 알 수 있다.

그런데 총체적 선교가 무엇을 지향하는지에 대한 설명은 주기도문에서 뚜렷하게 나타난다.

> 나라이 임하옵시며 뜻이 하늘에서 이루어진 것 같이 땅에서도 이루어지이다.
>
> (Thy Kingdom comes. Thy will be done in earth, as it is in heaven.)

다시 말해, 총체적 선교란 예수 그리스도의 초림에서 시작된 하나님 나라에서 하나님의 통치하심이 시작되는 시점과, 그의 재림으로 인해 이루어질 하나님 나라의 완성 시점의 중간 기간에 하나님의 백성에 의해 하나님 나라에 대한 소식을 선포하고 그것을 자기들의 삶으로써 증거해 내는 일이다. 즉, 하나님의 백성이 하나님 나라의 통치하심 속에서 미래에 완성될 하나님 나라에 대한 믿음을 현재의 자기 삶 속에서 하나님이 누구신지를 복음 선포와 더불어 그에 합당한 삶으로 전하는 것이다.

4. 케리그마와 디아코니아의 동역

예수께서 진행하셨던 그분의 사역에서는 항상 하나님 나라의 복음을 선포하셨을 뿐 아니라 병든 자들을 고쳐 주셨고 굶주린 자들을 먹이셨다. 다시 말해 그분의 사역에서는 항상 '케리그마'[4]와 '디아코니아'[5]가 구분되지 않고 동시에 나타났다. 예수님의 말씀이 예수님의 행동을 설명했고, 예수님의 행동이 예수님의 말씀을 증명했다. 둘 다 사람들을 향한 예수님의 사랑과 긍휼의 표현이었고, 그분의 사역과 같이 우리의 사역도 사랑과 긍휼의 표현으로 나타나야만 한다.

이처럼 예수 그리스도의 선교 방식이었던 총체적 선교는 예수님의 제자들과 초기 그리스도인들에 의해 행해지던 선교였으나, 20세기 초를 지나며 이런 선교 방식이 당시 사회 참여에 지대한 관심을 쏟던 자유주의자들의 신학이며 방식이라고 생각되면서, 이에 대한 반발로 복음주의 진영에서의 선교의 초점이 주로 영혼의 구원에만 맞춰지게 되었다.

하지만 이후 1974년, 빌리 그레이엄과 존 스토트 등에 의해 주도된 로잔 대회를 통해 다시 '복음 전도'와 '사회적 책임'을 총괄하는 총체적 선교에 대한 관심이 대두되었고, 로잔 제1차 대회와 제2차 대회에서는 복음 전도와 사회적 책임이라는 불가분의 관계를 선언했음에도 "교회가 희생적으로 감당하는 선교 사역에서 전도는 최우선이다"[6]라고 선언되었다. 이에 대해 존 스토트 같은 학자들은 동의했으나,[7] 제3차 대회에서는 복음

---

4 '케리그마'(κῆρυγμα)란 복음에 대한 말씀 선포를 말한다. 헬라어 '케루세인'이란 동사에서 파생된 명사로, 하나님 사자의 외침, 고지, 선포라는 의미로, 특히 기독교 복음의 내용과 성취에 대한 선포를 말한다(고전 1:2).
5 '디아코니아'(διακονια)란 봉사, 섬김이라는 의미로, 헬라어 '디아코노스'에서 유래했는데 천한 일에 시중드는 집사, 종이란 의미다.
6 로잔 언약, 제6항.
7 존 스토트 & 크리스토퍼 라이트, 『선교란 무엇인가?』, 김명희역 (서울: IVP, 2018), 69.

전도의 우선성을 거의 상실하게 되었으며 복음 전도와 사회 참여에 대해 무엇이 우선적이냐는 토론은 지금도 복음주의 안에서 계속되고 있다.

따라서 총체적 선교란 '복음 전도'와 '사회적 책임' 모두를 포함하는 포괄적 의미의 선교 개념으로, '복음의 선포'와 '사회적 행동'은 둘 다 기독교의 근본적 사역으로 이 둘 사이에서는 분리가 불가능하다고 믿는 선교 방식이다. 다시 말해, 총체적 선교란 그리스도인 개인이 자기와 연결된 모든 관계에서 하나님께 영광을 돌리는 것이며, 동시에 그리스도인의 제자 됨을 삶의 모든 영역에서 선교적 삶으로 증명해 내는 것을 포함한다.

그럴 때 거룩한 영역과 거룩하지 않은 영역으로 나누었던 이원론적 사고에서 벗어날 수 있으며, 가족, 종교, 비즈니스, 정치, 교육, 문화 예술, 미디어 등의 세상의 모든 영역에서 하나님 나라의 통치가 드러날 수 있다. 그러므로 창조 이후 인간의 죄로 말미암아 '총체적으로 타락'한 세상을 '총체적으로 구원'하기 위해 우리는 하나님의 '총체적 선교'의 과업을 이루기 위한 예수 그리스도의 '총체적 복음'이 필요한 것이다.

총체적 선교는 예수 그리스도의 사역 방식으로써 그분의 제자들인 우리 그리스도인 모두는 그분께서 세상에서 사역하셨던 모습 그대로 죄로 말미암아 타락해 본래 의미가 무너져 버린 이 세상을 회복하는 역할을 총체적 선교 사역을 통해 감당해야 할 것이다.

조슈아와 사라의 이야기: 코어의 개척자

조슈아는 어릴 적부터 아프리카에 가는 것이 꿈이었다. 신학대학원 시절, 그는 음악을 전공했던 사라를 만나 사랑에 빠져 결혼했고, 결국 섬기고 싶었던 아프리카로 함께 떠났다. 그들은 케냐의 수도 나이로비에서 북쪽으로 400킬로미터 떨어진 소말리아 국경 근처의 코어 지역에 정착하고 사역을 시작했다. 렌딜레족이 다수인 이 지역은 케냐에서도 오지 중의 오지였고 동아프리카에서 보기 힘든 가장 척박한 사막 지역이었다.

"어떻게 그런 오지로 떠나게 되었죠?"

이런 질문에 조슈아는 싱긋 미소 지으며 대답했다.

"많은 외국 선교사는 수도 나이로비에 사세요. 저희는 이왕이면 현지인들과 함께 살고 싶었어요. 그리고 코어는 저희 같은 사람들이 필요하거든요."

특히, 병원이 없는 그곳에선 어린아이들의 사망률이 다른 지역보다 눈에 띄게 훨씬 높았고, 근처의 고인 물을 떠다 먹는 현지인들 가운데는 많은 이들이 이질, 장티푸스, 눈병 등의 질환을 앓고 있었다. 조슈아는 목사였지만 기본적인 의료 기술을 배우고 떠났고, 동료 선교사들과 함께 기초적인 보건교육을 실시하고 깨끗한 물을 먹이기 위해 우물 파기 사역을 시작했다.

"아프리카에서 대부분의 병은 물에서부터 시작해요. 깨끗한 물만 먹을 수 있어도 많은 병을 막을 수 있죠. 그래서 일단 우물을 파서 깨끗한 물부터 먹여보자고 생각했어요."

당시 약 3,000달러면 우물 하나를 팔 수 있었기에 조슈아와 그의 팀원들은 본국에 기도 편지를 통해 우물을 파는 사역을 위한 재정 모금에 나섰고, 이 우물 파기 사역을 통해 수십 개의 우물을 팔 수 있었다. 이를 통해 지역 주민들은 깨끗한 물을 마실 수 있게 되었고, 감사하게도 많은 질병을 물리칠 수 있었다.

다음으로 그들의 목표는 지역 주민들에게 글을 가르치는 것이었다. 그들은 문자 교실을 열어 지역 주민들에게 문자를 가르쳤다. 문자 교실을 통해 식자율이 30퍼센트로 올라가게 되었고, 문자를 읽게 된 덕분에 부족민들은 돈을 세는 법을 배워 다른 지역의 상인들에게 착취당하는 일도 줄어들게 되었다. 그리고 아이들의 교육을 위해 초등학교와 중학교를 세워 학생들을 가르치고 고등 교육을 위해 도시로 떠나는 아이들을 위해서는 장학금을 지원해 이들을 키웠다. 이렇게 장학금을 지원받은 몇몇 학생은 대학을 졸업한 후 코어로 돌아와 조슈아팀이 세운 학교에서 선생님으로 봉사하는 선순환이 이루어지게 되었다.

사라는 항상 미래에 대한 소망이 없는 그곳의 아이들에게 무엇인가 소망을 선물하고 싶었다. 자기가 전공한 음악을 통해 아이들에게 미래에 대한 희망을 주고 싶었고 어린아이들을 모아 노래를 가르치고 합창단을 만들었다.

"아이들이 노래를 배우면서 얼굴이 달라졌죠. 표정이 없었던 아이들이 밝게 웃으며 노래하는 모습은 마치 천사들을 보는 것과 같아요. 이런 천사와 같은 아이들을 가르치며 함께 노래하다 보면 저도 천사가 되어 있는 느낌입니다."

이렇게 말하며 사라는 크게 웃었다.

천사 같은 아이들과 함께 희망을 노래하기 시작한 합창단은 이 지역의 명물이 되었고 자랑이 되었다.

킴의 이야기: CHE[8]를 통한 전인적 선교

킴이 캄보디아에서 사역을 시작한 지는 벌써 20년이 넘었다. 수의사이기도 했던 그는 캄보디아로 떠나기 전 한국에서도 전인적 공동체를 통한 사역 경험이 있었다. 킴은 캄보디아에 들어가 농장을 시작하며 현지인들을 위한 신앙 공동체와 비정부 기구를 설립했다.

특히, CHE를 중심으로 총체적 사역을 시작한 킴은 현지 공동체를 통해 지속적인 자립이 가능하며 경제와 교육, 선교가 함께 어우러질 수 있는 전인적 공동체를 이루기 위해 유치원과 학교를 시작했다. 어떻게 CHE를 캄보디아 농촌에 적용하게 되었냐는 질문에 킴은 개발이 진행되고 있는 농장을 손으로 가리키며 말했다.

"사실 여러 선교지에서 다양한 형태의 지역 개발 사역이 진행되고 있지만 CHE는 그중에서 가장 통합적 프로그램이지요. CHE는 지역의 필요들을 주민들이 스스로 채워가도록 도와주고, 주민 개개인의 영적, 신체적, 정서적, 사회적인 전인적 변화가 일어나므로 지역 사회가 전인적으로 변화되고 더 나가 이런 변화가 확산하도록 만드는 것이 목표입니다."

킴은 자기 전공인 축산 등에 대한 지식을 CHE에 적용해 현지인 공동체가 자립할 수 있는 기반을 만들었고, 현지 공동체에서 가능성이 있는 대학생들을 한국으로 유학을 보내 캄보디아 미래의 일꾼으로 자랄 수 있도록 도왔다. 또한, 공동체에서 훈련받은 현지 사역자를 타지역으로 보내 교회를 개척할 수 있도록 돕고 있다. 이렇게 조금씩 전인적으로 성장하는 현지 공동체 안에 수년 전부터는 인도 나가랜드에서 형제들이 공동체에 들어와 함께 훈련받고 있다.

---

8   'CHE'(Community Health Evangelism, Community Development Education)는 지역 사회의 개발과 질병 예방, 전도, 양육, 교회 개척을 통합한 전인적 선교 전략이다.

위의 두 사례는 지역 개발 사역과 교육 사역에 집중되어 있지만 아프가니스탄이나 시리아 또는 최근의 우크라이나 전쟁으로 말미암은 난민에 대한 구호 사역이나 선교 현지 안에서 지속적인 부를 창출해 내는 비즈니스 선교 등도 총체적 선교에서 많이 볼 수 있는 실례다.

이렇게 총체적 선교는 선교지의 필요를 채운다. 대부분의 파송 교회와 선교사들은 선교지에 들어가기 전부터 자기들이 어떤 사역을 할 것인지를 미리 계획하고 선교지로 들어가곤 하지만, 총체적 선교는 우리가 하고 싶은 것을 선교지에서 하는 것이 아닌, 선교지에서 현지인들에게 무엇이 필요한지를 보고 그들의 필요를 채워 준다.

5. 유행 선교와 중복 투자

제2차 세계대전이 끝난 후, 서구의 식민 지배를 받던 국가들이 독립하고 각국에서 민족주의가 일어나면서 이러한 국가들안에서는 그동안 자기들을 압제하던 서구의 사상, 특히 기독교에 반기를 들며 자기들의 토착 종교와 자국의 민족주의 등을 부흥시키려 하였다.

이에 서구 교회와 선교단체들은 이런 국가들에 대해 직접적인 선교보다는 학교와 병원, 고아원 등을 설립하는 방식 등을 통해 선교를 하는 간접적 방식을 선택하였는데 이를 '파종 신학'(A theology of seed sowing)이라 한다. 하지만 이런 사역에 대한 결과는 예상보다 기대에 훨씬 미치지 못했다.

이러한 상황에서 1970년대 도널드 맥가브란(Donald McGavran)[9]이 주창했

---

9 도널드 맥가브란(1924-2009)은 인도 선교사였으며 풀러신학교의 선교학 교수였다. '감추어진 부족 그룹'(Hidden People Group)의 개념을 발표했다.

던 '교회성장학'(The Science of Church Growth)의 영향으로 선교 역시 가시적 열매가 맺힐 수 있는 곳으로 선교사를 파송하자는 흐름이 서구 교회를 비롯해 한국 교회에까지 밀물같이 몰아 닥쳤다. 많은 교회와 교단 그리고 선교단체들까지 이런 흐름에 부응해 교회 건물을 짓고 교회를 시작할 수 있는 소위 '열린 지역'으로 선교사들을 보내기 시작했는데, 이러한 선교의 흐름은 아직도 많은 교회와 선교단체들에게 크게 영향을 주고 있다.

이런 정책은 소위 '인기 선교지'라는 부정적 유행어를 낳기도 하였는데, 한때 현지 언어 외에도 영어를 공용어로 사용하면서 선교사들을 잘 받아들이는 아시아의 필리핀, 아프리카의 케냐 같은 국가로 많이 몰려갔던 선교사들은 공산권이 무너지면서 구소련 지역인 몽골과 중앙아시아 등으로 몰려갔고, 그 이후에는 중국과 베트남으로 이어졌으며, 현재는 캄보디아 등으로 유행 같은 흐름이 이어지고 있다.

물론 아직도 한국에서 비교적 가깝고 물가가 저렴하며 특히 영어를 사용하는 필리핀 같은 국가는 지금도 수많은 한국 선교사가 몰려 있어 정확한 숫자도 파악할 수 없는 소위 인기(?)가 꺾이지 않는 선교지라 할 수 있다.

대구의 어느 교회 이야기: 경쟁은 선교를 파괴한다!

2000년대 초반 한국에 잠시 귀국했을 때, 대구에서 꽤 알려진 교회에서 부목사로 있는 친구 목사에게 전화를 걸었다. 혹시 그 교회와 협력관계를 맺을 수 없느냐는 문의였다. 그런데 친구 목사의 이야기가 좀 특이했다.

"돕고는 싶은데 글쎄 … 나도 이해가 잘 가지 않는데 우리 교회가 좀 독특한 것 같아. 몇 년 전에 우리 교회가 파송한 태국 선교사가 있는데 우리 교회는 그 선교사에게만 후원금을 보내 …"

자기가 생각해도 좀 이상한데 그 교회는 자기들이 파송한 태국 선교사에게 자그마치 매월 천만 원씩을 보낸다는 이야기였다.

"매월 천만 원을 한 선교사에게 보낸다고?"

친구 목사는 그 교회 담임목사가 자기 교회 근처에 지역의 라이벌(?)이라 여겨지는 교회가 수년 전에 태국으로 선교사를 보내 사역을 잘하고 있었는데, 이번에 자기들도 같은 곳으로 선교사를 보내면서 후원금은 충분히 보내 줄 테니 경쟁 교회의 선교사보다 더 유명한 선교사가 되라면서 이렇게 자기들이 파송한 선교사에게 매월 천만 원씩 후원한다는 말이었다.

아니 이게 도대체 무슨 말인가!

이후 그 교회에서 파송된 태국 선교사가 재정 사용의 문제로 교단의 징계를 받게 되었다는 소식을 듣게 되었다. 아마도 후원금이 너무 많이 들어와 후원받은 돈으로 방콕 근처의 토지들을 꽤 많이 구입했던 모양이었다. 현지인들은 그때까지 이 선교사를 외국 투자자로 알고 있었다고 한다. 결국, 외국인 유지(?)쯤으로 행세하던 이 선교사는 징계받고 교단에서 탈퇴하는 것으로 사태는 일단 수습(?)되었다고 했다.

위의 사건은 예상했던 것 같이 좋은 결과로 끝나지 못했다. 파송되었던 선교사는 징계받아 교단을 떠나게 되었고, 파송 교회와 해당 교단 선교부에서는 사건이 일단락되었다고 선언하였지만, 당시 해당 교단의 여러 교회와 선교사들에게는 적지 않은 파장이 있었다. 사실 이 사건의 문제를 바로 짚어보면 문제의 발단은 바로 파송 교회였다.

선교사 한 가정에 당시 누가 봐도 과도한 재정을 쏟아부으며 선교사의 물질적 유혹을 부추겼던 교회, 소위 경쟁 교회를 이기기(?) 위해 경쟁 교회의 선교사보다 더 사역을 잘해서 파송 교회의 이름을 떨쳐야(?) 한다는 있을 수 없는 목표를 제시했던 교회 역시도 징계받아야 했다.

또한, 소속된 선교사에 대한 행정적 책임이 있음에도 문제가 생기자, 나 몰라라 했던 교단 선교부 역시 동일한 징계를 받아야 했다. 하지만 파송 교회와 교단 선교부는 징계에서 버젓이 벗어나 해당 선교사만이 이 모든 책임을 져야 했다.

한번 생각해 보자!

어디 이러한 문제를 갖고 있는 교회가 이 교회뿐이겠는가?

이런 사건은 한국 교회의 선교 역사 안에 비일비재하다. 다만 겉으로 드러나지 않았을 뿐이다. 선교는 절대 교회나 교단 간의 경쟁의 도구가 아니며 선교지는 교회나 교단 간의 경쟁의 터가 아니다.

필자는 지역적이고 시기적인 선교의 긴급성과 그에 따른 그 지역에 대한 긴급한 선교사의 파송이 너무도 당연하고 필요하다고 생각한다. 이러한 선교 사역이 무조건 잘못되었다고 비판하는 것은 절대 아니다. 분명 그동안 닫혀 있어 선교사의 접근을 거부했던 지역이나 국가가 복음에 대해 환하게 열렸을 경우, 교회는 당연히 이들 지역으로 선교사들을 보내고 최선을 다해 복음을 전할 수 있도록 지원해야 한다.

다만 필자가 지적하는 것은 이런 지역으로 교회와 교단 그리고 선교단체가 '저들이 보내니 우리도 보낸다'는 식의 그 어떤 선교 전략이나 정책 없이 무분별하게 선교사를 경쟁적으로 보내는 것이 문제라는 것이다. 그 지역이 선교사를 받아 주고 교회를 개척할 수 있다고 이 교회 저 교회, 이 교단 저 교단에서 경쟁적으로 동일한 지역으로 수많은 선교사가 쏟아져 들어가는 것은 그 지역의 건강한 선교를 만들어 나가는 것은 둘째치고라도 선교를 망칠 수 있는 매우 위험한 모습이다.

이런 선교 방식으로 말미암아 선교의 중복 투자는 서로의 사역이 중첩되고 선교지가 과포화 상태가 되어 결국 선교지를 상처 투성이로 만들게 되는 원인이 될 수 있다. 더 나아가 이전 케냐나 인도 등에서 현지 사역자들이 서구 선교사들을 공개적으로 비판했던 것과 같은 상황도 바로 우리가 현지에서 대면할 모습일 수 있다.

실제로 필자가 중국에서 '선교중국운동'[10] 사역을 하면서 만났던 중국의 현지 지도자들 가운데는 한국 선교사들에 대해 부정적 인상을 갖고 이제는 중국에서 사역하는 한국 선교사들이 한국으로 돌아가야 한다고 주장하는 이들도 있었다.

또한, 2000년도 중반 '아라비아반도 컨설테이션'(Arabian Peninsula Consultation)에서 만났던 필리핀 교회의 선교를 대표하는 '필리핀세계선교협의회'의 대표는 한국 교회가 필리핀에 더 이상 한국 선교사들을 보내지 않기를 바란다고 필자에게 이야기한 것을 지금도 기억한다. 최근에는 캄보디아를 비롯한 한국 교회의 소위 인기(?) 있는 선교지들에서 선교사들이 과포화 상태가 되었는데도 계속 몰려오는 한국 선교사들에 대해 조금씩 반발감이 나타나고 있는 것도 사실이다.

6. 지역 교회의 선교 역량이 발전되어야 한다

선교는 결코 유행이나 분위기에 따라 하는 것이 아니다. 지난 십수 년 동안 한국 교회는 미국 등의 서구에서 흘러 들어온 수많은 선교 운동 등에 너무도 쉽게 휩쓸리고 쏠리는 경향이 있었다. 정작 본인들은 부정할 수 있겠으나, 선교나 목회에서 어떤 프로그램이 인기가 있으면 그곳으로 몰려다니면서 유행에 민감한 한국의 패션같이 '유행성 선교'를 해 온 것도 사실이다.

---

10 여기 '선교중국운동'은 중국 교회 안의 '미션 플랜팅'(Mission Planting)을 말하는데, 선교지에 교회를 세우는 '교회 개척'(Church Planting)에 비해 선교를 세우는 '미션 플랜팅'은 선교 현지의 교회와 성도가 세계선교를 위해 나서도록 도전하고 지원하는 사역이다.

최근에는 '비즈니스 선교'(Business as Mission, 이하 BAM)가 소개되면서 어떤 선교사들이나 교회는 BAM만이 진짜 선교인 것 같이 말하곤 한다. 심지어 어떤 교회는 앞으로 BAM만 한다고 BAM을 하지 않는 선교사들과는 협력을 중단하기도 한다. 이러한 극단적 사례들을 볼 때 아직도 많은 교회들은 선교의 기본적 의미조차 이해하지 못하고 있다고 생각된다.

정말 선교는 "이것만이다"라고 주장하거나, 혹은 "이 선교 전략이 최고"라고 말할 수 있을까?

우리가 전하는 복음은 변할 수 없는 진리지만 그 복음을 전하는 선교의 방법이나 전략은 현지의 상황이나 환경, 문화 등에 따라 다양하게 진행되어야 한다. 다시 말하면 반드시 '총체적'이 되어야만 한다. 문화와 언어, 인종과 환경이 다른 다양한 선교 지역 안에서 한 지역에서는 적용이 될 수 있는 방법이 다른 지역에서는 불가능한 경우가 너무도 많다.

그러므로 선교는 각각의 지역이나 상황에 맞는 다양한 방식으로 동시다발적으로 시도되어야 하며, 비록 소수의 몇몇 지역을 제외한 대부분의 무슬림 지역과 같은 곳에서는 지난 1,400여 년간 그 상황에 있어 큰 변화가 없다고 할지라도 우리는 이러한 지역 역시 하나님 아버지의 마음으로 지속해서 그리고 최선을 다해 선교 사역을 진행해야 할 것이다.

한동안, 선교에 힘쓴다는 한국 교회들은 교회 건물 입구에 커다랗게 세계 지도를 만들어 놓고 오대양 육대주 각 대륙에 각각 한 명씩 선교사를 파송하거나 협력하며 지도에 여러 색깔의 핀을 꽂아 놓는 것을 자랑스럽게 생각했다. 한편으로는 성도를 해외 선교에 독려한다든지, 지역 교회가 세계 복음화를 위해 노력한다는 상징적인 표시 정도로는 이해가 되지만, 현실적으로 그런 방식의 선교는 선교 전체를 볼 때 큰 의미가 없다.

과연 세상에서 아주 극소수의 교회를 제외하고 하나의 교회가 얼마나 많은 선교의 역량이 있어야 오대양 육대주를 대상으로 선교할 수 있을까?

선교 자체에 무관심한 교회에 비한다면 그래도 이런 식의 슬로건은 칭찬을 들을 수 있겠지만, 실제적인 선교 사역을 생각한다면 아직 선교에 대한 부족한 이해로 인한 산물이라고 생각할 수밖에 없다. 물론 교회의 성도에게 동기를 부여하며 선교에 대해 격려하고 스스로 선교 동역자로서의 자부심을 느끼게 해 주는 데는 어느 정도 효과가 있을 수 있다고 생각되지만, 21세기 현대를 함께 살아가는 교회가 인터넷을 통해 조금만 검색해 봐도 다 알 수 있는 선교의 현실들을 너무 따라가고 있지 못하는 것 같아 안타깝다.

그렇다면 앞으로의 선교는 어떤 방향으로 전환하는 것이 전체적인 큰 그림 속의 선교에 더욱 효과적일 수 있을까?

먼저, 오랜 기간 동안 전문적으로 선교를 감당해 왔던 국제적인 선교단체들은 선교의 전체적인 그림을 그리고 선교의 방향을 제시할 수 있어야 할 것이다. 선교단체의 역할은 자기 선교단체에서 일할 수 있는 선교 지원자들을 지역 교회에서 동원하는 일이나 자기 선교단체에 속한 구성원 안에서의 팀 사역에만 머물러서는 안된다. 여기서 더 나아가 지역 교회 단위에서 더욱 효과적인 선교를 진행할 수 있도록 각 지역 교회를 도와야 한다. 즉, 개교회의 선교위원회 등을 컨설팅해 주어, 각 교회가 선교의 전체적 그림 속에서 특정 지역을 선교지로 선택하고 집중해 사역할 수 있도록 구체적이고 선별적으로 도울 수 있어야 할 것이다.

지난 30여 년 동안 국제 선교단체들과 교단 선교부 등과 함께 일해 보면서 느낀 것은, 교회는 선교단체가 항상 교회의 일꾼들을 빼내어 가기만 하는 교회에 전혀 도움이 안되는 지극히 이기적인 조직이라고 생각하고, 선교단체는 교회가 선교에 비전문적인데도 권위적이며, 실제적으로 선교에 무능한 조직이라는 인식이 있다는 것을 알게 되었다.

이런 서로에 대한 부정적 인식과 태도는 수십 년 전의 '소달리티와 모달리티'[11] 구조 안의 갈등이 그대로 다시 재현되는 느낌이다. 결국, 선교와 동역에 대한 교회와 선교단체간의 인식과 태도의 변화 없이는 우리가 섬기려는 선교는 결코 앞으로 전진하기 어려울 것이다.

7. 선택과 집중 그리고 총체적 사역

교회와 선교단체가 서로의 선교 사역에 있어 각각의 강점을 살린 '윈-윈'(Win-win)을 할 수 있는 길은, 서로의 강점을 인정하고 각자가 가지고 있는 선교의 인프라들을 최대한 사용해 선교 사역을 효율적이고 극대화시킬 수 있는 방법을 함께 모색하는 길이다.

그렇게 되기 위해서는 먼저 교회들은 전문적인 선교단체 등에 의뢰해 교회가 진행하고 있거나 진행할 예정의 선교 사역들과 선교 사역의 방향 등에 대한 전반적인 선교 컨설팅을 받고, 선교단체 역시 교회가 선교단체에 대해 무엇을 원하고 어떤 도움이 필요한지에 대해 들을 수 있는 시간을 마련할 수 있다면 서로에게 큰 도움이 될 것이다. 무엇보다도 이 단계에서는 교회든지 선교단체든지 먼저 서로에게 손을 내미는 것이 중요하다.

'지피지기 백전불태'(知彼知己 百戰不殆)라 하지 않았는가!

지역 교회는 먼저 하나의 교회가 세상을 모두 감당할 수 없으며 보여주기식의 선교는 아무 의미가 없다는 것을 깨달아야 한다. 지금 후원을 하는 선교사가 있는 경우에는 할 수 없겠지만, 해외 선교를 새롭게 시작하기를 원한다면 가능하면 다수의 선교사가 사역하는 곳보다는 정말 복

---

11 '소달리티'(Sodality)와 '모달리티'(Modality)는 랄프 윈터(Ralph Winter)의 구분 개념으로, 소달리티는 선교단체를, 모달리티는 교회를 가리킨다. 다시 말해, 소달리티는 선교단체와 같은 특별한 구성을 가지며, 모달리티는 교회와 같이 보편적 구성을 가진다.

음이 필요한 곳이지만, 선교사들이 많지 않은 곳에서 시작하기를 권한다.

특별히 교회가 개척 선교를 원한다면 아직 현지 교회가 세워지지 않았거나 교회가 적은 미전도 종족 지역이 적합할 것이고, 현지 교회를 돕거나 협력해 사역하기를 원한다면 현재 현지에 교회가 세워져 있으나 외부의 도움이 절실히 필요한 지역에서 현지 교회와 동역하며 선교를 시작하는 것이 좋다.

교회가 선교지를 선택할 때 선교지의 세세한 상황과 자료들을 구하기를 원한다면 교회는 도움을 줄 적절한 선교단체에 문의하면 선교단체는 교회의 비전과 현실에 맞는 지역을 제시해 주고 그에 따른 자료를 공급해 줄 수 있을 것이다.

일단 선교지를 선택했다면 앞으로의 사역은 그곳에 대한 집중이 필요하다. 즉, '선택과 집중'이 선교에도 적용된다는 말이다. 이런 경우, 만약 세계 지도의 이곳저곳에 빨강, 노랑, 파랑 등의 형형색색의 핀을 꽂는 것이 교회의 비전이 아니라면, 먼저 선택한 선교지로 교회가 집중해서 총체적 사역을 함께 이룰 수 있는 다양한 배경의 선교사들을 파송해 팀을 만드는 것이 좋다.

교회는 이 팀을 계속 지원해 그 지역의 선교팀을 통해 현지 사역자들이 지속적으로 양성되고, 선교사들이 이뤄놓은 다양한 사역을 현지 사역자들이 자립할 수 있는 구조를 만들어 주어야 한다. 또한, 이후 선교팀은 그 지역을 떠나 언어나 문화적으로 유사한 새로운 선교지로 옮겨 가서 동일한 사역들을 다시 시작할 수 있게 해 주어야 한다. 만약 이렇게 될 수 있다면 이런 선순환적 선교 구조는 지역 교회의 선교 사역에 있어 모범적인 사례가 될 수 있을 것이다.

키르기스스탄 인터서브[12]팀 이야기: 다양한 배경의 힘

중앙아시아로 인터서브가 선교사를 파송하기 시작한 것은 1990년 초반이었다. 구소련이 몰락하고 구소련에 속해 있던 동유럽과 중앙아시아, 코카서스와 몽골 등의 여러 위성 국가가 독립하게 된 당시는 사회적, 정치적으로 엄청난 격변기였고 동시에 기회의 시기이기도 했다.

인터서브는 이런 분위기 속에서 다섯 명의 선교사를 중앙아시아의 최빈국 키르기스스탄으로 파송했고, 다양한 배경의 이들 개척자들은 미래의 사역을 위한 다양한 의료와 교육의 필요를 채울 수 있도록 다목적 기관을 설립했다.

그리고 이후 다섯 명이었던 인터서브팀은 1995년에는 백여 명으로 늘어났고, 키르기스스탄에서 사역하는 대표적 선교단체가 되었다. 인터서브는 이후 키르기스스탄에서 성격이 다른 비정부 기구들을 정부에 등록시켰고, 이를 통해 후일 인터서브팀뿐 아니라 여러 선교단체의 선교사들이 이들 비정부 기구에 등록해 정부의 보호 아래 공식적으로 사역할 수 있도록 도움을 줄 수 있었다.

현재까지도 의료, 교육, 목회, IT, 음악 등의 다양한 배경의 인터서브 선교사들이 키르기스스탄에서 현지 교회와 여러 단체를 섬기며 함께 사역하고 있는데, 이러한 키르기스스탄의 인터서브팀의 사역 모델은 선교지에서 여러 단체가 함께 동역하는 좋은 모델이 되고 있다.

물론 이런 선교 모델은 역사가 오래된 선교단체들에서도 흔히 발견할 수 없는 모델이기는 하지만, 다양한 배경의 선교사들이 함께 팀을 이뤄

---

12 필자가 속해 사역하고 있는 '인터서브'(Interserve)는 1852년에 영국에서 시작된 세계에서 가장 오래된 초교파 국제 선교단체로 아랍 세계와 아시아의 가장 어려운 지역에서 총체적 사역을 하고 있다.

현지로 들어가 현지 사역자들을 훈련하고, 총체적 사역을 통해 자립적인 선교 구조를 만들며, 이후 현지인들에게 이양하고 새로운 사역지로 팀이 떠나 반복적으로 사역할 수 있는 모델을 만들 수 있다면 이는 건강하고 이상적인 선교의 모델이 될 수 있을 것이다.

8. 선교지는 본국이 아니다

선교사가 파송된 선교지는 선교사 자신의 본국이 아님을 선교사와 파송 교회가 항상 기억하고 유념해야 하는 것은 왜 그리도 중요할까?

먼저, 결론부터 이야기한다면, 선교사에겐 자기가 현재 일하고 있는 선교지는 자기를 파송한 본국과는 전혀 다른 문화와 상황 속에 있음을 기억하므로, 현재 진행되고 있거나 앞으로 진행될 사역의 방식이 무의식 가운데 쉽게 유혹될 수 있는 본국에서의 사역 방식이 아닌 현지의 문화 속에서 올바로 진행되고 있는지를 지속해서 점검할 수 있기 때문이다. 또한, 선교사에게 무의식적으로 배여 있는 선교사 본국의 문화적 가치관의 관점으로 현지인들과 그들의 문화를 함부로 판단하는 문화적 우월주의에 빠지는 것을 막아 줄 수 있기 때문이다.

반대로 파송 교회 입장에서는 동역하는 선교사가 일하는 선교지가 본국의 문화와 환경과는 전혀 다른 상황임을 항상 기억하므로 선교사의 사역의 속도나 방향과 방식 등을 본국의 관점에서 판단하지 않고 전혀 다른 현지의 상황에서 이해할 수 있다. 사실 위에서 언급된 이런 문제들은 우리보다 먼저 선교를 시작했던 서구 교회와 선교사들이 서구 식민주의 시대에 이미 수없이 범했던 실수이기도 하다.

따라서 아직 본격적으로 언어 훈련도 끝나지 않은 선교사나, 본국과는 전혀 다른 환경 속에서 어렵게 사역하는 선교사에게 교회는 시작되었는지, 세례는 몇 명이나 줬는지 하는 질문보다는 선교사의 기도 편지를 교회가 함께 읽고 기도하며, 인내하고 기다려 주는 것이 오히려 현장 선교사에게 큰 격려와 힘이 될 수 있다.

더불어 꼭 언급하고 싶은 한가지는, 선교사가 정기적으로 교회에 보내는 '기도 편지'[13]는 사역에 대한 보고서이자 사역 현장에 대한 귀중한 자료이기도 하다. 따라서 기도 편지를 받는 교회는 선교사의 기도 편지 내용을 꼭 읽어 보고 선교사의 개인과 가족 그리고 사역의 상황이 어떤지를 파악하는 것이 필요하다.

어떤 교회들은 선교사의 기도 편지를 교회 홈페이지에 올리거나 교회 성도가 읽을 수 있도록 도움을 주는 경우도 있지만, 대부분의 교회에서는 기도 편지를 전혀 사용하지 않거나 일반 성도는 선교사가 정기적으로 소식을 보내고 있는지도 모르는 경우가 많다. 선교사가 기도 편지를 통해 정기적으로 상황을 보고했음에도 선교사가 교회를 방문했을 때 보고한 내용을 다시 몇 번이나 질문하는 실례는 없도록 하자.

이런 경우, 선교사는 교회가 자기와 사역에 대한 관심이 별로 없다는 것을 알게 되고 겉으로는 표현하지는 않겠지만 적잖이 실망할 수 있다.

9. 잊혀진 과제, 현지 교회들과의 동역

선교사에게 자기가 사역하는 선교지, 즉 현지 지역 교회들과의 동역은 왜 중요할까?

선교사들이 현지에서 가지는 바람 중 하나는 현지인들과 잘 동화되는

---

[13] 기도 편지 발송은 단체나 교단 선교부 등에 차이가 있을 수 있으나 보통은 3개월에 한 번 발송을 기본으로 한다.

것이다. 외국인인 선교사가 현지인들과 잘 동화되기 위해서는 현지인의 문화를 편견 없이 깊이 이해하고 현지 언어를 잘 습득해 현지인들과의 소통과 공감에 문제가 없어야 할 것이고, 또한 현지인들과 인간적인 끈끈한 관계를 맺을 수 있어야 한다. 만일 그럴 수만 있다면 선교에 있어 이미 반은 완성되었다고 말할 수 있을 것이다.

그런데도 선교사가 절대 극복할 수 없는 것이 한 가지 있는데 그것은 바로 현지인이 되는 것이다. 선교사가 현지에서 수십 년간 사역하고 심지어 영주권까지 받았다 할지라도 선교사는 결국 외국인이며 언젠가는 자기가 사역하는 땅을 떠나야 할 나그네다. 따라서 선교사는 미래의 어느 시점에는 자기가 사역하고 있는 현지를 자의나 타의에 의해 떠날 수 있음을 기억하고 처음 사역을 계획하고 시작할 때부터 항상 미래의 언제쯤 현지 사역자에게 사역을 이양해야 할지, 또한 성공적인 이양을 위해 어떻게 현지 사역자를 양육하고 동역할지, 이양한다면 어떻게 외부의 도움 없이도 사역을 자립시킬 수 있을지를 항상 고민하고 준비해야 한다.

한국 선교사 중에는 유달리 개척자들이 많다. 많은 한국 선교사는 다른 선교사들이 이미 만들어 놓은 사역 속에서 일하는 것보다는 자기 주도 아래 새로운 사역을 시작하곤 한다. 또한, 한국 선교사들은 상황이나 환경이 어렵더라도 한국인 특유의 헌신과 희생의 자세로 현지에서 사역하는 선교사들이다.

이렇게 한국 선교사들은 개척 정신이 유난히 강하고 사역에 있어서는 웬만한 상황에서도 흔들리지 않는 전방위적인 사역자들이다. 그래서 서구 선교사들이 여러 이유로 고전하고 있는 선교의 최전방에서도 한국 선교사들은 꿋꿋이 흔들리지 않고 끈질기게 사역하는 경우가 많다. 이는 하나님이 우리에게 주신 특별한 은사다.

하지만 동시에 주도적이고 개척자적인 성격이 너무 강하다 보니 하나의 팀으로 함께 사역할 때는 개인적인 주장이 강하고, 공적인 의견의 차이가 사적 감정으로까지 전이되어 서로 갈등하고 충돌해 서로의 관계가 어려워져 결국 팀이 깨어지는 경우도 종종 일어난다. 또한, 서로 갈등 속의 무너져 가는 관계 속에서 서로 어떻게 소통하여 서로의 갈등을 봉합해야 하는지에 대한 경험도 많지 않은 것 같다.

이런 성향의 한국 선교사들이기에 사역하고 있는 선교지의 현지 교회가 선교사의 기대치보다 미약하고 부족한 경우나, 교단이나 교리가 자신의 신학적 배경과는 다르다고 생각하는 경우에 대부분의 한국 선교사는 현지 교회를 함께 세우고 섬기기보다는 자기 스스로가 교회를 개척해 자기들과 같은 배경의 틀을 만드는 경향이 다수다. 그럼에도 선교사가 반드시 기억해야 할 것은 자기는 언젠가는 그 땅을 떠나야 할 손님이며 현지인과 같이 천 년 만 년 그곳에 머물러 있을 수 없다는 사실이다. 자의든 타의든 어떤 이유로든 선교사가 현지를 떠나야 할 때가 오면 그 사역은 동역하는 선교팀이 있다면 그중 다른 선교사가 사역을 이어받아 계속 진행할 수 있겠지만, 가장 긍정적인 모습은 현지인 사역자가 이를 계승해서 사역하는 것이다.

우리에게는 우리가 속한 교회가 하나님의 교회라고 믿듯이 비록 선교사가 보기에는 연약하고 부족해 보이는 현지 교회라 할지라도, 그곳 역시 하나님이 허락하시고 주인이 되시는 교회임을 인정해야 한다. 따라서 선교사는 비록 연약한 현지 교회 역시 우리 주인이신 예수 그리스도께서 피로 사신 교회임을 기억하고 함께 섬기며 그들과 동역할 수 있어야 할 것이다.

현지 교회는 그 땅을 절대 떠날 수 없는, 그 땅의 복음 사역을 주님 오시는 날까지 감당해야만 하는 복음 사역의 모판이다. 그러므로 선교사는 현지 교회와 함께 사역을 공유하며 더불어 선교사가 감당하는 사역에 현지 교회가 동참하도록 격려하고 도전해야 할 것이다.

10. 가까이 있는 이웃이 멀리 있는 친척보다 낫다

우리가 많이 들어본 이야기다. 그런데 이 말은 한국에서뿐 아니라 선교지에서도 통하는 말이다. 얀의 이야기를 한번 들어보자.

얀의 이야기: 현지인 가족의 생명을 건 도움

얀은 네덜란드의 개혁교회에서 알바니아로 파송된 선교사다. 1990년대 초, 알바니아 북동부의 작은 도시에서 구호 단체를 만들어 사역하던 얀은 화란인 특유의 유머 감각과 밝은 성격으로 그 지역 현지인들에게 유쾌하고 좋은 사람으로 인식되어 인기가 많았다. 1990년대 중반에 알바니아에 내전이 일어나고 많은 선교사가 각자의 지역에서 탈출하고 있을 때 얀의 가족도 큰 위기를 맞았다.

"지금도 그때를 생각하면 손에 땀이 나요. 정말 위험한 상황이었지요."

도시에서 탈출해서 알바니아 중서부 끝의 제일 항구인 두레스로 와야 한다는 대사관의 연락이 있었지만, 그는 탈출할 엄두가 나지 않았다. 곳곳에 반군들의 검문소가 설치되어 있었고 칼라시니코프 소총으로 무장한 반군들이 점령하고 있었다.

"그런데 집주인과 두 아들이 찾아와서는 시간이 더 지나면 탈출할 수가 없고, 자기들이 도와줄 테니 내일 당장 떠나자고 하는 거예요."

다음 날 아침 일찍, 집주인과 두 아들 그리고 그들의 친척 두 사람과 함께 얀과 그의 가족은 두 대의 구형 벤츠 뒷자리에 끼어 앉아 마을을 떠났다. 앞자리의 운전대를 잡은 집주인은 중국제 권총을 승용차의 시트 위에 올려놓고 두 아들과 친척 둘은 각기 칼라시니코프 소총을 지니고 있었다.
> 두레스로 가는 여덟 시간 동안 여섯 번이나 반군들의 검문소와 맞닥 뜨렸지만, 집주인과 아들은 자기들도 무장했다는 것을 경고하며 검문소들을 무사히 빠져나올 수 있었다.
> "정말 그때를 생각하면 아찔하지만, 우리 가족을 구해 준 주인집 가족들이 너무나 고맙습니다. 우리의 생명을 구해주었으니까요."

아직도 선교사들이 사역하고 있는 많은 선교 현지는 안전이 보장되지 않은 곳이 대부분이다. 그렇기에 갑자기 현지에서 어떤 위급한 일이 벌어질지는 아무도 장담할 수 없다. 이런 급박한 선교사의 위기 상황에서 그들을 가장 먼저 도울 수 있는 사람들은 소속된 선교단체나 교단 선교부도 파송 교회도 아닌 바로 현지의 이웃들이다. 선교사는 반드시 기억해야 한다.

가까이 있는 현지인 이웃들과 좋은 관계를 맺을 때 그들은 어려움에 처한 선교사를 그냥 내버려두지 않고 힘을 다해 도울 것이다. 내가 어려울 때 도움을 받기 위해 좋은 관계를 맺어야 한다기보다는, 현지의 이웃들을 사랑하고 존중하며 섬겨 나갈 때 자연스럽게 그들의 신뢰를 얻게 되고 그들을 통해 보호받을 수 있는 것이다.

필자가 다양한 지역에서 사역하면서 배운 것 중 한 가지는 "존중을 받으려면 먼저 존중하라"는 너무도 당연하고 쉬운 진리다. 내가 살아가는 곳이 어느 곳이든 사랑하면 사랑받을 수 있고, 존중해 주면 존중받을 수 있으며, 내 마음을 주면 그들의 마음을 얻을 수 있다. 세상이 많이 바뀌었지만 그래도 지구촌 어느 곳이나 이런 진리는 지금도 유효하다.

그럼에도 누구나 고개를 끄떡이는 이런 쉬운 진리를 우리는 왜 그리도 잊는 경우가 많을까?

11. 총체적 선교의 또 하나의 퍼즐, 피조 세계

우리가 선교를 이야기할 때 자주 간과되는 선교의 또 한 부분은 피조 세계, 혹은 창조 세계에 대한 내용이다. 사실 피조 세계에 대한 영역은 자유주의 진영에서 사회 참여와 더불어 강조하는 내용이다 보니 그에 대한 반발로 복음주의 진영에서는 거의 다루어지지 않는 경향이 있다.

하지만 성경의 창세기로부터 요한계시록까지의 말씀에서는 하나님이 인간의 죄로 인해 황폐해져 가는 세상의 모든 피조 세계를 구원하시기로 작정하셨고, 예수 그리스도의 십자가와 부활의 능력을 통해 인간의 영혼뿐 아닌 온 피조 세계를 구속하셨으며, 그분의 재림을 통해 새로운 피조 세계, 곧 새 하늘과 새 땅을 완성하실 것을 기록하고 있다.

이렇게 하나님이 창조하신 세상의 모든 피조 세계를 돌보는 선교는 창세기 1-2장에서 인간에게 주신 대 사명이다.

> 하나님이 그들에게 복을 주시며 하나님이 그들에게 이르시되 생육하고 번성하여 땅에 충만하라. 땅을 정복하라. 바다의 물고기와 하늘의 새와 땅에 움직이는 모든 생물을 다스리라 하시니라(창 1:28).

우리에게 '문화 명령'(Cultural Mandate)으로도 잘 알려진 위의 본문은 하나님은 자신이 창조하신 모든 피조 세계를 인간이 통치하길 원하셨다는 것이다. '정복하라'는 의미의 히브리어 '카바스'(כָּבַשׁ)와 '다스리라'는 의미인 '라다'(רדה)는 모두 다른 것에게 뜻을 강요한다는 강한 의미를 가지고 있는 단어들이다.

하나님은 피조 세계를 다스리는 자기의 왕적 권위를 인간에게 건네 주신다. 하나님이 우리에게 왕적 권위를 주셨다면 우리는 그 왕적 권위를 행사하는 방식에서도 '하나님을 본받는 자'[14]로서 그 권위를 행사해야 할 것이다. 우리는 하나님이 지으신 피조 세계를 우리 마음대로 파괴하는 폭군이 아니라 하나님과 같이 피조 세계를 돌보며 정의롭게 다스리는 왕이 되어야 한다.

> 여호와 하나님이 그 사람을 이끌어 에덴 동산에 두어 그것을 경작하며 지키게 하시고 (창 2:15).

창세기 2장에서 '경작하다'는 히브리어 단어는 '아바드'(עָבַד)로 본래 의미는 '섬기다'는 의미를 가지고 있다. 하나님이 인간에게 그분의 왕적 권위를 주셨는데 인간이 하나님의 왕적 권위를 행사하는 방식은 바로 종으로써 섬김을 통해서다. 또한, '지키다'는 의미의 히브리어 '샤마르'(שָׁמַר)는 어떤 대상을 헌신적으로 보살피며 진지하게 대한다는 의미인데 하나님은 그분이 창조하신 피조 세계를 인간이 종으로 섬기고 진지하게 돌보도록 책임을 맡겨 주신 것이다.

하나님은 우리에게 또 다른 선교의 영역으로써 그분이 창조한 모든 피조 세계의 피조물을 섬기고 돌보며, 지키고 다스리라는 책임을 주셨다. 총체적 선교에 있어 우리가 간과하곤 하는 또 하나의 중요한 영역은 하나님이 창조한 피조 세계의 모든 피조물을 종으로 섬기고 돌봄으로써 하나님의 왕적 권위로 다스리는 것이다.

---

[14] 엡 5:1.

제3장

선교사 접근금지
창의적 접근 지역(Creative Access Nations)

전 세계적으로 빠르게 진행되고 있는 세계화와는 반대로 21세기 현재도 세상에는 선교사를 거부하는 국가들이 여전히 존재하며 도리어 그 수가 늘어나고 있는 실정이다. 이런 국가들은 자국민들에게 복음이 들어가는 것을 원천 봉쇄하기 위해 선교사에게 비자를 주지 않고 현지 교회가 세워지는 것을 허락하지 않는다.

따라서 이런 국가들의 현지인들은 복음을 한 번도 들어보지 못했거나, 들었다 할지라도 충분히 복음을 이해할 수 있는 기회가 없었던 사람이 대부분이다. 그러므로 이런 국가들을 어떻게 효과적으로 복음으로 공략할 것인가는 선교의 큰 과제다.

1. 조심, 또 조심

새로운 사역을 위해 중국에 도착한 지 얼마 되지 않아서 필자에게 전화가 한 통 왔다. 전화를 받자 다짜고짜 저쪽에서 우리말로 반가운 음성이 들렸다.

"정 선교사님, 저 김 집사입니다. 잘 계시지요?"

순간적으로 깜짝 놀라 "전화 잘못 거셨습니다"라고 하면서 끊어 버렸다. 그 순간 당황하여 한국어로 대답했지만, 전화를 끊은 뒤, 이런 후회가 몰려왔다.

"아, 중국어로 대답할 걸 …"

한참을 지나 다시 전화가 왔다.

"아 … 사장님이시죠?
저 아시겠습니까?"

협력 교회의 선교위원회에서 열심히 섬기시는 김 집사님이었다.

"네, 반갑습니다."

2. 박해와 고난, 그래도 포기할 수 없다

'창의적 접근 지역'(Creative Access Nations)이란 선교사의 신분으로 들어가거나 사역할 수 없는 지역을 통칭하는 용어다. 종종 '접근 제한 지역'(Restricted Access Nations) 등으로도 명명되는 이런 지역들은 중국과 인도 차이나반도의 공산권 그리고 무슬림이 다수인 중동과 북아프리카를 포함한 중앙아시아, 동남아시아와 서남아시아 등의 이슬람 지역을 포함한다.

창의적 접근 지역은 우리에게 많이 익숙한 '10/40 창'(Ten-Forty Windows)¹ 이 포함된 미전도 지역이라고도 할 수 있는데, 대체로 이 지역은 복음이 가장 들어가지 않은 미전도 종족들이 분포되어 있기에 전통적인 사역보다는 창의적으로 복음을 전하기 위해 많은 지혜와 용기가 필요한 곳이기도 하다.

2022년 '월드와치리스트'(World Watch List)²는 그들의 연간 보고서에서 전 세계에서 박해받는 국가 리스트를 발표하였다³. 그중 1위부터 11위까지의 국가를 살펴보면 1위 아프가니스탄, 2위 북한, 3위 소말리아, 4위 리비아, 5위 예멘, 6위 에리트레아, 7위 나이지리아, 8위 파키스탄, 9위 이란, 10위 인도 그리고 11위가 사우디아라비아였다. 11위까지의 국가들 가운데 이슬람 배경의 국가가 8개국이었고 그 외의 국가가 3개국이었다.

이 보고서에 따르면 전 세계에서 박해받는 그리스도인의 수가 3억 6천만 명으로 전 세계 그리스도인 7명 가운데 1명은 박해받는 것으로 나타났고, 지난 1년 동안의 그리스도인 순교자 수는 5,898명이었고, 체포나 투옥은 6,175건, 납치는 3,829건, 기독교 건물이 공격당한 횟수는 5,110건, 그리스도인으로 추방당한 사람은 21만 8,709명으로 나타났다.

이런 결과는 첫 번째 월드와치리스트가 발표된 이래 가장 높은 수준의 박해 지수라고 월드와치리스트는 이야기하고 있다. 이 보고서는 21세기에 들어서도 전 세계의 기독교에 대한 박해는 꾸준히 증가하고 있으며 지속적인 가속 세를 보이고 있음을 알려 준다.

이렇게 심각한 박해와 복음에 저항하는 수많은 방해물이 있는데도 창의적 접근 지역에서 사역하는 선교사들의 수는 조금씩 증가하고 있다. 전

1　10/40창이란 북위 10도에서 40도 사이의 지역으로 복음이 가장 들어가지 않은 지역을 말한다.
2　오픈 도어(Open Door)의 조사팀에 의해 1991년 시작된 프로젝트로 각국의 특별한 박해 상황 지표를 조사해 발표한다.
3　https://www.opendoors.or.kr/board/list.do?iboardgroupseq=1&iboardmanagerseq=3

통적인 선교의 방법으로는 선교사가 이 지역에 입국하거나 사역하기 어려운 상황이기에 다양한 방법과 변형된 선교의 유형으로 그 지역으로 들어가 사역하려는 노력이 지속되고 있다.

이전에는 선교사가 들어가기 어려워서, 혹은 심각한 위험 때문에 들어가지 않아서, 또는 사역의 열매가 거의 없거나 적다고 보내지 않아서 접근하기 어려웠던 이 지역에 이제는 교회들이 조금씩 선교에 대해 눈을 뜨면서 이 창의적 접근 지역 역시 복음이 필요하고 선교사를 보내야 한다는 인식이 점차 퍼지고 있는 것은 참으로 감사한 일이다.

하지만 그런데도 아직 창의적 접근 지역에서 사역하는 선교사의 숫자는 전체의 수에 비하면 소수이며, 창의적 접근 지역 안에서도 선교사들이 사역에서 좀 더 자유롭고, 가시적 성과가 있는 곳으로 집중되는 경향이 있는 것도 사실이다.

3. 복음을 삶으로 증명해 내라

창의적 접근 지역에서는 복음을 직접적으로 전할 수 있는 방법이 많지 않고 어떤 지역들은 이런 시도들에 대해 원천적으로 봉쇄되어 있다. 그 한 예로 동남아시아의 말레이시아는 밀림에 사는 여러 소수 종족도 있으나 본토인인 말레이족과 중국 등에서 유입된 화교들이 주를 이룬다.

전통적으로 말레이족은 대부분 무슬림이고 화교들은 대만이나 중국 등과 같은 유교나 불교, 샤머니즘의 영향을 많이 받았으나, 현재는 화교들 안에 기독교가 많이 부흥해 여러 교파의 신학교와 교회들이 성장하는 추세다.

하지만 말레이시아 화교 교회들의 선교는 말레이시아의 다수 종족인 말레이족을 대상으로 하기보다는 대부분 해외 선교이거나 밀림의 소수 종족들을 그 대상으로 한다. 그 배경에는 말레이시아 정부의 강력한 종교 정책이 있다. 말레이시아에서는 중국계인 화교나 인도계 그리고 소수 종족에게 복음을 전할 수 있지만, 무슬림인 말레이족에게 복음을 전하는 것은 법으로 금지되어 있다. 따라서 말레이족에게 복음을 전하다 전도 받은 사람이 경찰에게 신고하면 전도한 사람은 화교든 외국인이든 심각한 문제에 직면할 수 있다. 이런 상황은 말레이시아뿐 아니라 창의적 접근 지역 대부분에서 문제가 될 수 있다.

그렇다면 창의적 접근 지역에서는 복음을 전할 방법이 아예 없는 것일까?

우리 속담에 "이가 없으면 잇몸으로 먹는다"라는 말이 있다. 다시 말해, 말로 복음을 증거할 수 없다면 다른 방법을 통해 복음을 증거해야 한다. 사실 그동안 한국 교회는 전도나 선교에 대해 이야기할 때 말로 복음을 증거하는 것을 강조해 왔다. 그러다 보니 언제부터인가 많은 그리스도인의 삶 속에서는 말과 삶이 다른 모습을 보여 왔던 것도 사실이다.

이런 기형적인 신앙의 모습은 한국 사회의 지탄을 받게 되었고, 결국 교회는 세상 속에 위치해 있지만, 세상에서 격리되어 자기들만의 리그를 가지고 있는 종교적 게토가 되어 버렸다. 세상 속에 있지만 세상과 전혀 다른 삶의 모습으로 세상 사람들에게 선한 복음의 영향력을 발휘하는 그런 교회보다는, 교회의 울타리 안에서만 그리스도인끼리 뭉쳐 교제하기 좋아하고 교회의 본질을 잊은 나약하고 격리된 공동체가 되어 버렸다.

우리가 소유한 예수 그리스도의 십자가 복음은 능력이 있고 영향력이 있다. 그렇기에 우리 그리스도인들은 교회 안에서만이 아닌 세상으로 나가 세상 속에서 예수 그리스도의 능력 있는 복음을 우리의 삶을 통해 증명해야 한다. 말로만이 아닌 우리의 삶 속에서의 경건한 모습과 타인을 대하는 겸손한 태도와 선한 섬김을 통해 복음이 무엇인지를 보여 주어야 하는 것이다.

핫산의 이야기: 지금은 무척 혼란스러워요

핫산은 아프가니스탄의 카불에서 나고 자란 전형적인 아프가니스탄 무슬림이다. 그는 이전 아프가니스탄을 점령했던 서구 기독교 세력에 대한 이야기를 무슬림 어른들을 통해 들으며 자랐다. 그는 성장하면서 소련의 10여 년 동안의 침공을 경험하기도 했다.

"타락한 그리스도인들이 아프가니스탄의 무슬림들에게 정복자로 준 모욕감을 언젠가는 반드시 되갚을 거라고 생각했지요."

이렇게 핫산은 담담히 말했다.

일자리를 찾고 있었던 핫산은 한 기독교 단체가 운영하는 병원의 경비 자리에 지원했다. 사실 기독교 단체가 운영하는 병원이라 꺼림직했지만, 가족을 생각하면 부양할 돈이 필요했다. 독실한 무슬림이었던 그는 병원의 경비원으로 일하면서 그곳에서 일하는 그리스도인 스태프들의 모습을 경멸의 눈으로 관찰하기 시작했다.

"그리스도인들은 모두 타락했고 종교 생활을 전혀 하지 않는 제국주의자들이라고 생각했거든요. 그래서 그들의 말과 행동 하나하나를 유심히 관찰했지요."

그의 기대(?)와는 다르게 병원의 모든 외국인 스태프는 친절하고 예의가 있었다. 그들은 지금까지 듣거나 보았던 다른 서구인들과는 다르게 진정으로 정성을 다해 아프가니스탄 환자들을 섬기고 있었다.

3년이 지난 후, 핫산은 이렇게 말했다.

"지금은 뭔가 혼란스럽습니다. 하지만 분명한 것은 지금은 그리스도인들이 이전과는 다르게 보입니다."

핫산의 이야기와 같이 무슬림들은 어릴 적부터 그리스도인에 대해 부정적으로 배운다. 무슬림들이 생각하는 그리스도인은 종교적으로 타락한 사람들로 기도나 금식 등의 종교 생활도 하지 않고, 삶이 도덕적으로나 성적으로 난잡하고, 서구 제국주의의 앞잡이들이며, 자기들에게 큰 고통을 주었다고 믿는 중세 십자군의 후손들이다.

무슬림들은 그리스도인들이 사는 서구 국가들은 지금도 호시탐탐 무슬림들이 사는 지역들을 서구 식민주의 시대와 같이 정치적, 경제적으로 점령하려 한다고 생각한다. 이렇게 그리스도인들에 대한 무슬림들의 편견은 지극히 일반적이다.

그렇다면 반대로 우리 그리스도인들에게는 무슬림에 대한 편견이나 선입관이 없을까?

그리스도인들 역시 무슬림들에 대한 부정적인 편견에서 벗어나지 못하고 있다. 우리는 무슬림들의 모습 자체에 두려움을 느낀다. 긴 수염과 날카로운 눈빛, 히잡을 머리에 두르거나 부르카로 온몸을 감싼 이질적인 모습의 무슬림을 보면 가장 먼저 떠 오르는 생각은 이런 질문이다.

"혹시 테러리스트가 아닐까?"

이들의 엄격하고 배타적인 종교 생활은 광적으로 보이기까지 한다.

이처럼 무슬림과 그리스도인 사이에는 수많은 편견과 서로에 대한 잘못된 이해가 존재한다. 따라서 이슬람 지역을 비롯한 창의적 접근 지역에서 복음을 전하기 위해서는 먼저 그들에 대한 종교적이고 문화적인 편견 등을 반드시 뛰어넘어야 한다. 무엇보다도 선교사는 인내와 사랑으로 핫산이 느꼈던 것과 같이 현지인들을 겸손한 모습으로 섬기고 그리스도의 제자로서 경건함으로 그들에게 인간적인 감동을 줄 수 있어야 한다.

무슬림들은 자기들이 생각했던 그리스도인과 다른 모습을 보았을 때 그들은 도리어 다가올 것이다. 그리고 먼저 질문할 것이다.

"당신은 왜 다른 그리스도인들과 그렇게 다릅니까?"

4. 당신은 왜 다른 사람들과 다른가요?

앞에서 언급했던 것 같이 대부분의 창의적 접근 지역에서는 선교사가 현지인에게 말로 복음을 증거할 수 있는 기회가 극히 드물다. 일단 현지법으로 금지되었기 때문이다. 그렇기에 이렇게 극도로 복음에 대해 폐쇄적인 지역에서는 말로 복음을 전하는 데 익숙했던 어떤 선교사들은 그 제한적 상황에 절망할 수도 있다.

그러므로 이런 지역에서는 결국 선교사는 삶을 통해 복음을 보여 주며 증명해 내야 한다. 다음의 사례들은 창의적 접근 지역에서 선교사들의 현지인에 대한 선교적 접근 방법들이 각 국가의 종교적이고 문화적인 특별한 상황 속에서 더욱 창의적으로 발전되어야 함을 보여 주고 있다.

데이비드의 이야기: 기독교 이맘이라고?

데이비드는 미국 남부 소도시의 경건한 복음주의 가정에서 성장했다. 그의 부모님은 경건한 분들로 어린 데이비드에게 기도하는 것과 말씀을 읽는 것을 가르쳤다. 그의 가정의 전통은 저녁은 항상 가족 모두가 함께 모여 식사하고 저녁 식사 후에는 가족이 모두 한자리에 모여 예배를 드리는 것이었다. 대학에 들어간 데이비드는 오순절 계통의 선교단체에 들어갔고 그곳에서 선교사로 자기를 헌신했다. 데이비드는 대학을 졸업하고 세계 이곳저곳을 배낭여행자로 여행하며 다양한 사람들을 만나며 여러 경험을 쌓았다.

데이비드는 고개를 돌려 먼 산을 한번 조용히 쳐다보더니 이렇게 말했다.

"특히, 인도에서 힌두교 구루[4]들과 대화하며 많은 생각을 했어요. 이들은 왜 이런 고행을 해야 하는지 그리고 이 고행을 통해 무엇을 얻으려 하는지 여러 질문이 생기더군요. 북아프리카에서는 무슬림 이맘[5]들의 삶을 보며 감동을 받기도 했어요. 이들의 소박한 삶이 미국의 여러 목회자들과 비교가 되기도 했고요. 머리가 좀 복잡했지요."

이런 여행 경험은 데이비드가 다양한 사람에 대해 편견 없이 사람들을 이해하고 사귀는데 좋은 경험이 되었다. 그 후 데이비드는 중동으로 선교사로 파송되었고, 얼마 되지 않아 그곳에서 자기가 아무것도 할 수 없다는 무기력감을 느꼈다.

"정말 힘들었지요. 이곳에서는 정말 내가 할 수 있는 일이 없었어요. 미국으로 돌아가야 하나 하는 생각도 해 봤어요."

그러다가 그는 어릴 적부터 배웠던 기도 생활을 기억하고 아무것도 할 수 없다면 기도라도 해야겠다고 생각했다. 그는 길가에 조그마한 장소를 빌리고 그곳에 양탄자를 깔아 놓고 매일 오후 1시부터 저녁 8시까지 그곳에서 기도하기 시작했다. 매일 매일이 기도하는 삶의 연속이었다.

"어느 날 저녁 몇 명의 무슬림이 문을 열고 찾아왔어요. 그리고 내게 질문하더라고요. 당신은 그리스도인으로 알고 있는데 어떻게 매일 그렇게 오랫동안 기도하고 있냐고요?"

다음날에도 또 다른 무슬림들이 찾아와 그에게 질문을 쏟아 놓았다. 그리고 시간이 지나고 그는 그 지역의 경건한 기독교 이맘으로 소문이 나기 시작했다. 수많은 지역 무슬림이 그에게 찾아와 종교적 질문과 더 나아가 기독교에 대해 질문하기 시작했다. 이제 데이비드는 자연스럽

---

4 '구루'(Guru)는 산스크리트어(गुरू)로 스승을 말하는데 힌두교, 불교, 시크교 등에서 자아를 깨달은 신성한 스승, 교육자를 말한다.

5 '이맘'(Imam)은 아랍어로 '지도자', '모범이 되어야 할 것'을 의미하는데, 이슬람의 종교 공동체를 이끄는 지도자를 뜻한다.

게 무슬림들의 질문에 대답을 하며 그들에게 복음이 무엇인지를 이야기 해 줄 수 있게 되었다.

데이비드의 놀라운 이야기는 선교사의 경건한 일상의 삶이 얼마나 그 사역에 있어 중요한지를 단적으로 보여 준다. 또한 얼마나 많은 무슬림이 진리를 찾고 있으며 진리에 대한 갈급함과 간절함이 있는지를 보여 준다. 사실 다수의 무슬림은 굉장히 종교적인 사람들이다. 선교사가 현지인들에게 복음을 전할 수 없다면 현지인들이 선교사에게 복음이 무엇인지를 묻도록 인도해야 한다. 이에 대한 동기는 다른 외국인들과 전혀 다른 선교사의 경건한 삶이 그 시작점이 될 수 있다.

앤드류의 이야기: 교수님은 무엇을 기도하나요?

경제학도였던 앤드류는 꿈이 하나 있었다. 그는 본래 자기 모국인 미국이나 경제학으로 유명한 영국에서 그의 박사 학위를 마치고 대학교수가 되어 평범하지만, 행복하게 사는 것이 목표였다. 그러던 앤드류의 삶의 방향이 바뀌는 전환점이 있었다. 우연히 선배를 통해 알게 된 '예수전도단'(YWAM)에서 훈련을 받게 된 그는 하나님이 자기 삶을 받기를 원하신다는 것을 알게 되었다. 미국에서 학부와 대학원을 졸업한 앤드류는 경제학의 중심인 서구 국가가 아닌 무슬림이 대다수인 튀르키예로 박사 학위를 밟기 위해 떠났다.

"정말 튀르키예로 올 줄은 몰랐어요. 하지만 대다수가 무슬림인 이곳에서 그리스도인이 누구인지를 보여 주고 싶었어요. 대부분의 무슬림은 그리스도인에 대해 오해하고 있더군요."

튀르키예의 L 대학에서 박사 학위를 시작한 앤드류는 대다수의 무슬림이 하루 다섯 번씩 기도⁶한다는 것을 알고 같은 시각에 본인도 자기 연구실에서 기도하기 시작했다.

"이슬람은 철저하게 행위의 종교입니다. 대부분의 무슬림은 그리스도인들이 기도하지 않는 세속적인 사람이라고 생각해요. 비록 우리가 하는 기도는 무슬림들의 그것과는 다르지만 우리도 기도한다는 것을 보여 주고 싶었습니다."

그는 거기서 멈추지 않고 무슬림들의 라마단⁷ 기간에는 금식을 하는 여느 무슬림과 똑같이 금식하며 기도했다.

앤드류에 대한 소문은 대학 안에 조금씩 퍼지기 시작했다. 미국에서 유학 온 그리스도인 청년이 하루에 다섯 번씩 무슬림과 같이 기도하고, 라마단 기간에도 무슬림과 같이 한 달 동안 금식기도를 한다는 소문이었다. 그의 독특한(?) 종교적 모습에 박사 과정에 있던 다른 무슬림들이 그에게 관심을 가지기 시작했고 그는 그의 믿음을 자연스럽게 무슬림 친구들에게 나눌 수 있었다.

그런데 흥미로운 점은 그의 모습을 관찰하던 무슬림들은 도리어 앤드류가 진짜 그리스도인이라고 인정하기 시작한 것이었다.

박사 학위를 무사히 마친 앤드류는 대학 당국의 요청에 따라 학교에 남아 학부 학생들을 가르치기 시작했다. 물론 하루 다섯 번의 기도와 라마단 기간 동안의 기도는 계속되었다. 그는 최선을 다해 학생들을 가르쳤다. 강의가 없는 날에는 학생들을 집으로 초청해 함께 시간을 가졌

---

6 '살라트'(الصلاة)는 이슬람의 기도를 뜻하는 말로 하루에 다섯 번 하는 의무적 기도다. 살라트는 해 뜰 때, 정오, 이른 오후, 저녁, 밤에 이슬람 성지인 메카를 향해 기도한다. 이슬람 신앙에서는 실천의 다섯 기둥이라는 의무를 규정하고 있는데, 살라트는 신앙을 증언하는 샤하다 다음으로 중요하게 여긴다.

7 '라마단'(رمضان)이란 용어 자체는 이슬람력으로 9월을 의미하며, 무슬림들의 다섯 가지 종교적 의무 중 하나인 금식(صوم)을 하는 달이다. 라마단의 금식 기간은 한 달이며 이 기간에 무슬림들은 해가 뜰 때부터 해가 질 때까지 금식을 한다.

다. 특히, 시골에서 L 대학으로 유학 온 학생들에게는 더욱 관심을 쏟았다. 그러던 어느 날, 한 학생이 앤드류에게 질문했다.

"교수님도 우리와 같이 기도하는 것을 보고 참 신기했습니다. 사실 그리스도인이 기도하는 것을 처음 보았거든요. 그런데 교수님의 기도는 우리와 다른 것 같습니다. 우리는 꾸란[8]과 기도문을 암송하는데 교수님은 무엇을 암송합니까?"

앤드류는 그리스도인인 자기가 어떻게 기도하는지를 학생에게 설명해 주었다. 그는 예수께서 가르치신 기도와 그 밖의 성경에 나타난 기도의 내용에 관해 학생들에게 이야기해 주었다. 그러자 다른 학생이 다시 질문했다.

"그럼 성경에 예배에 관해서는 어떻게 말하고 있습니까?"

앤드류는 학생들에게 성경에서 기도나 예배 등에 관해 어떻게 설명하는지 궁금한 학생들은 자기 모임에 참석하라고 권했다.

"이렇게 시작된 성경 공부 모임이 지금은 L 시내에서 네 개의 그룹이 진행되고 있어요. 학생들의 질문들을 기초로 성경에서 답을 찾는 모임입니다."

---

[8] 무슬림들의 기도 내용은 이슬람의 경전인 꾸란 1장의 내용인데 이것을 '개경장'(Al-Faatihah, The Opener)이라고 한다. 무슬림들은 기도할 때마다 꾸란 1장을 2~3번씩 아랍어로 암송한다. 아침에 2번, 점심에 4번, 오후에 4번, 해질 때 3번, 밤에서 자정 사이에 4번 암송하는데 하루에 대략 17번을 암송한다. 개경장은 총 7절로 되어 있는데 그 내용은 다음과 같다.

 (1) 자비로우시고 자애로우신 알라의 이름으로
 (2) 온 우주의 주님이신 알라께 찬미를 드리나이다.
 (3) 그분은 자애로우시고 자비로우시며
 (4) 심판의 날을 주관하시도다.
 (5) 우리는 당신만을 경배하오며 당신에게만 구원을 비노니
 (6) 저희를 올바른 길로 인도해 주소서.
 (7) 그 길은 당신께서 축복을 내리신 길이며 노여움을 받은 자나 방황하는 자들이 걷지 않는 가장 올바른 길이옵니다.

무슬림 가운데는 종교적으로 경건한 자들이 많이 있다. 또한, 그들은 경건한 사람들을 존경한다. 그러므로 비록 무슬림은 아니지만 그리스도인 가운데 경건한 사람들의 삶의 모습은 무슬림에게 큰 도전이 될 수 있다. 특히, 이슬람 지역에 들어가서 일하고 있는 그리스도인의 삶은 그 하나하나가 지역 무슬림들에게는 관찰의 대상이 된다.

따라서 데이비드와 앤드류의 특별한(?) 경건의 모습은 그리스도인은 경건하거나 영적인 것과는 거리가 멀다고 생각하는 무슬림에게 큰 관심의 대상이 될 수밖에 없다. 결국, 창의적 접근 지역, 특히 이슬람 지역에서는 어떤 역할로 그 땅에 들어가든지 그리스도인으로서 진실하고 겸손한 태도와 깊은 영성은 복음을 삶으로 전하는 중요한 매개체가 될 수 있다.

5. 비자발적 철수, 그 영광스런 상처

창의적 접근 지역으로 떠나는 선교사가 반드시 기억할 것이 하나가 있다. 바로 '추방'되는 상황이다. 이런 지역으로 떠나는 선교사는 억지로 그 땅을 떠나야 하는 최악의 상황을 미리 준비할 필요는 없겠지만, 그런 상황이 누구에게나 갑자기 올 수 있음은 각오해야 한다. 요즘은 선교계에서 추방이라는 단어의 부정적 의미와 어감 때문에 추방이란 표현보다는 '비자발적 철수'라는 표현을 많이 사용한다. 하지만 표현이야 어찌 되었든 이런 최악의 상황을 맞게 되는 선교사가 힘든 것은 변함이 없다.

비자발적 철수는 분명 선교사에게는 힘든 고통의 경험이나 이런 상황을 예상해야만 하고 또한 극복할 수 있는 상처이다. 따라서 필자는 비자발적 철수를 종종 영광스러운 상처라고 표현하곤 한다. 상처는 분명 육체적, 정신적으로 장단기적인 고통을 수반하지만, 그 상처를 받는 원인이 복음을 위한 것이라면 사도 바울의 이야기와 같이 분명 가치 있는 영광스러운 상처일 것이다. 그러므로 선교사는 선교지에서 추방될 수 있다는 불안에서 자유 하는 마음가짐이 중요하다. 모든 것을 하나님께 맡겨 드리자. 사역은 모두 하나님이 이끄신다.

최근의 비자발적 철수 과정이나 상황은 해당 국가나 지역의 정치적, 종교적인 상황에 따라 그 편차가 매우 다를 수는 있겠지만 과거의 강경했던 모습과는 분명 달라지고 있다. 하지만 특히 이슬람 지역은 아직도 국가나 지역에 따라 선교사의 비자발적 철수의 과정을 대하는 모습이 매우 다를 수 있다.

프란시스의 이야기 2: 이제 떠날 때가 되었습니다

프란시스는 2009년 중국으로 들어가 신흥도시 가정교회 리더들과 선교중국운동을 함께 시작하며 다양한 그룹의 신흥도시 가정교회의 현지 리더들과 동역했다. 그는 가능하면 현지인들의 눈에 띄지 않게 앞에 나서지 않고 되도록 현지 리더들과 화교 리더들이 앞에 서서 사역할 수 있도록 도왔다.

그러다가 2018년 12월, 갑자기 한 통의 전화가 걸려 왔다. 렌트하고 있던 아파트의 주인에게서 전화가 걸려 온 것이다.

"조금 전에 공안에게 전화가 왔는데 당신이 위험한 인물이라고 하면서 집에서 내보내라고 하네요."

"제가요? 어떤 점이 위험하다고 하던가요?"

약간은 당황스럽기도 했지만, 프란시스는 웃으며 말했다.

"이유를 물어보긴 했는데 알려고 하지 말라고 하더군요. 우리도 어떻게 방법이 없네요."

"알겠습니다. 시간을 일주일만 주시겠어요?"

애써 태연한 모습으로 주인에게 이야기한 프란시스는 올 것이 왔나 보다 하고 생각했다.

"뭐 언젠가는 있을 일이니까 …"

이렇게 혼잣말하며 프란시스는 그래도 그냥 중국을 떠나는 것보다는 한번 끝까지 있을 방법을 찾아보자 하는 맘으로 다른 아파트를 찾았고, 다행히 일주일 만에 아파트를 찾아 지역 파출소에서 외국인 이사 등록까지 무사히 할 수 있었다.

혹시 하나님이 계속 있게 하시는 것이 아닌가 하는 희망 섞인 의구심 속에서 이틀을 보낸 날, 전화가 한 통 걸려 왔다. 전화를 받는 순간 그는 가슴이 뜨끔했다. 공안이었다. S 시의 한 지역 전담 경찰서로 출두 명령이 떨어졌다. 전화를 끊은 지 20여 분이 지나지 않아 갑자기 5층의 아파트 문을 세차게 두드리는 소리가 크게 들려왔다. 문을 열자 두 명의 정복 공안이 들이닥치고 방을 뒤지기 시작했다. 증거가 될 만한 것이 없는지 내일의 출두 약속을 다시 확인하고 돌아갔다.

그날 밤, 프란시스는 랩톱과 핸드폰의 문제가 될 만한 자료들을 모두 지우고 핸드폰의 SIM 카드를 부숴 버렸다.

S 시의 외국인을 조사하는 경찰서는 무척 큰 건물이었다. 담당 공안을 찾아왔다는 이야기에 정문의 경비를 담당한 공안들은 무섭게 노려보며 나름 군기(?)를 잡으려 했다.

"흠, 이곳에 출두하는 외국인들은 나름의 문제가 있는 사람들이라는 건가?"

그런데 그들의 모습에 이상하게 긴장은커녕 웃음이 나오려고 했다.

조금 후, 전화했던 담당 공안인 진 경관이 나왔다. 그를 따라 건물로 들어가서 2층의 조사실에서 진 경관과 또 한 명의 경관을 마주 보고 앉았다. 그런데, 프란시스에 대한 증거 서류들이 쌓여 있을 거라는 기대와는 다르게 책상 위에는 아무것도 놓여있지 않았다. 진 경관이 입을 떼었다.

"정 목사님, 벌써 중국에 있은 지가 10년이나 되었는데, 이제 중국에서는 충분히 있었으니, 한국으로 돌아가셔야 하겠습니다."

'정 목사라고?'

순간 또 웃음이 나올 뻔했다.

'내가 왜 이러지?

추방 명령을 받으러 온 사람이 왜 자꾸 웃음이 나오는지?'

하지만 이렇게 조사를 받는 자리에서 자꾸 웃음이 나오려고 하는 이유는 뭘까?

중국에서는 그 누구도 보안 문제로 목사나 선교사로 부르지 않는다.

10여 년 동안 그 누구에게도 듣지 못했던 목사라는 단어를 자기를 조사하는 공안에게 듣다니 …

프란시스가 그 순간 무슨 생각을 했던 진 경관의 이야기는 단호했다. 중국에 선교사로 있을 만큼 있었으니 이제는 당신 나라로 돌아가라는 말이었다. 위에서 명령이 떨어졌고 자기들이 결정한 상황이 아니었다는 말과 함께 … 더불어 프란시스가 어젯밤 늦게까지 정부에서 조사받을 때 어떻게 대답해야 하는지 열심히 공부했던 매뉴얼은 이제 중국에서는 아무 소용이 없었다.

'이럴 줄 알았으면 매뉴얼을 공부하느라 괜한 시간을 보내지 않았어도 되었을 것을 …'

곳곳에 설치된 수많은 CCTV와 세계 최강을 자랑하는 안면 인식 기술은 선교사의 일거수일투족을 감시하고 증거를 잡는데 너무도 충분했다.

진 경관이 다시금 확인하듯 단호하게 말했다.

"일주일 드릴 테니 떠나십시오."

이런 상황은 창의적 접근 지역에서 사역하고 있는 모든 선교사에게 충분히 일어날 수 있는 일이다. 물론 지역이나 조사하는 담당 공안에 따라 다를 수는 있겠지만, 최근의 리포트에 따르면 중국은 과거와는 달리 조사 받는 선교사에게 완력을 행사하거나 억압하는 듯한 상황을 거의 연출하지는 않는다. 그런데도 조사 받는 선교사는 개인 상황과 여러 가지 요인 때문에 추방의 과정을 통해 심한 스트레스를 받을 수 있다.

따라서 소속된 선교단체와 파송 교회는 비자발적 철수의 모든 과정에서 선교사와 지속해서 소통하고, 본국에 재입국한 후에는 선교단체의 담당자가 귀환한 선교사의 '디브리핑'(Debriefing)[9]과 개인의 상황에 따라 적절한 심리적 케어를 마련해 주는 것이 필요하다.

특히, 본국으로 재입국한 선교사에게는 파송 교회에서 수주 간의 쉼의 시간을 주어 특별한 역할의 몇몇 담당자 외에는 충분한 쉼의 시간을 가질 수 있도록 교회의 모임 등에 참석하도록 요청하는 일은 삼가야 한다.

6. 외상과 트라우마

코소보 내전이 끝난 바로 직후인 1999년 7월 초, 미국과 네덜란드의 두 개의 NGO에서 코소보에 함께 들어가자는 제의가 들어왔다. 당시만 해도 코소보에 알바니아어를 할 수 있는 외국인이 없어 필자에게 통역을 부탁한 것이었다. 당시 알바니아에서 교회 개척과 더불어 코소보 난민캠프에서 사역하고 있던 필자는 당시 난민으로 들어왔던 코소보 난민의 귀환 후의 삶과 코소보 자체의 상황도 궁금하였었기에 이 제안을 받아들이고 마침내 7월 중순, 이들과 코소보에 2주간 방문하게 되었다.

---

9   '디브리핑'(Debriefing)이란 위기 사건 발생 후 24-72시간, 대략 3일 이내에 위기 개입 상담사나 그에 준하는 역할을 감당할 수 있는 역할자가 의도적으로 깊이 있게 위기 사건을 정리하는 일이다.

코소보로 들어간 필자는 이들 NGO 단체들과 코소보의 다양한 알바니아계 현지인들과 인터뷰를 했었는데 이들의 모습 가운데서 특이한 모습을 발견했다. 그것은 모두가 침착하게 이야기를 잘하다가도 '세르비아'나 '세르비아인' 등의 단어가 나오면 사람들이 갑자기 손을 부르르 떨고 목소리가 높아지며 커지는 현상이었다. 그뿐이 아니었다. 어떤 이들은 이야기를 잘하다가도 눈물을 흘리고 자기 감정을 조절하지 못하는 모습을 보이기도 하였다.

후에 이런 현상이 바로 전쟁의 외상 때문에 트라우마에서 일어났다는 것을 영국 군의관들과 대화하며 알게 되었다. 이런 증상은 어른뿐 아니라 어린아이들이나 청소년에게서 종종 나타나곤 했었는데, 당시 전쟁의 참상이 도시나 사회 기반 시설의 외형적인 파괴뿐만이 아닌 전쟁을 겪은 사람들의 내면적 파괴라는 것을 알게 되었고, 이런 정신적이고 심리적 문제가 더욱 심각한 수많은 사회적 문제를 발생시킨다는 것을 배우게 되었다.

이렇게 코소보의 상황과 같이 전쟁이나 테러, 천재지변이나 신체적이나 성적 폭행 또는 교통사고같이 생명이나 신체를 위협할 정도의 정신적 외상을 경험한 후 나타나는 정신적 질병을 '외상 후 스트레스 장애'(Post Traumatic Stress Disorder, 이하 PTSD)[10]라고 한다. 이런 PTSD에는 보통 우울증이나 불안 장애, 공황 장애 등을 동반하게 된다.

---

10 '외상 후 스트레스 장애'(post-traumatic stress disorder, PTSD)는 신체적인 손상 또는 생명에 대한 불안 등 정신적 충격을 수반하는 사고를 겪은 후 심적 외상을 받아 나타나는 정신 질환이다. 충격 후 스트레스 장애, 외상성 스트레스 장애, 외상 후 증후군, 외상 후 스트레스 증후군, 트라우마, 외상 후 스트레스라고도 한다. 일상생활에서 경험할 수 있는 사건에서 벗어난 사건들, 이를테면 천재지변, 화재, 전쟁, 신체적 폭행, 고문, 강간, 성폭행, 인질 사건, 소아 학대, 자동차 · 비행기 · 기차 · 선박 등에 의한 사고, 그 밖의 대형 사고 등을 겪은 뒤에 발생한다. 증상이 나타나는 시기는 개인에 따라 다른데, 충격 후 즉시 시작될 수도 있고 수일, 수주, 수개월 또는 수년이 지나고 나서도 나타날 수 있다. 증상이 1개월 이상 지속되어야만 외상 후 스트레스 장애라 진단하고, 증상이 한 달 안에 일어나고 지속 기간이 3개월 미만일 경우에는 급성 스트레스 장애에 속한다.

2009년 미국의 랜드연구소의 통계에 따르면 미국의 이라크나 아프가니스탄 참전 군인들에게서 폭넓게 PTSD가 나타나 사회 문제로 대두되고 있다고 한다. 예를 들어, 이라크 전쟁에 참전한 160만 명의 장병 중 30만 명이 PTSD의 증세를 보였다고 한다.

이와 같은 증세는 자연재해 등에서도 나타나는데, 일본과 같이 지진이 많은 나라에서는 지진에 대한 트라우마를 가진 사람이 많다. 따라서 일본 등에서와 같이 지진의 경험을 겪은 사람들은 조금만 쿵쿵 소리가 나도 놀라는 사람이 많이 있다. 이런 모습을 보고 지진을 겪은 경험이 없는 사람들은 별것 아닌 것에 너무 예민하다고 생각할 수 있겠지만 직접 겪은 사람들의 트라우마는 상당할 수 있다.

앞서 언급했던 것 같이 창의적 접근 지역에서 사역하는 선교사들도 여러 스트레스와 위험 요소가 있는 선교지에서 사역하게 된다. 이는 창의적 접근 지역에 속한 여러 나라가 전쟁과 내전, 종교적 극단주의자들에 의한 테러, 납치, 강간, 비자발적 철수 등 일반적인 국가들에서는 상상할 수 없는 일들이 예고 없이 일어날 수 있는 지역들이기 때문이다.

따라서 본인이나 동료가 위에서 언급한 극단적인 여러 상황 속에서 PTSD를 겪는 경우가 있다. 이러한 지역적 인재 외에도 선교사가 당한 신체적 폭력이나 자동차 사고나 자연재해 같은 생명을 위협했던 경험을 통해서도 PTSD가 발생할 수 있다. PTSD는 극심한 외상적인 사건 후에 생기는 정상 생활을 불가능하게 만드는 불쾌한 반응과 관련이 있는데, PTSD의 기간은 보통 1개월이 넘게 지속되며 사건 후 6개월까지 발생할 수도 있다.

또한, 만성적 PTSD는 사라지지 않고 종종 치료 없이도 시간이 지나면 그 강도가 약해지기도 한다. 하지만 그런데도 어떤 이들은 장애에 의해 심각한 영향을 받을 수 있다.

PTSD 치료에 있어 심리치료는 가장 중심적인 치료 방법이다. 그중 현재 가장 일반적인 심리 치료는 노출 요법이라고 하는 일종의 '인지 행동 요법'(Cognitive-Behavioral Therapy, CBT)이며 이 요법은 외상 사건 후에 남아 있는 공포를 제거하는 데 도움이 된다.

그 외에도 외상 사건에 의도적으로 노출하는 치료 기법인 '지속 노출 치료', 현재 중심적인 치료로 트라우마로부터 안전함을 얻도록 도와주는 치료 기법인 '탐색 안전 치료', 눈 운동으로 뇌 기능을 조절하고 심리치료를 도모하는 치료 기법인 'EMDR' 등이 있다. 심리 요법에 비교되는 또 다른 요법은 약물 요법인데 일반적으로 심리치료에 실패할 경우 약물치료를 하는 방법과 처음부터 이 둘을 병행하는 치료법이 사용된다. 항우울제 등을 사용하는 약물 요법은 PTSD 자체를 치료하지는 못한다고 알려져 있다.

7. 잃어버리기에 너무 소중한 사람들

공군 소위로 임관해 공군의 전투기 F-15K 조종사를 양성하는 데 드는 비용이 약 21억 3천만 원이라고 한다. 그런데 이것은 초보 조종사까지의 비용이다. 이 조종사가 작전에서 다른 전투기를 지휘할 수 있을 정도로 임무에 숙달하려면 F-15K 조종사는 약 74억 4천만 원, F-16K 조종사는 약 45억 6천만 원이 든다고 한다.[11]

그것뿐이 아니다. 전투기 조종사가 작전 중 적진에 고립되면 10여 명의 특수 부대원이 적군이 우글우글한 적진에 들어가 그를 구한다고 한다. 전투기 조종사 한 명을 위해 10명이 목숨을 거는 것이다. 여기서 끝나는 것

---

11 "한 명 양성에 21억 … 조종사가 적진에 떨어지면?", KBS NEWS, 2020. 05. 28.

이 아니다. 10여 명의 특수 부대원을 수송할 헬기 2대와 이를 엄호할 항공기 3대가 함께 동원된다고 하니 공군에서 한 사람의 전투기 조종사를 대우하는 모습에 입이 떡 벌어진다.

왜 이렇게 전투기 조종사는 군대 안에서도 특별한 대우를 받는 것일까?

그것은 조종사들이 전투기를 이끌고 적군을 타격해 커다란 손해를 입히는 능력을 갖춘 것뿐 아니라 그들이 군의 핵심 군사 기밀을 알고 있기 때문이다. 이들은 전쟁에서 적의 어느 곳을 어떤 순서로 공격할지 미리 목표를 설정해 놓는데 이런 표적 정보는 매년 갱신되는 일급 군사 기밀이다. 그렇기 때문에 전투기 조종사가 적진에 고립되면 그 한 명을 구출하기 위해 엄청난 군의 자원들이 동원되는 것이다.

선교사는 선교 현지에 직접 들어가 사역하는 선교의 창끝 사역자들이다. 그들은 선교 사역에 있어 가장 전방위에 위치한 그 누구보다도 현지의 상황과 사역을 잘 알고 있는 현지와 사역의 전문가들이다. 다르게 말하면, 그 지역과 그 지역에 대한 사역에 관해서는 전문가들이라는 것이다. 왜냐하면, 최소한 수년, 혹은 수십 년간 현지 문화 속에서 살아왔고 그 속에서 일해 왔기 때문이다. 이들은 하나님 나라의 사역을 위해 너무도 귀중한 자산들이다.

이런 선교사를 군대의 최고 자산이라고 하는 공군의 전투기 조종사와 비교하는 것은 무리일까?

우리는 선교사에 대해 어떤 어려운 일도 충분히 극복할 수 있거나 어떤 일을 겪어도 전혀 요동치 않는 슈퍼맨 같이 생각하는 경우가 있다. 혹은 반대로, 어떤 파송 교회들이 선교사를 대하듯 그저 선교지에서 선교를 위해 당연히 희생해야 하는 하나의 소비재같이 생각하는 경향도 있다.

하지만 생각해 보라!

한 사람의 성도가 하나님 나라를 위해 일생을 헌신하고 오랜 기간 훈련을 받고, 현지에 들어가 현지 상황을 꿰뚫어 볼 수 있는 경험 많고 성숙한 선교사가 되기까지는 최소한 십수 년 이상의 많은 시간과 노력이 필요하다. 분명 선교사는 하나님 나라에 있어 너무도 소중하고 귀한 자원이다.

그렇기에 선교단체나 교단 선교부 그리고 파송 교회는 한 사람의 선교사가 하나님 나라에 있어 너무도 소중한 존재임을 기억하고 단 한 사람의 선교사도 선교지에서 겪는 고통과 어려움 때문에 중도에 탈락하지 않도록 최선을 다해 돌보아야 할 의무와 책임이 있다.

그렇다면 선교 현지에서 인재나 자연재해 등을 겪은 선교사에게 선교단체나 교단 선교부 등에서는 어떻게 케어해 줄 수 있을까?

8. 선교지를 잠시 떠나라!

필자도 선교지에서 극심한 스트레스를 겪을 때는 일단 현지인을 만나거나 현지 언어가 들리는 것 자체가 더욱 스트레스를 자극하는 것을 경험한 적이 있었다. 이런 경우 선교사는 자기가 거주하는 곳을 벗어나 인적이 드문 산골이나 시골 등으로 잠시 이동해 쉼의 시간을 갖는 것이 좋다. 하지만 선교지 현지인과의 극심한 갈등을 겪는 등의 정신적, 심리적인 안정이 필요한 선교사에게는 잠시라도 사역 국가를 떠나 인근 국가 등에서 쉼의 시간을 갖는 것도 큰 도움이 될 수 있다.

왜냐하면, 일단 사역지의 현지인과 접촉하지 않고 잠시라도 정신적, 심리적 안정과 휴식을 가지며 자기 마음을 추스르는 것은 다음 사역을 위해 도움이 되기 때문이다. 어떤 이들은 선교사가 그 정도의 각오나 믿음 없이 어떻게 어려움 때문에 잠시라도 선교지를 떠나 있을 수 있냐고 비판하는 사람도 있을 수 있겠지만, 한 가지 우리가 기억해야 할 것은 선교사도 한 사람의 연약한 인간이라는 점이다. 선교사 멤버 케어에서 가장 중요한 것은 선교사도 우리 모두와 성정이 같은 연약한 인간이라는 것을 받아들이는 것이다.
 선교사가 앞서 언급한 대로 선교 현지에서 전쟁이나 사고 등의 인재나, 지진 같은 자연재해, 또는 갑작스러운 비자발적 철수 등을 경험해 큰 충격을 겪은 경우 이에 대한 첫 번째 케어는 일단 그 지역에서 나오게 하는 것이다. 왜냐하면, 이런 경우에는 선교사가 그 충격 때문에 트라우마나 PTSD 등의 어려움을 겪을 수 있기 때문이다. 따라서 이런 상황의 선교사에게는 선교 본부에서 본국으로의 재입국을 권해 본국에 입국한 후 장단기적인 휴식과 치료를 받도록 해야 한다.
 선교사가 본국에 재입국한 후에는 선교단체의 담당자가 귀환한 선교사의 디브리핑과 개인의 상황에 따라 적절한 심리적 케어를 되도록 이른 시간에 마련해 주는 것이 필수다. 본래 디브리핑은 작전이나 임무가 끝난 후에 결과와 상황을 보고하는 것인데, 최근 선교계에선 디브리핑을 선교지에서 심리적 충격을 받고 트라우마로 고통받는 선교사들을 위한 응급 처치의 개념으로 사용하고 있다. 따라서 디브리핑은 심리적 응급 처치인 만큼 치료 시기는 빠를수록 좋다.
 또한, 트라우마는 이전에 겪은 위기나 공포와 비슷한 일이 일어났을 때 이전의 감정을 다시 느끼면서 심리적 불안을 겪는 증상인데, 잘 치료받지 못하면 오랜 시간이 지나도 PTSD로 고통받을 수 있다.
 그러므로 디브리핑이 끝난 선교사에게는 전문 병원이나 전문적으로 심리 치료를 해 줄 수 있는 전문 기관[12]을 찾아 후속 치료를 받도록 도와야 한다. 더불어 본국으로 재입국한 선교사에게는 선교단체나 교단 선교부에서 파송 교회와 소통해 파송 교회가 선교사가 휴식하며 전인적인 케어

---

12 선교사를 위한 상담 심리 상담 기관으로는, 한국선교상담지원센터(MCC), 이랜드심리상담센터, 한국정신치료연구원, 하트스트림코리아, 포도나무상담실, 로뎀상담실, 두란노크리스천상담센터, 한국회복사역연구소, 뉴라이프카운셀링센터, 다세움, 국제생명나무사역, 크리스챤치유상담연구원, 기독교집단상담센터, 치유상담원 등이 있다.

를 받을 수 있는 충분한 쉼의 시간을 주도록 하여 이 기간에는 선교사와 소통할 몇몇 담당자 외에는 선교사가 재충전과 쉼의 시간을 가질 수 있도록 교회의 모임 등에 참석을 요청하는 일은 가급적 하지 말아야 한다.

가끔 어떤 파송 교회들은 선교사가 귀국했다고 당장 보고를 하라고 하거나, 각종 모임 동참 요청, 심지어 교회 부흥회에 참석하라고 요구하는 경우도 있는데 이는 엄청난 충격을 겪고 힘든 과정 속에 귀국해 육체적, 정신적 휴식이 필요한 선교사에게 무언의 압력이 될 수 있기에 이런 요청은 마땅히 삼가야 할 것이다.

제이의 이야기: 그저 눈물만 나왔어요

제이는 대학 시절부터 선교에 관심이 있었다. 그녀는 대학을 졸업한 후 코카서스 지역의 A 국가의 선교사로 들어갔다. 이 지역은 전통적인 이슬람 지역이었지만 사람들은 비교적 친절했고 낯선 문화에서 자기들을 찾아온 제이를 반겨 주었다. 언어를 배우기 위해 제이는 대학에 들어가 언어 공부에 힘을 썼고 학교의 현지 친구들이나 동네 어른과 좋은 관계를 유지했다.

그런데 어느 날, 현지인의 제보로 현지 경찰과 방송국이 학교로 들이닥쳤다. 외국 선교사들이 자기들의 신분을 위장해 대학에서 공부하고 있다는 내용이 TV에 방영되었고, 그중에는 학교에서 현지 경찰에 의해 체포되는 제이의 모습도 그대로 방송에 나갔다. 현지 경찰의 조사를 받고 제이와 그녀가 속한 선교팀의 몇 명은 추방 명령을 받았다. 하지만 제이에게 그 나라에서 떠나야 하는 것만큼 힘들었던 점은 방송에 얼굴이 나간 이후에 그동안 함께 좋은 관계를 맺었던 학교 선생님들과 친구들 그리고 동네 주민들의 모습이 완전히 달라졌다는 것이었다.

> "그 후, 저를 알던 현지인들이 저를 바라보는 눈빛이 싸늘해졌어요. 사람들이 뒤에서 저에 대해 수군거리는 것 같았어요. 무섭기도 했었죠. 물론 방송에서 그렇게 나왔으니 … 그래도 그 모습들이 생각나면 지금도 저도 모르게 눈물이 나오곤 해요. 전 아무것도 할 수 없었어요. 제 인생에서 그들과 좋았던 관계가 갑자기 나빠져 적대적인 관계로 떠나야 했으니 … 지금도 너무 슬프고 가슴 아파요."

제이의 사례와 같이 선교사로 현지에 들어갔던 제이가 현지인들에게 TV 방송에서 경찰에 체포되는 모습 등을 다 보이고, 수많은 오해와 질타 속에서 현지의 지인들에게 자기를 위한 변명 한번 못해 보고 그 나라를 떠나야 했을 때의 심정을 생각해 보면 당시 얼마나 마음이 힘들었을까 하는 생각을 하게 된다.

다행히 제이는 당시 트라우마에서 회복되어 현재 다른 이슬람 지역에서 귀한 사역을 계속하고 있다. 아마도 당시 힘들었던 경험과 회복의 경험은 이제 시니어 선교사로 사역하는 제이가 후배 선교사들을 도울 수 있는 값비싼 자원이 되었을 것이다.

9. 선교사 멤버 케어

세계선교의 초기 역사는 선교사들의 희생과 헌신을 가장 큰 선교의 덕목으로 삼았다. 하지만 초기 선교사들 역시 개척 사역으로 인한 우울증 등의 심각한 정신 질환을 앓았던 경우가 많았다. 사실 우리가 알고 있는 선교의 영웅들 대부분도 자기나 가족들이 정신 질환이나 스트레스로 말

미암아 정상적인 생활을 영위하지 못한 예들은 너무도 많다.[13]

아마도 이렇게 선교사들에 대한 전인적인 관리에 대한 필요성을 미리 충분히 경험한 국제 선교계는 선교사에 대한 전인적이고 실제적인 관리를 '멤버 케어'(Member Care)라는 용어로 표현하고 멤버 케어가 선교의 성패를 좌우하는 필수 사역으로 인식하였다. 하지만 그동안 한국 교회는 믿음과 은혜를 앞세우며 희생과 헌신의 사역만을 강조해 왔다.

실제로 필자가 선교사로 파송되던 파송 예배에서 당시 파송 교회의 담임목사는 필자에게 선교지에서 죽으라고 설교하신 것이 기억이 난다. 아마도 이런 '죽으라'는 단어는 당시 파송 예배에서 가장 많이 언급되었던 단어가 아닐지 생각된다. 그러나 그런 한국 교회 내에서도 2000년대 초에 들어서면서 멤버 케어에 대해 조금씩 관심을 갖게 되었다.

여러 서구 국제 선교단체는 19세기와 20세기의 개척 선교의 기간을 일해 오면서 수많은 고난과 역경을 헤쳐 왔다. 그러다가 지금부터 약 40여 년 전에 미국에서 "정신건강과 선교"(Mental Health and Missions)란 주제로 소그룹의 멤버 케어 모임이 시작되었다.[14]

이후 1990년대 초반 IFMA/EFMA[15]는 멤버 케어 전문가들을 초청하여 선교 포럼을 개최하였고 이는 세계의 여러 선교단체들 가운데 멤버 케어에 대한 새로운 인식을 심어 주는 계기가 되었다. 그 후 '세계복음주의연맹'(WEA)[16] 산하의 'GMCN'(Global Member Care Network)을 중심으로 서

---

13 Ruth Tucker and Andrews Leslie, *Historical Notes on Missionary Care. In Missionary Care: Counting the Cost for World Evangelization*, ed. Kelly O'Donnell (Pasadena, CA: William Carey Library, 1992), 24-36.
14 '정신건강과 선교' 모임에는, WBT, SIL의 Laura Gardner, Dick Gardner, John Powell, Kenneth Williams, David Wickstrom, Esther Schubert, Marjory Foil 등이 주요 참석자였다.
15 IFMA는 'Interdenominational Foreign Mission Association', EFMA 는 'Evangelical Foreign Missions Association'의 약자다.
16 '세계복음주의연맹'(World Evangelical Alliance, WEA)은 1846년 영국 런던에서 시작

구 선교계에서는 선교사 멤버 케어 전문 단체들이 점차 생겨나기 시작했다.[17]

특히, 이 기간에 켈리 오도넬(Kelly O'Donnell)의 여러 저서[18]는 멤버 케어에 대한 커다란 영향을 당시의 세계선교계에 미쳤다. 물론 아직도 선교사 멤버 케어는 케어가 필요한 선교사 숫자에 비해 이들을 케어할 수 있는 전문 인력은 심각하게 부족하다. 하지만 이보다 더욱 심각한 문제는 아직도 선교사 멤버 케어의 중요성을 인식하지 못하는 파송 교회 지도자들이 너무도 많다는 사실이다.

그러므로 현재 선교사 멤버 케어에 있어 중요한 시작은 지역 교회의 지도자들에게 선교사 멤버 케어가 선교사 장기 사역에 있어 얼마나 중요한지를 알리고 일깨우는 것이며, 앞으로 선교사 멤버 케어에 대한 귀중한 자원들을 더욱 동원해 통합적인 멤버 케어 시스템을 구축해 나가는 일이다.

그런데도 이런 국제 선교단체들 역시 선교사 멤버 케어에 대한 본격적인 관심을 가진 것은 최근의 일이다. 우리 한국 선교도 지금부터라도 더욱 선교사에 대한 전인적인 멤버 케어에 관심을 가지고 나갈 수 있다면 우리에게도 희망이 있다고 생각된다. 감사한 것은 이제는 한국 선교단체들이나 기관들 가운데 전문적인 멤버 케어 단체들[19]이 선교 전문가들에

된 신복음주의 계열의 개신교 연합체다. '복음주의연맹'(Evangelical Alliance)라는 이름으로 시작해, '세계복음주의회'(World Evangelical Fellowship, WEF)로 변경되었다가, 2001년 말레이시아 쿠알라룸푸르 제11차 총회에서 '세계복음주의연맹'(WEA)으로 변경하였다. 현재 9개 지역 복음주의연맹과 전 세계 129개 국가 내 교회연맹들 그리고 150개 이상의 교회 관련 단체가 회원인 복음주의 네트워크다. 한국에서는 '한국복음주의협의회'가 협력 회원으로 가입되어 있다.

17 Link Care Center, Le Rucher, One Another Ministries, Banabas and Pastor to Ministries, HeartStream Resource, InterHealth, Narramore, Tumaini Center, Minnesota Renewal Center, Cornerstone, EntrePiere, Clay Berry International 등의 멤버 케어 단체들이 있다.

18 켈리 오도넬의 한국 역서로는, 켈리 오도넬 편, 『선교사 멤버케어』, 최형근 외 역 (서울: CLC, 2004)이 있다.

19 한국선교상담지원센터(Korea Member Care Network, KMCN), 하트스트림코리아, 이

의해 세워지고, 더불어 정신과 전문의들이나 심리 상담 전문가들과 협력해 더욱 전문적인 심리 치료 기관들이 시작되고 있다는 사실이다.

이는 선교사를 위한 전체적인 멤버 케어에 있어 매우 긍정적인 상황이라 생각된다. 그러나 이런 상황에 만족하지 말고 한국 교회 내의 선교사 멤버 케어에 대한 전반적인 인식의 변화를 위해서는 무엇보다도 먼저, 지역 교회 목회자들과 선교 지도자들이 선교사 멤버 케어의 긴급한 필요성을 인식할 수 있도록 지속해서 멤버 케어에 대한 세미나와 포럼 등을 개최하여 이들에게 멤버 케어의 중요성과 시급성을 알리는 것이 필요하다.

이를 위해 전문적 멤버 케어 단체들과 선교단체들이 연합해 지역 교회의 리더들을 위한 모임들을 준비할 수 있다면 멤버 케어 단체들과 선교단체들 그리고 지역 교회들의 멤버 케어를 위한 바람직한 네트워크의 시작이 될 수 있을 것이다.

10. 위기관리팀과 시스템 구축

창의적 접근 지역에서 사역하는 선교사에게 다가올 수 있는 위험은 비자발적 철수나 자연재해들, 내전이나 전쟁 등으로 말미암아 철수, 납치, 강간 그리고 최악의 경우 선교지에서 선교사가 살해되는 경우도 있을 수 있다. 이럴 때 선교사를 파송한 선교단체의 본부에서는 '위기관리팀'(Crisis Management Team)을 조직해 긴밀하게 상황에 대응해야 한다.

사실 한국 교회와 선교계가 위기관리의 필요성에 대해 하나의 전환점이 된 사건은 아프가니스탄에서의 '샘물교회 피랍 사건'이었다.

랜드 아시안미션의 쉼과 회복(Rest and Restoration) 등이 있고 앞서 언급한 선교사를 위한 상담 심리 기관들에서도 멤버 케어를 함께하는 곳들도 있다.

이 아프간 사태를 계기로 한국 교회와 선교계는 선교사에 대한 위기관리 체제의 필요를 느꼈고, 이에 위기관리 체제를 처음으로 구축하고 이에 대한 전문가들을 훈련하는 일이 매우 중요하다는 사실을 공감하게 되었다. 그 결과로 2010년 12월에 우리나라도 '한국세계선교협의회'(KWMA) 산하에 '한국위기관리재단'(Korea Crisis Management Service)을 설립하고 위기관리 훈련을 실시하게 되었다.
　앞으로 위기관리 기구가 효율적으로 그 역할이 정착될 수 있다면 다양한 선교단체나 기독교 NGO, 또는 지역 교회의 단기선교팀 등에 대한 위기관리 훈련을 좀 더 전문적으로 실시할 수 있을 것이며, 동시에 외교부 등의 정부 기관들이나 국제기관들과의 효율적인 네트워킹을 통해 각 국가의 위기 상황에 대한 동향이나 그에 대한 정보 등을 빠른 시간 안에 다양한 선교단체나 교회 등에 제공할 수 있을 것이다.
　따라서 앞으로 한국 교회와 선교계가 보다 효율적인 위기관리 시스템을 구축하고 발전하기 위해서는 다음과 같은 몇 가지 사항이 요구된다.

　첫째, 다양한 상황 속의 선교사 위기관리 전문 기관들이 필요하다.
　현재 한국에는 앞서 언급한 '한국위기관리재단'과 그 부설 기관인 '위기관리연구소' 등이 있지만, 우리보다 더 오랜 선교 경험이 있는 서구와 같이 더욱 다양한 상황 속에서 선교사와 단체 등을 도울 수 있는 더욱 다양하고 세밀한 전문 기관들이 필요하다. 이는 한국 선교가 더욱 앞으로 나갈 수 있는 커다란 동력이 될 것이다.
　둘째, 위기에 대한 다양한 상황 속에서의 실제적인 훈련이 광범위한 단체와 교회 등의 그룹 속에서 지속해서 진행되어야 할 것이다.
　선교단체들과 각 교단 선교부 그리고 교회 안의 선교 실무자들에 이르기까지 위기관리에 대한 훈련이 실시되어 위기관리 전문 인력들이 계속 발굴되어야 한다. 훈련을 통해 발굴된 전문가는 각 선교단체나 교단 선교부 등에서 선교사가 사역하고 있는 선교지에 위기 상황 발생 시 위기관리 팀이 즉시 구성되어 각각의 상황에 적합한 역할을 할 수 있도록 도와야 할 것이다.

셋째, 다양한 사역지에서 일하고 있는 선교사들이나 선교팀이 경험한 위기에 대한 자료를 수집, 분석하여 위기관리의 정책, 사례별 대처 방안 등을 제시할 수 있어야 할 것이다.

또한, 이를 문서로 더욱 정밀하고 세밀하게 작성해 다양한 상황 속의 다양한 그룹들에 도움을 줄 수 있어야 할 것이다. 근래에 선교 현지에서 발생할 수 있는 다양한 위기를 예방하고, 피해를 최소화하기 위한 안전 수칙과 행동요령 등 전반적인 선교사 위기관리 방안을 다룬 지침서가 '한국위기관리재단'(KCMS)에서 『선교사 위기관리 표준 정책 및 지침서』라는 이름으로 출간되었는데 이런 지침서 등은 지속해서 보완해 발행되어야 한다.

넷째, 각 선교단체와 교단 선교부들, 지역 교회들 간의 네트워킹이 필요하다.

선교 현지에서 위기의 전조와 발생, 대처, 후속 조치 등에 대한 상황이 진행되었을 때 선교단체나 교단 선교부 또는 개 교회는 서로에게 신속하게 상황을 나누고 서로 간에 모니터링 할 수 있어야 할 것이다. 이때 '한국위기관리재단' 같은 '우산 단체'(Umbrella Organization)[20]는 각 단체와 정부 간의 소통의 다리가 되어 서로 간의 긴밀한 협력을 제공해 줄 수 있는 역할을 할 수 있다.

---

20 'Umbrella Organization'이란 '우산 단체' 혹은 '상위 조직'이라 번역되며 선교 기관의 활동을 조정하고 자원 등을 지원하기 위해 공식적으로 협력하는 단체들의 협회다. 본문에서 언급된 한국세계선교협의회나 한국위기관리재단은 모두 우산 단체라 할 수 있다.

11. 뱀같이 지혜롭고 비둘기같이 순결하게

앞선 프란시스의 예와 같이 현재 중국과 같은 나라는 선교사가 외부적으로 큰 문제(?)를 일으키지 않는 경우에는 어느 정도의 기간을 머물며 사역할 수 있다. 하지만 그럼에도 선교사의 눈에 띄는 지나친(?) 열심으로 공안이나 정부 관계자들이 지나칠 수 없는 일들이 발생하는 경우에는 일반적으로 있을 수 있는 기간보다 훨씬 앞당겨져 떠나야만 하는 경우도 종종 있다. 물론 모든 상황은 그 지역의 특성과 사람들과의 관계 등 여러 가지의 복합적인 요인이 작용할 수 있다.

창의적 접근 지역으로 떠나는 선교사에게는 그 사역에 보장되는 확실한 시간은 없다. 하지만 한 지역에 들어가 정착해 사역을 시작하는 선교사는 그 지역의 사람들과 관계를 맺게 되고, 지역이 협소하고 소규모인 경우에는 지역을 관할하는 공안(경찰)이나 정부 관계자들과도 관계를 맺을 수 있게 된다. 그럴 때 지역 공안이나 정부 관계자들이 선교사의 적이라는 생각은 선교사 개인과 사역에 있어 여러 가지 부정적인 문제를 야기할 수 있다.

지역의 공안이나 정부 관계자들은 자기들의 역할을 감당하는 현지인들이다. 그러므로 공안이나 정부 관계자들은 우리의 적이 아닌 그들 역시 복음이 필요한 사람들임을 기억해야 한다.

프란시스의 이야기 3: 조그마한 친절이 친구를 만든다

알바니아의 남동쪽 지역에서 사역하던 프란시스는 두 달에 한번은 티라나로 정기적인 출장을 갔다. 그는 이 지역에서 사역은 하지만 가족과 사역에 필요한 물건들을 구입하기 위해서는 차로 다섯 시간 반 정도 떨어진 수도 티라나로 가서 물건들을 구입해야만 했다. 그날도 알바니아 서민들의 장거리 버스라고도 할 수 있는 오래된 미니밴을 타고 티라나에 갔다 오던 중, 미니밴 안에 몇몇 건장한 남성이 술에 취해 이야기하는 것에 귀를 기울였다. 그때 거나하게 취한 거한의 안드레아라고 하는 한 남성이 프란시스에게 말을 걸었다.

"미안합니다. 우리가 좀 떠들었지요?"

"괜찮습니다."

프란시스가 웃으며 대답했다.

"오늘 우리가 술을 좀 많이 마셨어요. 사실 우리는 모두 경찰관인데 우리 동료 경찰이 호송하던 범인이 쏜 총에 맞아 죽었거든요. 지금 티라나에서 있었던 동료의 장례식에서 돌아오는 길이에요."

"아 그렇군요. 마음이 많이 힘들겠습니다."

프란시스는 이들을 진심으로 위로했다.

안드레아를 비롯한 경찰들은 프란시스에게 외국인이 어떻게 K시에서 살고 있는지를 물었고 그렇게 그들과의 이야기는 돌아오는 여행 동안 계속되었다.

"사실 나는 K시의 경찰 특공대 대장이에요. 내 동료들은 모두 경찰 특공대 대원들이고요. 혹시 무슨 문제가 있으면 나를 찾으세요. 오늘 이렇게 친구가 되었으니 도와드리겠습니다."

당시의 알바니아같이 치안이 불안정하고 마피아가 이곳저곳에서 총을 난사하는 일이 일상인 상황에서, 사역하고 있는 그 지역의 경찰 특공대 대장인 안드레아를 만난 것은 프란시스에게 커다란 힘이 되었다. 자기 장막 앞에 나와 나그네를 맞이하고 섬기던 아브라함이 부지중에 하나님과 천사들을 만나고, 나그네에게 친절을 베풀던 롯도 천사를 만나 구원받을 수 있었다.

선교사도 특정 현지인들에 대한 편견을 버리고 항상 친절하고 지혜롭게 모든 현지인을 대한다면 현지인들의 신뢰를 얻을 수 있고, 그들의 공동체에 입양되어 더 효율적인 사역과 삶을 누릴 수 있다. 친절함과 지혜로운 말은 현지인들을 가족의 관계로 이끌게 한다.

12. 유연함과 순발력 있는 접근법

관계를 위한 태도나 자세뿐만 아니라 선교 전략에도 지혜와 변화가 필요하다. 즉, 선교의 접근법에 대한 더욱 유연함과 순발력이 필요하다. 이전 우리에게 일반적인 선교라고 하면 한 곳의 지정된 선교 지역에 들어가 그곳에서 지속적, 장기적으로 생활하면서 사역하는 선교 방식을 주로 가리켰다. 그러나 창의적 접근 지역에서의 선교는 전통적 선교 전략에 비해 더욱 유연하고 순발력 있는 전략들이 필요하다.

첫째, 전통적인 선교 방식은 선교 현지에 들어가서 지속해서 거주하는 것이 일반적인 방식이었지만, 창의적 접근 지역에서는 선교사가 지속해서 거주하며 사역하기 어려운 지역도 있으며 장기적인 비자를 받기에 매우 어려운 지역들이 있다.

그러므로 이런 상황속에서는 현지에 계속 거주하지 않더라도 상황에 따라 수시로 현지에 왕래하면서 사역하는 '비거주 선교 전략'도 사용할 수 있다. 특히, 이슬람 지역에서 장기 거주 비자를 받기 어려운 전문직이 없는 목사 배경의 선교사들이나, 현지 신학교에 신학 교육 등을 지원하는 목회자들은 이런 비거주 방식을 지혜롭게 사용하면 유익하다.

둘째, 창의적 접근 지역에서는 목사가 아닌 일반 성도 전문인 선교사가 사역하는 데 훨씬 유리하다.

왜냐하면, 일반적으로 이슬람 지역에서는 한인 교회를 통해 신청한 목사에게만 비자를 허락하는 경우가 많다. 따라서 목사인 것을 정부가 알게 되면 비자가 거부될 확률이 많지만, 그에 반해 현지에 필요한 다양한 전문직을 가진 선교사들은 비자를 받을 확률이 높다.

그렇기에 어떤 선교사들은 창의적 접근 지역에서 사역하기 위해 신학을 공부했음에도 목사 안수를 받지 않고 본래의 전문인 직업만을 가지고 들어가는 경우도 있다. 전문인 선교사는 어떤 계층이든지 전문 직업을 이용해 폭넓은 접촉이 가능하며 무엇보다 입출국에서 훨씬 유리할 뿐만 아니라 사역 반경이 더 넓을 수 있다.

셋째, 일반적인 선교 현지에서는 목사선교사 등이 현지 교회 개척을 시작하고 목회적인 사역을 위해 힘쓰는 경우가 많다.

하지만 창의적 접근 지역 대부분에서는 현지에서의 교회 개척은 위험하고 어려운 경우가 많다. 상황이 이렇기에 선교사는 직접적인 교회 사역을 할 기회가 드물다. 그러므로 현지의 상황과 환경에 따라 다양한 형태의 전문 직업을 활용한 사역이 필요하다. 이러한 다양한 전문 직업을 활용해 선교사는 현지인들과의 깊고 건강한 관계를 만들어 나가며 그의 거룩하고 구별된 삶의 모습을 통해 자연스럽게 복음을 나누는 모습이 필요하다.

그러므로 창의적 접근 지역에서 사역을 준비하는 선교사는 일반적인 선교지와는 사뭇 다른 억압된 환경이나 상황이 주는 커다란 스트레스를 감당할 수 있는 심리적, 정서적 안정이 필요하며, 치열한 영적 전투에서 승리할 수 있는 높은 영성이 더욱 필요하다. 더불어 주변 사람들과 깊은 인간관계를 형성하는 데 문제가 없어야 하며, 본국에서도 일상의 삶 속에서 꾸준하게 복음을 전하며 제자를 양육한 경험이 필요하다.

13. 변화가 있어야 바뀔 수 있다

한국 교회의 선교 운동은 복음 전파에 대한 불굴의 헌신과 지도자를 따르는 충성심, 희생적인 헌금과 선교 인력, 자원 동원 등으로 선교 대국으로의 큰 축복을 이루었다. 하지만 근본적인 한국 선교의 문제를 시정하고 더욱 성공적 선교 과업을 이루어 나가기 위해서는 몇 가지의 중요한 요소의 변화가 시급하다.

실제로 선교 현장에서는 한국 선교사들 사이에 인간적 갈등이 지속되고 있으며 선교사들이 연합해 사역하지 못함은 선교 현지의 분열을 야기해 현지인들에게 부정적 인상을 주고 있다. 또한, 자기 권위와 업적을 인정받고자 하는 한국 선교사들과 현지 교회 지도자들 간의 갈등은 또 다른 현지의 분열과 혼란을 야기한다. 사실 이러한 상황은 이미 오래전 서구 선교가 경험한 선교 실패의 역사이기도 하다.

그렇다면 서구 선교에서 이미 실패했던 것들이 오늘날 한국 선교 운동에서 반복되는 것은 어떤 것들이 있을까?

첫째, 자기민족중심주의를 말할 수 있을 것이다.
어떤 한국 선교사들은 현지인이나 현지 사역자의 이야기에 겸손히 귀를 기울여 배우려는 일에 소극적이다.

둘째, 한국 교회와 선교단체들은 현지의 목소리를 듣고, 배우고 적절히 반영하는 데 시간을 들이지 않고 자기들이 원하는 사역을 하는데 중점을 두고 있다. 현지인과의 소통은 한국 선교에 있어 가장 부족한 부분 중 하나다.

셋째, 한국 교회나 선교단체들은 선교사의 인성을 훈련하고 평가하는 것 보다는 실제적인 선교 사역의 기술과 지식을 습득하는 것에 더 큰 관심을 가지고 있다.

따라서 선교사의 현지에서의 개인적 삶과 현지인들과의 관계에 대해서는 큰 관심이 없다.

넷째, 한국 선교사들이 가지고 있는 유교 문화의 배경 속에서 한국 선교사들은 자기들의 문제나 어려움을 나눌 공간이 없다.

그러므로 어려움을 겪고 있다고 할지라도 리더나 동료에게 나누기 어려우며 선교사는 이러한 어려움에 대해 두려움과 수치를 경험하게 된다. 결국, 이렇게 해결되지 못한 고통과 감정은 선교사가 더 이상 선교 현지에서 사역하지 못하게 막을 수도 있다.

한국 교회는 세계적인 비전을 품고 선교사를 동원해 세계로 파송하고, 교회 개척 등의 사역을 통해 사역하는 것에는 뛰어나지만, 선교사들이 사역과 관계 등을 통해 받은 상처에 대해서는 어떻게 돌보아야 하는지에 대해 심각하게 고민하는 교회나 단체가 많지 않았다.

하지만 분명한 것은 서구 선교의 성공과 실패의 역사에서 보아 왔듯이 교회는 현지의 다양한 상황에서 사역하는 선교사의 문제와 어려움에 귀를 기울이고 이들을 지속해서 돌보는 것에 관심을 가져야 할 것이며, 선교사들도 현지의 목소리에 겸손히 귀 기울이며 자기들이 원하는 사역이 아닌 현지에 필요한 사역을 현지인들과 함께 감당해 나간다면 갈등과 분열이라는 두 마리의 토끼를 잡을 수 있을 것이다.

제4장

비즈니스, 선교의 프런티어
비즈니스 선교(Business as Mission)

과연 비즈니스의 전성시대다. 요즘의 선교계에서 가장 주목받는 선교 방법은 비즈니스 선교라고 말해도 과언이 아닐 것이다. 비즈니스 선교는 서구권 뿐만 아니라 한국을 비롯한 비서구권에서도 이전에 비해 동원되지 않는 선교 지원자들을 동원하고 지속적인 선교의 대위임령을 수행하기 위한 21세기의 대안적 선교 운동과 선교 전략으로 부각되고 있으며 이에 대한 관심이 증폭되고 있다.

그렇다면 과연 현대 선교에 있어 비즈니스는 어떤 위치를 차지하고 있을까?

또한, 그동안 어떻게 그 개념과 역할의 변화를 가져왔을까?

1. 슬기로운 비즈니스 선교

비즈니스 선교가 선교의 화두로 떠오르게 된 것은 어제오늘의 일이 아니다. 실제로 비즈니스 선교 개념은 벌써 몇 세대 전부터 '텐트 메이커'(Tent Maker) 모델 등을 통해 선교 현지에서 사역하는 현장 선교사뿐만 아니라 선교학자들 사이에서도 깊은 논의가 있어 왔다.

무엇보다도 선교의 대선배(?)인 사도 바울 역시 텐트 메이커로서 장막을 만드는 기술을 사용해 재정적인 공급을 받으며 선교 사역을 했었고, 비즈니스 선교는 근대에 이르러 전문인 선교사들의 여러 비즈니스 모델을 통해 선교 현장에서 적지 않은 역할들을 이루어 왔으며 지금까지도 선교 사역에 여러모로 커다란 공헌을 하고 있다.

이제는 선교지에서 비즈니스 선교사라고 자기를 소개하는 선교사들과 한국에서 비즈니스 선교를 준비한다는 선교 지원자들을 심심치 않게 볼 수 있다.

그렇다면 그동안 선교계에서는 비즈니스를 어떻게 사용해 왔을까?

첫째, 선교지에 들어가기 위한 도구다.

그동안 선교에 있어서 비즈니스는 크게 두 가지의 주요 도구로서 사용되어 왔다. 먼저, 비즈니스는 '창의적 접근 지역'(Creative Access Area)[1] 등에 선교사가 들어가기 위해 '선교를 위한 비즈니스'(Business for Mission) 모델을 많이 사용해 왔다. 즉, 이런 지역에서는 선교사로서 비자를 받을 수 없기 때문에 사업 비자를 받고 들어가서 사업을 하거나 아예 일반 기업이나 기독교 계통의 기업에 취업해 선교지에 들어가 그 기업에 취직된 직원으

---

[1] 선교사가 종교적 비자로 접근하기 어려운 공산권 지역들이나 종교색이 강한 무슬림 지역 등을 말한다. 기본적으로 이런 지역은 선교사가 종교 비자를 받기 어렵거나 불가능하고 기독교에 적대적인 경우가 많다.

로 일하는 모델이다.

사실 지금까지 많은 선교사가 특히 비자를 받기 어려운 지역에서 비즈니스를 선교지에 들어가는 도구로서 사용해 비자를 받고 선교지에서 사역할 수 있었다. 그런데 이렇게 비즈니스를 매개체로 하여 비자를 받고 선교지에 들어간 다수의 선교사는 자기 사업이나 취업된 기업에서의 일에 중점을 두는 것이 아닌 선교지에서 복음 전도의 선교 사역에 집중해 왔다.

또한, 기업에 외형적으로는 취직이 되어 직장인이지만 선교지에서는 아예 기업의 일과는 전혀 관계없이 선교 사역만 하기로 하는 구두 계약으로 비자를 받고 기업에 취업하는 선교사들도 종종 있었다. 이런 경우, 목적은 선하지만 위장 취업(?)이라고도 말할 수 있는, 비록 아무리 선한 선교 사역을 위해 이런 방법을 쓴다고는 하지만 그럼에도 이런 방법은 복음을 전하기 위해 입국하는 선교사의 도덕성에 치명상을 끼칠 수 있다는 것이 필자의 생각이다.

하나님의 온 인류에 대한 좋은 소식인 복음을 전하러 가는 선교사가 실제로는 하지도 않는 위장된 모습을 가지고 하나님의 일을 한다는 것은 아무리 생각해도 결과만 좋으면 과정은 어떻다 하더라도 문제없다는 세상의 생각과 크게 다르지 않은 것 같다.

프란시스의 이야기 4: 다시 후원자를 모으면 된다고?

프란시스가 알바니아에서 사역하다가 코소보 내전 이후 1999년도에 코소보로 사역지를 옮겨 사역을 시작할 당시에는 코소보 내의 대부분의 변전소나 발전소가 폭격으로 파괴되어 수도인 프리슈티나를 비롯하여 코소보 대부분의 지역이 정전되는 일이 많았다. 당시에 외부로 연락하기 위해서는 위성 전화나 인터넷이 유일한 방법이었지만, 그 비싼 위성 전화는 선교사가 소유하고 있을 리가 만무하고, 이메일을 보내기 위한 인터넷을 사용할 수 있는 곳도 초기에는 유엔 본부만이었다.

그때 미국 '예수전도단'(YWAM)에서 젊은 미국 선교사들이 프리슈티나에 들어오게 되었고 이들을 통해 프리슈티나에 처음으로 인터넷 카페가 시작되었다. 프란시스는 알바니아에서 사역할 때 YWAM 유럽 대표로부터 당시 대부분 젊은 선교사였던 YWAM의 어드바이저(Advisor)로 도와 달라는 부탁을 받았기에 프란시스는 YWAM팀과 자주 만나게 되었고, 결국 이들이 시작한 코소보 최초의 인터넷 카페에서 교회가 처음 개척되었다.

문제는 그 후에 생겼다.

이들이 인터넷 카페를 시작한 후 일 년 반쯤 지났을까?

하루는 YWAM 리더가 찾아와서 앞으로 더 이상 그곳에서 교회를 계속할 수 없다고 이야기했다. 사정을 알고 보니 인터넷 카페 운영이 어려워 곧 문을 닫아야 한다는 말이었다. 그동안 관리나 영업 부실로 이곳 비즈니스를 접어야 한다는 이야기였다. 그런데 그 이야기를 하는 이 젊은 YWAM의 리더 얼굴에서는 그동안 실패한 비즈니스에 대한 그 어떤 아쉬움이나 좌절감을 발견할 수 없었다. 물론 긍정적으로 생각할 수 있겠지만, 마지막으로 프란시스에게 한 리더 형제의 말이 뇌리를 때렸다.

"미국에 돌아가서 다시 펀드를 모으면 돼요."

아, 믿음이 좋은 건지 생각이 없는 건지 … 그동안 이들이 어떻게 인터넷 카페를 운영해 왔는지를 잘 알고 있는 프란시스는 성도가 정성스럽게 헌금한 돈으로 시작된 비즈니스를 그렇게 쉽게(?) 끝내 놓고서도 해맑게(?) 웃으며 이야기하는 책임 없는 그 리더의 모습이 참으로 답답했다.

사실 이런 모습은 YWAM 팀만이 아니었다. 선교 현지에서 비즈니스를 하다가 실패하고 돌아와 너무도 자연스럽게 "비즈니스를 하다가 다 말아먹었다"라고 당당히 말하는 선교사를 종종 본다. 필자는 비즈니스가 선교의 도구로 귀하게 사용될 수 있다는 데는 추호의 의심이 없다. 다만 비즈니스를 통해 선교한다고 하는 선교사들은 미리 고국에서 비즈니스에 대한 경험을 쌓고, 선교지에 가서 그 경험을 바탕으로 최선을 다해 비즈니스가 성공할 수 있도록 준비하고 노력해야 한다.

이런 경우 비즈니스 선교는 특히 고국에서 미리 비즈니스를 해보았던 사람들이 선교지에 그 비즈니스 경험을 바탕으로 사역할 수 있다면 훨씬 성공률이 높아질 수 있을 것이다. 그렇기에 필자는 고국에서는 전혀 비즈니스의 경험이 없었던 목회자 등이 선교지에 들어가 비즈니스 선교를 시작할 경우 무경험에서 오는 여러 위험 요소가 있다고 생각된다. 더우기 이런 사람들은 비즈니스 자체를 통한 선교 사역보다는 복음 전도에 더 관심과 부담을 갖는 경우가 많아 이 사람들이 비즈니스 선교를 하겠다는 것에 대해 회의적인 마음이 있는 것도 사실이다.

이렇게 선교의 도구로 사용되는 비즈니스 모델 가운데는 필자가 직간접적으로 경험한 다음과 같은 다양한 문제가 있다. 그것은 비즈니스 선교에 대해 성경적으로나 실제적으로 전혀 준비되지 않고 비즈니스 선교를 하겠다는 선교 지원자들의 자만심, 성도가 정성스럽게 헌금으로 모아준 펀드의 오용된 사용, 지금까지 전혀 기본적인 비즈니스를 경험하거나 준비되지 않은 목회자들의 무모한(?) 도전 등 그 문제는 한 두가지가 아니다.

하지만 그런데도 비즈니스 선교에 대한 접근성이 쉽고, 이제는 그리스도인 대부분이 비즈니스 선교라는 것이 있다는 것을 알다 보니, 해외에서 사업만 하면 선교에 대한 준비나 훈련이 되어 있지 않았는데도 누구든지 스스로 자기가 비즈니스 선교사라고 소개하는 사람들이 이젠 너무도 흔한 것도 사실이다.

따라서 비즈니스 선교를 시도해보기를 원하는 성도는 비즈니스 선교를 전문으로 훈련하는 단체들로부터 비즈니스 선교가 과연 성경적으로 어떤 의미이며, 어떻게 준비하며 사역해야 하는지를 처음부터 성경적으로 잘 준비하여 선교지로 들어가야 할 것이다.

둘째, 선교 재정 확충을 위한 도구다.

비즈니스를 도구로 사용하는 또 다른 한 가지 이유는 선교지에서의 재정 확충에 대한 것이다. 예수님은 제자들에게 재정을 선교에 활용할 것을 말씀하셨다.

> 그들에게 이르시되 내가 너희를 전대와 배낭과 신발도 없이 보내었을 때에 부족한 것이 있더냐 이르되 없었나이다. 이르시되 이제는 전대 있는 자는 가질 것이요 배낭도 그리하고 검 없는 자는 겉옷을 팔아 살지어다(눅 22:35-36).

선교 사역을 하기 위해서는 재정이 필요하다. 다시 말해서 돈이 없이는 선교 사역을 지속하기 어렵다. 이전 교회 역사를 보면 로마가톨릭의 '탁발수도회'[2]는 밥을 얻어먹으며 선교했다고 전해지지만, 지금은 어림도 없는 이야기다.

선교지에서 사역을 지속하기 위해서는 재정이 필요한데 지금의 한국 교회는 파송 선교사들을 점점 줄이고 있는 실정이며, 더 나아가 재정적 부담과 선교사에 대한 책임이 적은 협력 선교사로 중심 후원 대상을 옮겨 교회의 재정 후원을 줄이는 경우가 많다. 거기에다 어떤 교회들은 예배당 건축, 예배당 건물 리모델링 등 교회에 어떤 재정적 필요의 일이 생기면 가장 먼저 선교사 후원을 중단하는 경우도 비일비재하다. 도대체 교회가

---

[2] '탁발수도회'(The Mendicant Order)는 로마가톨릭교회 수도회의 형태 중 하나이며 사유 재산을 인정하지 않는 수도회를 말한다. 중세 중기, 기존 수도회와 교회의 부패에 대한 반성으로 시작되었다.

교회 됨의 진정한 목적이 무엇이며, 무엇이 교회의 우선순위인지를 이런 교회들은 알고나 있는지 참으로 의심스럽다.

이런 상황에서 선교단체에서 모든 훈련을 마치고 허입이 되어 파송을 앞둔 선교사도 파송 교회가 없어 선교지로 파송되지 못하는 상황들이 이곳저곳에서 벌어지고 있는 것도 사실이다. 이런 현실적 상황 속에서 비즈니스는 어떤 면에서 선교의 새로운 전환점을 이룰 수 있는 재정 확충의 좋은 도구가 될 수 있다.

벌써 한국의 가장 보수적인 교단 중 한 곳에서도 목회자의 '겸직 목회'에 대한 이슈들이 등장하고 연구위원들이 집필한 책[3]이 출간되고 있기까지 하고 있는데, 선교사도 선교지에서 비즈니스를 운영함으로 여기에서 나오는 수입으로 고국에서 선교비를 적정 수준으로 공급받지 못할 경우에도 선교지에서 계속적인 사역을 이루어 나갈 수 있을 것이다.

실제로 선교지에 도착해서 사역을 시작하다 보면 예상했던 것보다 더 많은 부수적인 일에 재정이 들어가는 경우가 많다. 이렇게 여러 가지 선교지에서 필요한 것은 많지만 이 모든 것을 일일이 파송 교회에 보고하고 요청하기는 쉬운 일이 아니다. 이런 경우, 선교지에서 비즈니스를 잘 운영할 수 있다면 파송 교회에 손을 벌리지 않아도 선교지에서 스스로 부분적이나마 자립을 이루며 지속적인 사역을 이루어 갈 수 있는 확률이 훨씬 높아진다.

선교사가 사역하다 보면 한국의 경제적 상황이 어려워져 파송 교회나 후원 교회들이 후원을 갑자기 중단하거나 후원금이 급격히 줄어드는 경우가 있다. 이런 경우 선교지의 선교사는 재정적으로 크게 타격을 받게 되고 사역을 지속해 나가기 어려운 상황이 올 수 있고 심지어 기본적인 생활까지 위협을 받을 수 있다. 필자는 알바니아에서 사역하면서 겪었던

---

3 양현표, 이박행, 『겸직 목회』 (서울: 솔로몬, 2022).

IMF 때의 상황을 잊을 수 없다.

갑자기 선교비가 반 토막이 나고 예배당과 사무실의 렌트비를 구할 수 없어 발을 동동 구르다가 제일 먼저 살고 있던 아파트를 집시들이 살고 있던 집시 지역 입구로 옮겼다. 밖에는 쌓인 블록이 그대로 있고 블록 곁면에 시멘트도 칠해지지 않았던 아파트였는데, 집 안에는 페인트가 아닌 말로만 듣던 회칠이 되어 있고 블록과 창틀 사이에서 바람이 숭숭 새어 들어왔던 알바니아에서도 서민 중의 서민들이 사용했던 아파트였다.

그런 아파트로 이사한 후 다른 지역에서 사역하고 있던 후배 선교사 가족이 집을 처음 방문하며 아파트의 원시적(?) 모습에 충격을 받고 눈물을 흘렸던 모습이 지금도 선하다.

그래도 선교사로서 그런 정도의 삶이란 대부분 어느 정도는 각오하고 선교지로 들어오기에 그 정도는 견딜 만했지만, 정말 힘들었던 것은 사역을 위한 렌트비 등 정기적으로 선교 사역을 위해 지출되는 재정을 어떻게 마련하느냐 하는 고민이었다. 물론 지금 생각해 보면 하나님의 은혜로 그 시기를 무사히 넘길 수 있었지만, 이런 재정적 문제는 가족과의 관계와 개인적 건강 그리고 사역 가운데 무시 못 할 부정적 영향을 끼친 것도 사실이다.

선교사가 현지에서 비즈니스를 통해 어느 정도 재정적으로 독립해 파송 교회 등의 후원금에 완전히 의지하지 않을 수 있는 재정적 구조를 만들 수 있다면, 선교사 개인과 가족 그리고 사역 가운데 적지 않은 긍정적 영향을 끼칠 수 있을 것이다.

2. 성과 속, 이원론의 도전

성도 가운데 지금은 많은 이가 비즈니스 선교에 대한 이해도가 높고 긍정적으로 생각하고 있지만, 그럼에도 이전 전통적 선교 방식에 익숙해져

온 성도는 비즈니스라고 하면 무언가 달갑지 않고 세속적(?) 냄새가 난다고 생각하는 경향이 있다.

아론의 이야기: 비즈니스는 고결하지 못하다?

> 아론은 전통적인 미국의 남부 가정에서 자랐다. 그의 아버지는 목회자였고 어머니는 교육가 출신이었다. 대학에서 경영학을 전공했던 아론은 지역의 존경받는 목회자인 아버지의 바람에 따라 목회자가 될까 하는 생각도 있었지만, 그는 목사라는 타이틀에 얽매이기 싫었고 대학을 졸업하자마자 조그마한 비즈니스에 손을 대었다. 은근히 자기를 따라 목회자가 되기를 바랐던 아버지는 비즈니스를 시작한 아론의 모습에 실망했고, 그에게 비즈니스가 아닌 좀 더 고결한 직업, 즉 교수나 교사 등이 되어보면 어떻겠냐고 아론에게 권했다.
>
> 아론은 자기 아버지를 설득해 보려 노력했지만, 서로의 관계는 쉽게 회복되지 않았고, 결국 수년 후, 아론은 자기 전공과 경험을 살린 비즈니스 선교사가 되기를 결심했고 중앙아시아로 떠났다.

무엇이 거룩하고 무엇이 속된 것인가에 대한 '성'(Sacred)과 '속'(Profane)의 논쟁은 교회 역사상 아주 오랜 기간 동안 진행되어 왔던 민감한 주제이기도 하다. 실제로 성과 속에 대한 논쟁은 초대 교회 시절부터 꾸준히 진행되어 왔던 주제였는데, 초대 교회 첫 3세기 동안 기독교에 가장 악영향을 끼쳤던 이단은 아마도 '영지주의'(Gnosticism)[4]의 도전이었을 것이다.

---

[4] '영지주의'(Gnosticism)는 일반적으로 1세기 후반부터 유대교와 기독교 사이에서 시작된 이단적 사상이다. 영지주의는 '안다'는 의미의 헬라어 '그노시스'(γνῶσις)에서 유래하는데 자기들이 특정 소수에게만 알려져 있는 더 높은 지식을 소유하고 있다고 주장하였다.

'영지주의'는 인간의 영은 거룩하고 육은 악하다고 주장하는 지극히 이원론적인 이단이었는데, 바울은 그의 서신을 통해 이런 그들의 주장을 반박하고 있다. 하지만 그 후에도 헬라 철학의 플라톤주의에 영향을 받은 저스틴이나 클레멘트 같은 이방인 교부들도 육체와 물질이 악하다고 주장하였고, 이에 대한 결과로 현실 도피적 신앙을 나타내는 그룹들이 생기게 되었다.

그런데 더 큰 문제는 이런 이분법적인 사상의 영향은 지금까지도 계속되고 있으며 현대를 살아가고 있는 우리 그리스도인들 역시 그 영향을 벗어나지 못하고 있다는 사실이다.

그렇다면 우리가 세상을 바라보는 성경적인 시각은 어떠해야 할까?

그 답은 성경에 기록되어 있다. 창세기의 말씀에 보면 하나님은 세상을 창조하시고 기뻐하신다.

> 하나님이 지으신 모든 것을 보시니 보시기에 심히 좋았다(창 1:31).

사도 바울 역시 이 사실을 디모데전서에서 언급하고 있다.

> 하나님이 지으신 모든 것이 선하매 감사함으로 받으면 버릴 것이 없나니(딤전 4:4).

태초에 거룩하신 하나님이 창조하신 세상은 당연히 창조하신 창조주의 거룩하심을 따라 거룩하게 창조되었다. 문제는 처음 인간들의 불순종으로 죄가 세상 가운데 들어와 거룩했던 하나님의 피조물들이 죄 때문에 타락하게 되었다. 그 피조물들은 지금도 거룩했던 이전의 회복을 기다리고 있다.

따라서 물질세계가 본래 악한 것이 아니라 죄로 말미암아 오염된 것이며, 결국 물질세계는 택함 받은 성도에 의해 거룩한 본래의 모습으로 회복되어야 한다. 그러므로 우리는 우리의 육체를 비롯한 물질세계의 모든 피조물을 하나님 앞에서 거룩하게 사용할 때 본래의 거룩한 모습으로 하나님께 올려 드릴 수 있다. 생각해 보라.

많은 이가 생각하는 것 같이 물질이 정말 악한 것이라면 어떻게 거룩하신 하나님의 아들이 성육신하셔서 악한 물질인 육체를 입으시고 세상에 태어나실 수 있겠는가?

절대 불가능한 일이다. 거룩하신 하나님은 결코 악한 모습을 입으실 수 없다. 하지만 예수께서는 우리와 같은 육체를 입고 세상에 태어나셨고 세상 속에서 일하셨다. 그리고 이제 우리 성도를 향해 더 이상 예루살렘 성전이 아닌 우리가 하나님의 거룩한 성전이니 그분과 같이 거룩하라고 말씀하신다. 세상에 대해 어떤 것은 거룩하고 어떤 것은 세속적이라고 구분하는 이원론적 사상은 헬라 철학에서 유래한 것으로 현대 교회들 안에서도 그 맹위를 떨치고 있다.

따라서 한국 교회나 미국 교회 등에서 우리가 의식하지 못하는 사이에 목회자들과 성도를 막론하고 가장 부정적 영향을 끼치고 있는 사상은 '혼합주의'[5]와 '이원론'이라 할 수 있을 것이다.

3. 세상과 직업을 바라보는 성도의 자세

하나님이 지으신 모든 것은 선하다. 왜냐하면, 거룩하신 하나님이 그분의 뜻에 따라 지으셨기 때문이다. 문제는 우리가 그 피조물들을 어떻게 사용하느냐에 따라 그것이 계속 선하게 남을 것인지 아니면 악한 모습이 될지 결

---

[5] '혼합주의'(Syncretism)가 현대 교회에 끼친 부정적 영향은 거대하다. 교회 안의 샤머니즘 등과 같은 토속 신앙, 물질주의 등의 영향을 받은 혼합주의는 교회를 병들게 하는 병균과 같다. 특히, 현대 교회에 있어 자본주의를 기본으로 한 물질 만능주의적 맘몬주의는 번영 신학 등으로 교회 안에 깊이 뿌리 내리고 있다.

정된다. 그렇기에 우리는 하나님이 본래 선하게 창조하셨던 그 의도대로 세상의 피조물들을 바라보며 선하게 사용하도록 노력해야 할 것이다.

꽤 오래전부터 한국에서는 기독학생운동을 하는 이들을 중심으로 '고지론' 같은 이론이 유행했던 적이 있다. 물론 지금까지도 어떤 이들을 중심으로 계속 사용하고 있는 그룹들도 있지만, 어쨌든 당시의 인기는 대단했다. 우리 기독 학생들이 열심히 공부해서 사회 계층의 가장 윗자리를 차지해 세상 가운데 커다란 영향력을 끼친다는, 들어보면 굉장히 논리적으로 동의가 되고 가슴도 뛰게 하는 괜찮은 슬로건이었다.

그렇다면 수십 년이 지난 지금 어떤 결과가 나왔을까?

나름대로 그런 그룹 속에 속했던 기독 학생들 출신 가운데는 나름 꽤 선방하여 소위 사회 지도층에 자리 잡은 사람들이 많이 나왔지만, 그 결과는 무척 실망스런 것이었다. 우리가 잘 아는 사실과 같이 우리 사회가 그런 이들을 통해 변화된 것은 지극히 미비했다. 특히, 그들 안에서도 우리가 본래 죄인이라는 지극히 근본적인 원칙을 뛰어넘지 못하고 그저 다른 사람들과 비슷하게 살아가는 모습을 보고 있다.

무슨 말일까?

결국, 사람의 위치나 자리가 세상을 변화시키는 것이 아니라, 하나님이 우리에게 주신 복음 그 자체가 세상을 변화시킨다는 것을 너무도 선명하게 보여 주는 결과다. 그러므로 우리 그리스도인에게 중요한 것은 우리가 세상 속의 어떤 위치에 있느냐가 아닌 우리 개개인에게 주신 모든 직업과 역할들을 통해 하나님이 세상 가운데 역사하신다는 사실이다.

우리가 사회적으로 높은 위치에 있든지 낮은 위치에 있든지 존경받는 지위에 있든지 그렇지 못하든지 연봉이 많은 직업을 갖든지 극히 적은 직업을 갖고 있든지 간에 하나님은 우리가 그 위치에서 맡은 바 일에 최선을 다하며 본래 지으신 하나님의 선하심이 드러나도록 우리의 역할을 감당하는 것을 원하신다.

4. 비즈니스 선교의 실례들

지금도 세상에는 비즈니스 선교 모델로 비즈니스의 현장 속에서 그 역할을 멋지게 감당하고 있는 수많은 기업과 개인들이 존재한다. 특히, 비즈니스 선교 모델이 우리보다 많이 앞서 있는 미국에서는 기독교 정신을 기초로 회사가 설립되어 지금까지 운영되고 있는 회사들 가운데는 그리스도인들뿐 아니라 일반 미국인들 속에서도 칭찬과 격려를 받고 있는 기업들이 적지 않다.

미국에 사는 사람이라면 누구나 잘 아는 '칙필레'(Chick-fil-a)는 미국 조지아에 본사를 둔 패스트푸드 기업이다. 칙필레는 성경적 가치관을 중요시 여기고 이를 회사 경영을 통해 실천하는 것으로 유명하다. 칙필레는 1946년 설립 당시부터 주일에는 문을 닫는 원칙을 지켰음에도 회사의 매출이 계속 증가해 2010년에는 맥도날드를 제치고 점포당 매출액이 업계에서 최고가 되었다.

또한, 대표인 댄 캐시는 2012년 전통 결혼을 지지하는 입장을 발표해 동성애와 LGBTQ[6]를 지지하는 단체들과 개인들로부터 공격을 당하기도 했다. 칙필레는 의도적으로 젊은이를 많이 고용하고, 대학 학자금을 지원하며, 회사 규모보다도 더 많은 사람을 고용해 일자리를 제공하고 있다. 칙필레의 이러한 성경적 기업 철학은 세상에 더 관대하고 희생적 나눔의 기업 모델을 제시하고 있다.

칙필레 이외에도 미국에서 주목받는 비즈니스 선교 모델에는, 대형 공예품 도매 회사인 '하비 라비'(Hobby Lobby), 세계 최대의 닭 가공업체인

---

6   LGBT는 성 소수자를 가리키는 영어 표현으로, 여자 동성애자인 레즈비언(Lesbian), 남자 동성애자인 게이(Gay), 양성애자인 바이섹슈얼(Bisexual), 성전환자인 트랜스젠더(Transgender)의 머리글자를 딴 말이다. 최근에는 Q를 더해 LGBTQ를 쓰는데 Q는 성 정체성을 명확히 할 수 없는 사람을 뜻하는 Queer 또는 Questioning 의 머리글자다.

'타이슨 푸드'(Tyson Food), 자동차 배터리 회사인 '인터스테이트 배터리스'(Interstate Batteries), 유명 코스메틱 브랜드인 '메리 케이'(Mary Kay), 천연 가정 제품 회사인 '탐스 오브 메인'(Tom's of Maine), 가구 제조 회사인 '허먼 밀러'(Herman Miller), 햄버거 체인인 '인앤 아웃'(In-N-Out) 등이 있다.

물론 이런 회사들은 비즈니스 선교 모델로 보기보다는 단순하게 기독교 기업으로 보는 것이 마땅하다는 시각도 있겠지만, 그럼에도 회사의 설립자나 대표들 가운데는 자기 비즈니스를 성경적 원칙을 통해 경영하고 세상을 섬긴다는 굳은 경영 철학이 있기에 기독교인이 세운 기독교 기업이라는 단순한 판단은 금물이라 생각된다. 이렇게 비록 선교사로 파송 받지는 않았지만, 자기가 시작한 비즈니스를 통해 선교적 삶을 살고 있는 수많은 그리스도인이 우리 주변에 많이 존재하는 것은 참으로 감사한 일이다.

필자가 중국에서 중국 도시 가정교회들과 함께 선교 운동 사역을 하던 시간 가운데 일 년 중 가장 큰 행사는 '선교 중국 2030'이라는 중국에서 선교 운동에 동참하고 있는 도시 가정교회들이 속한 네트워크들을 중심으로 한 선교 대회였다. 그중 태국에서 모였던 선교 대회가 있었는데 그곳에서 한 장로님을 소개받았다.

한 장로님 이야기: 캘리포니아에서 베이징으로

캘리포니아에서 한인 교회를 섬기고 계셨던 한 장로님은 그 지역에서 꽤 성공한 사업가였다. 의류 사업으로 중견 기업을 가지고 계셨던 그는 교회의 선교위원회를 섬기면서 여러 선교사를 돕고 계셨다. 그때 중국 베이징에서 오는 한 중국인 목사님이 미국에서 유학하는데 필요한 재정과 케어를 교회가 돕기로 결정했다. 이에 장로님은 중국인 목사님이 학업을 마칠 때까지 교회와 함께 지원을 아끼지 않았다.

> "중국 목사님이 미국에서 공부하면서 교회 개척을 준비한다고 들었을 때 어떻게 하면 실제적으로 목사님이 교회를 개척하는 데 도움을 드릴 수 있을지 고민했어요. 베이징엔 이전에 사업 때문에 한 번 간 적이 있었는데 이번엔 좀 더 구체적으로 보기 위해 한 번 더 방문했지요. 결국, 교회 개척도 한국과 같이 사람과 재정이 있어야 하는데 … 저는 비즈니스를 통해 필요한 재정을 지원해 보자고 결정했지요."
>
> 학위를 마친 중국인 목사님이 베이징으로 귀환할 때 한 장로님은 큰 결정을 내렸다. 교회 개척을 계획 중인 중국인 목사님을 돕기 위해 자기 미국 사업과 연계해 그와 함께 베이징으로 들어가기로 한 것이다. 한 장로님은 미국에서 했던 사업을 중국에서 시작하면서 중국인 목사님이 베이징에서 교회를 개척할 수 있도록 물심양면으로 지원하며 섬겼다. 이렇게 개척된 교회는 날로 성장해 베이징의 대표적 도시 가정교회 중 하나가 되었다.

위의 사례는 현지 사역자의 교회 개척을 지원하며 동역하는 귀한 비즈니스 사례다. 물론 현재 이 교회뿐 아니라 '선교 중국 2030'에 동역했던 수많은 교회가 중국 정부의 핍박 아래 힘든 고난의 시간을 보내고 있지만, 세상을 주관하시는 하나님이 그분의 놀라운 섭리 아래 앞으로 어떻게 중국 정부와 교회들 안에 일하실지를 기대하며 기도하는 것은 커다란 특권이며 은혜다.

한 장로님의 사례는 그동안 해 왔던 비즈니스 기술과 사업을 현지로 이식해 현지에서 현지인을 섬긴 모델이었지만, 다음의 이야기는 비즈니스 선교사로 선교지에 들어가기 전부터 오랜 기간 전문인 사역을 준비해 사역하고 있는 또 다른 비즈니스 모델을 보여 주고 있다. 아무리 오랜 기간 동안 일해 왔던 익숙한 비즈니스라고 할지라도 환경과 상황이 다른 선교지에서는 절대 쉽지 않은 도전임을 체감하게 한다.

송의 이야기: 비즈니스에서부터 교회 개척까지

선교단체에서의 신앙 훈련을 통해 하나님과 깊은 관계에 들어가면서 전문인 선교에 비전을 갖게 된 송은 자기 전문 분야인 비즈니스와 선교를 연결해 보려고 생각했다. 한국에서는 그동안 대기업의 협력업체 사장으로 나름 사업에 성공적이었던 송은 많은 반대와 적지 않은 재정적 손해 가운데서도 사업을 정리했고 앞으로의 선교 준비를 위해 그 선교단체의 전임 간사가 되었다.

선교단체에서 수년의 사역을 마친 송과 그의 가족은 1990년도 중반에 T 국으로 들어갔다. T 국의 한 남부 도시에 정착하게 된 그들은 언어와 현지의 문화를 배워 나가기 시작하였다. 송은 자기가 일단 현지 언어와 문화만 습득하면 비즈니스는 지금까지 해 온 것이 있으니 나름 어렵지 않게 할 수 있으리라 생각했다. 하지만 낯설고 물선 외지에서의 비즈니스는 절대 만만하지 않았다. 처음에 그는 식당 개업을 준비하였지만, 시작도 하지 못하고 현지인에게 사기를 당했다.

이 일로 그와 그의 가족은 심한 경제적 어려움을 경험하게 되었다.

"사업을 시작하지도 못하고 사기를 당하니 눈앞이 깜깜하더군요. 그것도 머나먼 외국에서 말이에요. 그래도 가족이 있으니, 힘을 내서 여러 사업을 시도했지요. 무역업도 해보고 원단 사업도 해보고 여행 가이드 같은 일도 했어요. 이렇게 정신없이 10여 년을 보냈지요."

쉽지 않은 시간이었지만 얻은 것도 있었다. 그동안 언어가 늘면서 현지인들과 관계가 깊어졌고 인적 네트워크도 넓어졌다.

그러다 우연한 기회로 그 지역에서 한국 전쟁에 참전했던 T 국의 참전 용사와의 만남이 이루어지게 되었고, 이런 만남이 자라나면서 참전 용사들이 일 년에 한번 모이는 모임을 시작하게 되었다. 참전 용사와의 모임을 계기로 송은 자연스럽게 지방 유지들과 가까워지게 되었고 지역 행사에도 자주 초대되기 시작했다. 현지인들과 이렇게 만들어진 관계는 송을 현지 사회의 일원으로 맞아들이는 좋은 인적 인프라가 되었다.

"그러다가 2003년에 갑자기 한국 대사관에서 연락이 왔어요. 이라크에 주둔한 자이툰 부대의 육상 보급로가 필요한데 제가 살고 있는 도시가 그 루트 안에 있으니 이 지역을 잘 알고 있는 제가 물류의 유통을 중간에서 연결하는 역할을 해 줄 수 없겠느냐는 제안이었어요. 하나님이 주신 기회였지요. 그래서 자이툰 부대의 공급 중개업을 하면서 운송 로지스틱스(Logistics)에 대한 비즈니스 모델을 개발해 보았지요. 덕분에 자이툰 부대가 떠난 후에도 북이라크의 재건 사업에 관련된 수송 관련 사업들을 계속 진행하게 되었습니다."

그의 비즈니스는 점차 안정되고 성장하였다. 하지만 그가 그토록 시작하고 싶었던 교회 개척은 인내하며 하나님의 때를 기다리고 기다렸다. 그러다가 2000년대 초, 송은 자기가 충분히 준비가 되었다고 생각되었을 때 본격적인 교회 개척이 시작되었다. 처음에 소규모로 모이던 현지인 모임은 이후 30여 명가량이 등록하고 15명가량이 정기적으로 나오는 교회로 성장할 수 있었다. 그 후 송은 현지인 리더에게 교회를 이양하고 새로운 선교지로 사역지를 옮겼다.

송의 사례는 무엇보다도 BAM의 중심에는 현지의 문화를 깊이 이해하고 그 문화 속에 들어가는 것이 중요함을 보여 준다. 비즈니스를 통해 현지의 지역 사회와 연결되고 그 사회의 구성원들 안에 받아들여져서 마침내 그 이후에 교회 개척 등으로 비즈니스가 사용되는 것을 볼 수 있다. 정착한 선교 현지에서 비즈니스를 통해 지속적인 현지인들과의 관계를 만들어 나가며 선교적 삶을 살았던 그 일이 후에는 교회를 세우는 일에 커다란 보호막이 될 수 있었다.

위의 사례들은 각각의 상황과 환경 그리고 규모도 다르지만 우리에게 여러가지를 시사해 준다. 비즈니스 선교는 자신이 현실 속에서 하고 있었던 일, 자신이 잘 할 수 있는 일을 할 때 현장에서 시너지 효과를 얻을 수 있다. 그렇기에 선교는 일반 성도에게 멀리만 있는 것이 아니다. 우리가 할 수 있는 일, 우리가 그동안 잘 하던 일, 성령을 통해 우리 가운데 감동을 주시는 일들을 우리에게 맡겨주신 일로 받아 드리며 최선을 다해 실천해 나갈 때 선교는 실체가 되고 현실이 된다. 이제 21세기의 비즈니스 선교는 혁신적이고 창조적인 아이디어로 일터와 세상 가운데 축복의 통로가 되어야 할 것이다.

5. 국경과 제한도 없는 가능성의 사역

비즈니스 선교의 가장 큰 장점은 그 가능성이 거의 무한대라는 것이다. 또한, 이슬람 지역에서는 돼지고기만 안 팔면 되고, 힌두교 지역에서는 소고기만 팔지 않으면 된다. 즉, 비즈니스는 그 대상의 제한이 거의 없다.

선교사가 접근하기 어려운 '창의적 접근 지역'이나 '이슬람 지역'에 들어가기 위해서는 전문적인 직업이 필요한 경우가 대부분이다. 그래서 의사나 교수, 교사, 엔지니어, 기술자 등 여러 전문 인력을 선교단체들에서 찾곤 한다. 그런데 이 중 대부분의 전문인은 들어가려고 하는 그 지역에 자리가 나야만 들어갈 수 있다.

일반적으로 성도의 생각엔 의사 같은 직업은 그 직업의 전문성이 무척 강하기에 자기가 원하는 곳 어디나 갈 수 있다고 생각하지만, 현지의 상황은 좀 복잡하다. 사하라 이남의 아프리카나 아시아 등의 의료 종사자가 부족한 곳이라면 비교적 쉽게 비자를 받고 들어갈 수 있겠지만, 복음이 더욱 필요한 이슬람 지역 등으로 들어가길 원한다면 이야기가 달라진다.

왜냐하면, 그런 지역의 국가들은 외국인 전문인 취업에 대한 비자 심사가 더욱 엄격한데 외국인 의사 자신이 환자들이 필요한 곳에서 봉사를 하고 싶다고 해서 비자를 받을 수 있는 것이 아니기 때문이다. 대부분의 이런 지역에서는 의사만 해도 병원이나 클리닉에서 일할 수 있는 숫자가 정해져 있다. 즉, 자리가 있어야 들어가서 일할 수 있다는 것이다.

또한, 중동의 몇몇 부유한 국가에는 서남아시아의 인도나 파키스탄 의사들이 벌써 자리를 거의 잡고 있는 경우가 많다. 그렇기에 정부 초청 등으로 국가 지정 병원 등에서 일하는 의료 선교사들도 있지만, 많은 한국의 의료 선교사들은 선교단체들이 설립한 선교 병원이나 '코이카'(KOICA)[7]나 난민 캠프 등에서 사역하는 경우도 많다.

물론 그런 경우에도 현지에서 사역할 수 있으나, 일반적으로 현지인과의 지속적인 접촉점을 만드는 기회 등에 있어서는 아무래도 여러 장애물이 있을 수 있으며, 현지에서의 장기적 사역을 위해서도 비자 등의 문제가 될 수 있다.

그렇다면 교수나 교사 등은 어떤가?

역시 대학이나 학교에서 일할 자리가 생겨야 그곳에 들어갈 수 있다.

그런데 여기에 예외적인 직업이 있다. 비즈니스는 그런 자리가 필요 없다. 자기가 일할 자리를 기다릴 필요도 없다. 다만 비즈니스 선교사 자신이 가고 싶은 곳에 들어가 비즈니스를 시작하면 된다.

현지의 반응은 어떤가?

어떤 외국의 비즈니스맨이 자기 나라에 들어와 돈을 투자하고 일자리를 마련해 주는데 마다할 사람이 누가 있겠는가?

이렇게 비즈니스는 특별하다. 심지어 그 어렵다는 '창의적 접근 지역'

---

[7] '한국국제협력단'의 공식 영어 명칭이다. 개도국의 경제발전을 지원하고 최빈국 주민의 복지를 향상하는 등 국제 협력을 목적으로 설립된 정부의 재정 지원 기관이다.

과 '이슬람 지역'까지 돌파해 낸다. 비즈니스는 국가와 경계를 초월해 모두에게 환영 받는 특별한 일이다. 또한, 그 숫자나 종류에 제한 받지 않고 원하는 곳에 들어가 소규모나 대규모로 자기 능력에 따라 마음껏 일 할 수 있다.

6. 비즈니스 선교사도 재정 후원이 필요할까?

비즈니스 선교는 현대 선교의 여러 장벽을 돌파할 수 있는 전략적 대안이며, 후원 교회와 후원자들이 줄어드는 현실 속에서 선교사의 재정적인 문제를 극복할 수 있는 대안이며 실제적 선교 전략이기도 하다. 그렇다면 이쯤에서 한 가지 질문이 떠 오를 수 있다.

현지에서 비즈니스를 통해 재정을 창출하는 비즈니스 선교사에게 재정 후원이 크든지 작든지 필요할까?
근본적으로 비즈니스 선교사는 비즈니스를 통해 재정을 창출하니 재정 후원이 필요하지 않은 게 아닐까?
그런데도 만약 필요하다면 어느 정도 필요할까?

답을 먼저 말한다면 비즈니스 선교사도 재정 후원이 필요하다. 그 이유는 다음과 같다. 비즈니스를 해본 사람들은 모두가 고개를 끄덕이듯이 비즈니스를 새롭게 시작한다는 것은 절대 쉬운 일이 아니다. 그것도 문화와 언어도 다른 낯선 외국에서 비즈니스를 시작한다고 한다면 더욱 그렇다.
쉽게 말하면, 이는 일생일대의 커다란 도전이며 모험이다. 다시 말해 비즈니스를 시작해 수입이 마이너스에서 플러스로 옮겨가는 것까지도 수년이 걸릴 것이고, 이익을 창출한 시점에서 비즈니스를 계속 돌리고 직원들 월급 주고 선교사 자신에게까지 재정적 도움이 되기까지는 또 수년이 걸릴 것이다. 물론 이런 가정은 비즈니스가 계획대로 무난하게 돌아갈 때의 말이다.

  그 말은 비즈니스 선교사에게 오랜 기간 동안 외부의 재정적 도움이 필요하다는 말이다. 실제로 비즈니스가 현지에서 잘 정착되어 운영된다고 할지라도 그 비즈니스에서 나오는 이익으로 선교사의 사역과 생활에 필요한 재정을 모두 충당할 수 있는 경우는 극소수에 불과하다.

  그렇다면 왜 비즈니스 선교사도 재정 후원이 필요할까?

첫째, 이유가 재정적으로 독립하기 위한 목적이라면 그 목적을 성취하기는 무척이나 어려울 것이다. 따라서 이들에게도 장기적인 재정적 후원이 필요하다.

둘째, 선교사에게 있어 기도 후원은 무엇보다도 중요한데, 교회 단위나 개인적인 후원자로 재정적으로 후원할 때 더욱 지원하는 선교사를 위해 기도할 수 있다.

  아마도 어떤 이들은 이 말에 동의하지 않을지도 모른다. 하지만 이는 "돈 가는 데 마음이 간다"라는 지극히 세속적(?)인 이야기같이 교회와 성도가 재정적으로 후원하는 선교사에게 더 관심을 가지고 기도하는 것은 너무도 자연스러운 일이다.

  이 말에 아직도 동의가 되지 않는다면 한번 기억해 보라!

  교회에서나 개인적으로 재정적 후원을 하지 않는 선교사를 위해 얼마나 많은 시간을 공들여 기도해 보았는가?

  필자는 아직 교회에서 재정 후원을 하지 않는 선교사를 위해 공적으로 함께 기도하는 것을 본 적이 없다. 그러므로 비즈니스 선교사라 할지라도 당연히 파송 교회가 있어야 하고 후원 교회들과 후원자들이 필요하다.

그 이유는 선교사에게 있어서 재정적 후원 뿐만 아니라 기도 후원은 너무도 중요한 필수적 요소이기 때문이다.

7. 비즈니스 선교, 그 다양한 용어

비즈니스 선교에 대한 용어는 비즈니스 선교를 주도하는 각 단체마다 자기들의 상황과 선교 철학에 맞추어 사용하고 있다. 특히, 그 대표적인 예로는 Mission and Business, Mission through Business, Business for Mission, Business as Mission 등이 있다. 이 용어들의 특성을 살려서 그 유용성을 살펴보고자 한다.

첫째, 비즈니스 선교를 'Mission and Business' 라고 정의하는 그룹들은 비즈니스 선교에 대한 의미를 '선교도 하면서 비즈니스도 한다'는 개념으로 이해한다.

즉, 비즈니스 선교의 이유는 선교사의 해외에서의 자비량 사역에 대한 터전 마련이나 비자를 받기 위한 해외 체류 수단으로 이해한다. 이와 같은 비즈니스 선교에 대한 이해는 가장 고전적인 비즈니스 선교에 대한 이해라고 말할 수 있을 것이다.

둘째, 'Mission through Business'를 주장하는 그룹들이 있는데 이는 '비즈니스를 통해 선교한다'라는 개념이다.

비즈니스를 하다 보면 현지에서 적지 않는 수의 현지인을 만나야 하는데, 이때 이러한 현지인들과의 만남이 직접적인 선교의 접촉점이 될 수 있다는 것이다.

셋째, 'Business for Mission'은 최근까지 많이 사용했던 비즈니스 선교의 개념으로 '선교를 위한 비즈니스'라는 개념이다.

이 개념에서는 우선적인 집중을 비즈니스에 한다. 또한, 이 개념에서는 비즈니스를 통해 창출되는 재정을 활용한 선교의 의미를 가지고 있다.

넷째, 가장 최근의 비즈니스 선교 개념인 'Business as Mission'(이하 BAM), 즉 '선교로서의 비즈니스' 개념은 비즈니스 자체를 선교로 보는 개념으로 가장 성경적이고 완성도 있는 모델이다.

흔히 BAM이라 불리는 위의 개념은 비즈니스 자체를 하나님의 관점에서 거룩한 선교로 승화시키는 개념이라 볼 수 있다. 다시 말해, 별도의 선교 사역을 비즈니스에 도입하는 것이 아닌 비즈니스를 선교 그 자체로써 이해하고 비즈니스로 선교하고 사역하는 모델이다.

이를 위해서는 비즈니스 선교에 대한 확실한 성경적, 선교적 이해와 확고한 사업 철학이 성립되어 있어야 하는데 그렇지 않을 경우 BAM의 정체성을 쉽게 잃어버릴 수 있다. 그리고 영적 전투가 치열한 선교현장에서 확실한 성경적 기초와 방향이 없는 비즈니스는 도리어 그 자체만으로 선교사를 최악의 상황으로 몰아갈 수 있다.

BAM은 단순히 선교 현지에서 선교사의 생계나 거주를 위한 수단이 아니다. BAM은 그 자체로 복음적이고 교회적 사역이며 선교적 사역이다. 최근에는 BAM의 개념이 많이 알려지면서 Business and Mission이나 Mission through the Business, 또는 Business for Mission 등의 개념으로 사역하면서 BAM의 개념으로 사역한다고 말하는 선교사들도 있다.

하지만 앞에서도 언급한 것 같이 비즈니스 선교사가 확실한 성경적, 선교적 준비와 이해없이 비즈니스 선교를 하는 것은 도리어 선교사 자신과 선교 현지 사역에 부정적 영향을 끼칠 수 있음을 우리는 여러 경험을 통해 잘 알고 있다. 더불어 건강한 BAM의 확산을 위해서는 후원 교회들의 BAM에 대한 이해가 먼저 되어야 할 것이다.

이를 위해서 BAM을 훈련받는 선교사와 함께 BAM으로 사역하는 선교사를 파송하거나 후원하는 교회들의 선교지도자들도 함께 BAM 훈련을 받는다면 어떨까?

아마도 그럴 때 선교사들은 그 어떤 방해나 부담없이 선교 현지에서 최선을 다해 성경적이고 건강한 비즈니스 선교에 전념할 수 있을 것이다.

8. 선교로서의 비즈니스, BAM 모델

앞에서도 언급했던 것 같이 '선교로서 비즈니스' 모델은 'Business as Mission'의 약자를 따 종종 'BAM'이라고도 불린다. 이렇게 BAM은 기독교 선교가 상대적으로 어려운 문화권에서 선교사들이 비즈니스 기업을 창업해 현지인들에 복음을 총체적으로 전하려는 노력에서 시작하였다. BAM은 2000년대 중반까지만 해도 한국 교회 내에서는 잘 알려지지 않은 용어였다.

한국 그룹들 안의 BAM과 관련한 모임은 2007년 4월, 상하이 한인연합교회의 주도로 중국에서 처음으로 시작되었고, 이후 2008년부터 비즈니스 선교에 관심이 있는 한국 교회들과 선교단체들 그리고 기업들이 비즈니스 정보와 선교 동향을 공유하는 '상해 비즈니스 포럼'(Shanghai Korean Business Forum, SKBF)을 정기적으로 개최했다.

이에 대해 한국에서는 2013년 '제7회 IBA(International BAM/Business Alliance) 컨퍼런스'를 시작으로 비즈니스 선교를 논의하는 자리가 계속 마련되고 있으며 현재는 비즈니스 선교의 대표적 모델로서 그 위치를 공고히 하고 있다.[8]

---

8 "BAM운동은 한국 교회 회복과 선교의 대안 될 것", 「기독일보」, 2014. 5. 24.

BAM이 신학적으로 정리된 것은 2004년 태국 파타야에서 열렸던 로잔 BAM 컨설테이션 모임에서였는데, 파타야의 로잔 모임과 그 이후 이 모임에서 발전된 BAM 글로벌 싱크탱크에서 BAM에 대한 정의를 정리하였고, 여기서 정리된 BAM의 정의는 현재 많이 통용되고 있는 BAM의 정의다.[9]

> BAM은 상대적으로 복음이 적게 들어간 문화에 속한 사람들에게 복음을 전하려는 의도를 가진 리더십에 의해 운영되는 재정적 유지가 가능한 진짜 기업을 의미한다. 하나님 나라의 가치에 근거해, 개인과 지역 사회에서 영적, 경제적, 사회적, 환경적 변화를 가져오려는 목적으로 진행하는 기업이다.[10]

위의 정의는 다음의 네 가지 측면을 가지려는 의도를 갖고서 노력하는 기업을 BAM 기업으로 정의하고 있는데 다음과 같다.

첫째, 이윤을 창출하고 지속 가능한 사업을 하려고 노력한다.
둘째, 민족들과 나라들에게 하나님 나라의 영향력을 미치려는 의도를 갖고 있다.
셋째, 한 사회의 경제적, 사회적, 환경적, 영적인 부분의 약함과 부족을 총체적으로 변혁하려는 의도로 사업을 진행한다.
넷째, 가장 가난하고 복음이 전해지지 않은 문화 가운데 들어가고자 한다.

---

9 www.BAMglobal.org.
10 BAM is a real, viable, and sustainable business run by leadership who has the intention of reaching out people in relatively unreached area through business activities by bringing in holistic transformation – spiritual, economical, social, and environmental transformation to individuals and the community based on the kingdom values.

로잔 모임에서 현재 정의하고 있는 BAM의 정의는 복음이 필요한 지역에서 하나님 나라의 총체적 선포와 영향력을 목표로 운영하는 기업을 의미한다.[11]

그러므로 BAM 모델은 비즈니스 자체가 선교 자체이며, 선교 대상자들의 영적, 경제적 필요를 채워 주고, 비즈니스 선교사는 성경적인 사업 원칙과 예수 그리스도의 사랑을 기초로 운영하는 비즈니스 안팎에 수익성과 안정성, 일자리와 부의 창출, 지역 교회를 섬기고 기독교 문화를 형성하는 것이며, 더 나아가 하나님 나라 확장의 도구로 쓰임을 받는 사람으로 정의한다.

이러한 선교지 안에서의 비즈니스 모델을 만들어 나가기 위해서는 몇 가지 검토가 필요하다. 먼저, 대부분의 선교사가 들어갈 현장은 법률적, 사회적, 경제적인 인프라가 약한 국가들이므로 비즈니스를 시작하기 원하는 지역에 대한 시장 조사와 비즈니스의 가능성 등 철저한 연구 분석이 필요하다. 또한, 자기가 현재 일하고 있는 고국과 앞으로 들어갈 지역의 문화적 차이를 이해하고 그 문화에 맞게 비즈니스 전략을 수립하는 것도 중요하다.

하지만 한국적인 선교의 관점에서 비즈니스를 빨리 안정되게 만들어 현지인들을 고용해서 빨리 전도하고 비즈니스를 통해 얻은 재정으로 교회를 세우고 돕기 위해 비즈니스를 서두르다 보면 자기가 기대하는 성과가 빨리 안 나올 수도 있다.

이에 대해 스웨덴 출신 BAM 전략가이자 전 세계의 교회와 BAM과의 협력 관계를 구축해 온 매츄 튜내핵(Mats Tunehag) BAM 글로벌싱크탱크 대표는 이렇게 말한다.

---

11 Business as Mission에 관한 10문 10답, 2018. 10.10. 업뎃/조샘 htpp://www.center-forbam.com.

BAM은 세계관이고 라이프 스타일이다. 그리고 다세대 간에 일어나는 프로젝트다. 사회적 변혁은 시간을 필요로 하기 때문이다. 심지어 한 세대에서 두 세대까지 필요하다. BAM 교육으로 다음 세대 가운데 변혁이 일어나는 장을 마련해 준다.[12]

이처럼 BAM 모델은 그 취지와 방법은 탁월하지만, 비즈니스와 필드의 문화와 상황 등을 제대로 알지 못하고 빨리 결과를 창출하려는 조급한 마음으로는 비즈니스 선교가 성공적으로 이루어지기는 어려울 수 있다.

이렇게 BAM 모델은 최근 선교의 대안으로 주목받고 있지만 그 활발한 논의에 비해 뚜렷한 성공 사례들이 나오지 않고 있다는 등 일각에서는 회의적인 시선도 나오고 있는 것도 사실이다. 이는 아직 BAM을 본격적으로 알리고 시작한 역사가 비교적 짧고, 또한 BAM이 최근에 많이 알려졌다고는 하나 아직 전체 선교사 숫자에 비해 BAM 사역자가 소수이기에 좀 더 시간을 두고 그 결과를 인내하며 기다려 보는 것이 필요하다고 생각된다.

9. BAM 사역의 미래를 위한 조언

지금까지 BAM이 무엇인지에 대해 언급했다. 또한, 비즈니스 선교 모델에 있어 최근의 BAM 모델이 가장 성경적인 모델임을 밝혔다.

그럼에도 지금까지 나름 BAM을 통해 사역하고 있는 다수의 선교사가 고전하고 있는 이유들은 무엇일까?

그들이 고전하는 가장 큰 문제는 어떤 것이 있을까?

---

[12] "지난 20년간 BAM운동 놀랍게 성장", 「크리스천투데이」, 2019. 6. 6.

이런 문제들을 제대로 인식하고 하나씩 고쳐 나갈 수 있다면 미래 사역에 있어 BAM은 선교 현장에 더 크고 선한 영향력을 발휘할 수 있으리라 생각한다.

첫째, BAM은 비즈니스에 준비된 사역자가 시도해야 한다.

선교 현지에 도착한 선교사는 선교지에서 어떤 사역을 할지 하는 고민을 하게 된다. 그리고 별 준비 없이 이런저런 사역들을 시도하는 경우가 많다. 이럴 때 BAM도 선교지에서 시도되는 또 하나의 사역이 될 수 있는데 이런 경우 실패할 확률이 매우 높다. 문제는 사람들이 비즈니스를 너무도 쉽게 생각한다는 데 있다. 고국에서도 비즈니스 경험이 전혀 없는 선교사가 물설고 낯선 외국에서 비즈니스를 시작한다는 것은 커다란 도전이며 모험이다.

그렇기에 BAM을 선교지에서 시작하려는 사람은 미리 선교지에 들어가기 전에 비즈니스 경험이 있는 것이 확실히 유리하며, 비즈니스 경험이 전무하다면 적어도 일반 기업 직원으로서의 경험 등을 가짐으로써 비즈니스에 대한 최소한의 이해를 몸과 마음으로 경험하는 것이 중요하다.

둘째, 전문적인 BAM 단체에서 BAM에 대한 전문 훈련을 기초부터 받아야 한다.

일단 선교 현지에서 BAM을 시작하기 위해 준비하는 사람들은 먼저 BAM의 A, B, C 기초부터 체계적이고 전문적으로 배워야 한다. 물론 현재 한국에서는 BAM을 훈련하는 몇몇 기관[13]이 있으나 아직은 만들어가는 과정의 단계라 할 수 있다. 그럼에도 BAM을 준비하는 사람들은 반드

---

13 국내의 BAM훈련 단체로는, IBA의 네오모라비안하우스(Neo Moravian House)는 '현장 선교사들을 위한 BAM 창업 스쿨', BAM Exposure는 전국 지역 교회들을 대상으로 한 '도시별 비즈니스 선교 컨퍼런스'이다. 또한, IBA 리더스 포럼과 서울 컨퍼런스를 정기적으로 개최하고 있다. 나우 미션(Now Mission)은 일터 퍼스펙티브를 실시한다.

시 이런 전문적 단체에서 BAM의 성경적 기초와 선교적 의미, BAM의 영성과 실제적 사역 등을 배워 BAM을 이해하고 이를 기초로 전문적이고 실제적인 사역을 준비해야 할 것이다. 또한, BAM을 훈련하는 기관들은 더욱 BAM에 대한 전문 기관으로서 BAM 사역과 훈련의 다양하고 실제적인 프로그램을 준비하고 제공하는 데 최선을 다해야 할 것이다.

셋째, BAM 사역자들이 상담받을 전문적인 코치나 멘토가 필요하다.

BAM은 일반 사역과는 달리 비즈니스에 대한 전문적인 이해가 필요한 사역이다. 우리는 쉽게 타인을 가르치려고 하지만 때로는 비전문적인 조언은 하지 않는 것이 낫다. 따라서 BAM 사역을 하는 사역자에게는 BAM에 관해 충분히 이해하고 있는 전문적 코치나 멘토가 필요하다.

앞에서 언급했던 것 같이 아직 선교사들과 선교단체들 안에는 비즈니스 선교에 대한 각기 다른 이해가 공존해 있다. 따라서 BAM 사역에 대한 바른 이해와 경험을 가진 코치나 멘토가 수많은 어려움과 시행착오로 말미암아 힘든 시간을 보내는 BAM 사역자에게 각기 다른 비즈니스 환경 속에서 어떻게 사역해 나가야 하는지 조언해 줄 수 있어야 한다. 특히, 비즈니스 상황상 비상시에는 이런 전문적인 조언이 더욱 절실하다.

넷째, BAM 선교사를 선교 현지로 파송하는 교회나 선교단체는 BAM을 전문적으로 다루는 전문 단체들과 깊이 협력하는 것이 유익하다.

BAM은 지금까지의 다른 선교 사역들이나 지금까지 있어왔던 다양한 비즈니스 접근 방식들과 그 철학과 결이 다른 선교 방식이다. 따라서 BAM 선교사를 파송하는 교회나 선교단체는 이런 BAM에 대한 이해도나 전문성이 부족해 파송한 BAM 선교사에 대해 올바른 조언과 케어를 제공하기 어렵다.

그러므로 이런 경우 BAM에 대한 전문 단체나 BAM에 대해 코치[14]할

---

14 '인터서브'(Interserve Korea)와 같은 단체들은 BAM에 대한 코치를 제공한다.

수 있는 선교단체와 협력해 BAM 선교사에게 적절한 코치와 케어를 제공하는 것이 필요하다. 또한, BAM에 대한 이해도를 높이기 위해 교회의 파송 선교사가 훈련받은 BAM 전문 단체에서 파송 교회의 선교위원회 등과 같은 선교 실무자들도 함께 훈련받는 것이 BAM 사역을 이해할 수 있는 유익한 일일 것이다.

다섯째, 조금은 민감한 부분이지만 이전 사례에서 보았듯이 BAM 사역자의 BAM에 대한 더욱 간절함이 필요하다.

무사안일함은 BAM의 적이다. 많은 선교사가 선교지에서 비즈니스 선교를 한다고 헌금을 받고 투자를 받는다. 하지만 이렇게 반복되는 관행은 선교지에서 자기들이 시도하는 비즈니스를 안일하게 만들 수 있다. 만약 비즈니스에 실패해도 또 고국에 돌아가 다시 투자받으면 된다는 생각은 비즈니스에 대한 간절함을 잊게 한다. 이럴 경우 그 BAM은 백 퍼센트 실패할 수밖에 없다. BAM을 진정으로 하기 원하는 선교사는 비즈니스의 사업비 가운데 자기 재정을 투자해야 하며, 자기가 시작한 그 BAM 자체를 위해 최선을 다해야 할 것이다.

최근 들어 꼭 BAM이 아니더라도 비즈니스 선교는 마치 한때 유행하는 패션이나 문화같은 하나의 선교 트렌드가 된 것 같은 느낌이다. 도리어 BAM을 하지 않고 있다고 하면 왜 BAM을 해보지 않느냐는 질문을 받을 정도다. 혹은 어떤 교회에서는 BAM만이 이 시대의 선교 방식같이 과대하게 광고하는 경우도 있다. 항상 교회 부흥과 선교 전략이 시대의 유행에 따라 흘러갔던 한국 교회의 변해야 할 모습이다.

BAM은 비즈니스맨이나 직장인 등 최소한 돈이 세상에 어떻게 돌아가고 있는지를 이해하는 사람 중, 선교에 대한 비전이 있는 사람들이 준비하는 전략이지, 회사 생활이나 사업 등의 경험이 전무한 목회자 등의 사역자들이 시작하기는 절대 쉽지 않은 사역이라는 것을 기억해야 한다. 그렇기에 BAM은 개별적인 선교단체가 감당하기에는 커다란 한계가 있으므로 교회나 선교단체들은 전문적인 BAM 단체와 협력하는 것이 가장 바람직하고 이상적인 모습일 것이다.

10. BAM, 삶으로 나타나는 예배

앞서 언급한 것 같이 BAM을 시작하기 위해서는 하나님이 개인에게 주신 비즈니스에 대한 재능과 경험 그리고 무엇보다도 그분의 은혜가 필요하다. 그렇기에 BAM은 하고 싶다고 모든 이가 다 시작할 수 있는 것은 아니다. 하지만 BAM 운동의 정신은 우리 모든 그리스도인에게 시사하는 바가 적지 않다. 즉, 하나님 나라의 복음이 선포되기 위해서는 우리는 우리 각자의 삶의 현장에 깊이 뿌리를 내려야 한다는 것이다.

그럴 때 우리의 진정한 삶의 모습을 통해, 세상과 타협하지 않는 정의로움을 통해, 세상 속의 아픔들을 품고 섬기는 선한 삶의 모습을 통해 하나님의 선교가 이루어진다. 우리에게는 지금 삶 속에서의 영성이 필요하다.

과연 지금 우리 자신의 삶과 신앙이 일치하고 있는지 스스로에게 질문해 보자!

BAM 운동이 우리에게 도전하는 가장 중요한 한 가지는 바로 삶 속에서의 영성, 삶을 통한 예배다. 우리는 스스로의 삶을 통해 자기 신앙을 세상 속에 온전히 드러낼 수 있어야 한다. 자기가 선교지에서 시작하려는 비즈니스를 통해 하나님의 영광이 드러날 수 있어야 한다.

나는 내가 지금 사는 이곳, 이 사업, 이 직장에서 선교사의 삶을 살고 있는가?

또한, 물질을 잘 다스리는 청지기 삶을 살고 있는가?

우리는 현재의 자기 삶과 소유와 소득의 주인이 하나님이심을 고백할 수 있어야 하며 이를 위해 매일의 말씀과 기도를 통한 영적 훈련이 필요하다.

우리 삶 속에 오랜 기간 우리 생각을 점령하고 있었던 이원론은 자꾸 세상을 구분하려 한다. 우리의 예배 장소와 일터를 구분하고, 선교지와 파송지를 구분하고, 목회자와 일반 성도를 구분하고, 일의 과정과 그 결과를 구분해서 생각하게 한다. BAM에 있어 가장 중요한 본질은 BAM이 매일의 삶 가운데서 하나님께 드려지는 예배가 되어야 한다는 것이다.

우리의 생각 속에서 이런 이원론적 구분들이 함께 이어져서 우리에게 다가올 때, 우리는 매일의 삶 가운데서 하나님이 우리에게 주시는 선하고 기뻐하시고 온전한 뜻이 무엇인지를 잘 분별할 수 있을 것이다.

하나님께 드리는 성도의 참 예배는 각자의 일상 삶의 현장에서 만나는 사람들에 대한 성도의 진실한 사랑이 세상 사람들에 대한 섬김과 삶으로의 복음 전도로 나타난다. 바로 이러한 세상 사람들에 대한 일상의 평범한 삶 속에서 성도의 섬김이 하나님이 기뻐하시는 예배가 되는 것이다. 무엇보다도 우리 성도에게 가장 중요한 것은 일상의 삶 속에서의 예배다.

기억해야 한다.

삶의 현장 가운데 나의 섬김과 성실과 기쁨과 슬픔이 바로 하나님과 깊은 교제 가운데 나오는 매일의 예배가 되어야 한다는 것을 말이다.

제5장

---•◆•---

하나님, 인간의 몸을 입으시다
성육신 사역(Incarnational Mission)

기독교는 종교인가?

답은 "기독교는 결코 종교가 될 수 없다"이다. 그 이유는 너무도 명확하다. 세상의 모든 종교는 인간이 절대자를 찾는다. 즉, 인간 자신의 노력으로 절대자를 찾으려 한다. 답이 나올 수가 없다.

하지만 기독교는 어떤가?

하나님이 인간에게 먼저 손을 내미셨다. 그리고 하나님 자신이 직접 인간으로서 세상 속으로 찾아오셨다. 그분은 스스로 창조한 인간들과 동일한 육체를 입고 세상 가운데서 친히 하나님 나라의 복음을 자기 온몸을 통해 가르치셨다.

그러므로 성육신이 없이는 복음도 없다!

1. 사람이 되신 하나님, 성육신 선교

'성육신'(Incarnation)이란 창조주 하나님이 피조물인 인간의 육체를 입으시고 이 땅에 오신 일이다. 성육신은 가장 높으신 창조주께서 스스로 창조하신 세상의 구원이라는 뚜렷한 목적을 가지시고 피조물인 인간이 되신 믿을 수 없이 놀라운 사건이다.

> 말씀이 육신이 되어 우리 가운데 거하시매 우리가 그 영광을 보니 아버지의 독생하신 영광이요 은혜와 진리가 충만하더라(요 1:14).

요한복음 1:14의 말씀은 삼위일체 기독교 신앙의 기초가 되며 복음의 핵심이 되는 말씀이다. 또한, 성육신적 선교 역시 위의 요한복음의 말씀에 기초한다. 2,000년 전, 마침내 하나님은 세상에 직접 내려오셨다. 그분은 당시의 세상 속에 어른의 모습으로 뚜벅뚜벅 멋지게 걸어 들어오지 않았다. 도리어 보통의 인간들과 똑같이 연약한 어린아기로 태어나서 우리와 똑같은 유년기와 청소년기를 보내시고 마침내 어른이 되셨다. 그렇게 천천히 오랜 시간이 걸려 당시 그 지역의 언어와 문화를 배우셨다.

이렇게 하나님은 인간의 몸을 입으시고 당시 로마 제국의 압제 아래 있던 유대 민족 갈릴리 사람이 되셨고, 30년 동안 그들의 삶을 공유함으로 당시 사람들과 하나가 되셨고, 다시 3년 동안 당시 문화와 상황 속에서 하나님 나라의 복음을 자기 모든 삶을 통해 친히 보여 주셨다.

사실 성육신은 그 자체가 모순이다. 하나님이신 예수 그리스도께서 우리를 도우실 수 있는 것은 그분께서 친히 성육신함으로 우리를 경험해 아시기 때문이다. 예수께서는 당시 세상에서 가장 소외되었던 사람들을 부르시고 고치시며, 함께 여행하시고 식사하시며 주무셨다. 그리고 마지막 날, 열두 명의 제자와 만찬을 마치신 예수께서는 직접 허리에 수건을 두르시고 친히 제자들 한 사람 한 사람의 발을 닦아 주셨다.

  하나님의 아들로서 그리고 위대한 스승으로서 당시 종의 역할이었던 제자들의 더럽혀진 발을 씻어 주시며 스스로 제자들에게 본을 보인 것 같이 제자들도 서로 섬기라고 말씀하셨다. 즉, 지금까지의 자기 역할을 제자들에게 맡기신 것이다.

> 내가 주와 또는 선생이 되어 너희 발을 씻었으니 너희도 서로 발을 씻어 주는 것이 옳으니라. 내가 너희에게 행한 것 같이 너희도 행하게 하려 하여 본을 보였노라 (요 13:14-15).

  죽음 전의 마지막 날까지 '낮아짐'과 '섬김'[1]의 모습을 친히 보이신 예수께서는 결국 자기 목숨을 십자가에서 인간의 죄를 위해 기꺼이 바치셨다. 낮아지심과 섬김은 하나님이신 예수께서 인간들에게 직접 보이신 가장 중요한 그분의 사역 방법이었다.

> 인자가 온 것은 섬김을 받으려 함이 아니라 도리어 섬기려 하고 자기 목숨을 많은 사람의 대속물로 주려 함이니라 (막 10: 45).

> 앉아서 먹는 자가 크냐 섬기는 자가 크냐 앉아서 먹는 자가 아니냐 그러나 나는 섬기는 자로 너희 중에 있노라 (눅 22:27).

  예수 그리스도께서는 자신이 섬김을 위해 세상에 오셨다고 말씀하셨다.

---

1 '섬김'이란 의미의 헬라어 '디아코니아'(διακονια)는 '디아코노스'(διακονος)에서 유래되었는데, 그 의미는 식탁이나 다른 천한 일에 시중드는 집사나 종이란 뜻이다. 성경에서는 구제(행 6:1), 봉사(행 21:19), 섬김(계 2:19), 집사의 직분(롬 11:13) 등으로 사용되었고, 종이 주인을 섬긴다는 의미다.

그러므로 섬김의 모델은 예수께서 말씀하신 가장 중요한 사역이었다. 그리고 그분께서는 계속해서 말씀하신다.

요한복음 20: 21은 요한복음의 대위임령이다.

> 예수께서 또 이르시되 너희에게 평강이 있을지어다 아버지께서 나를 보내신 것 같이 나도 너희를 보내노라(요 20:21).

현재의 상황 속으로 들어가지 않는 복음의 선포는 능력을 발휘할 수 없다. 따라서 성육신은 복음의 선포보다 우선된다. 선교는 우리의 상황 속에서의 성육신이며 그 안에서의 삶을 통해 복음을 선포하고 증명해내는 것이다. 이제 예수께서 자신이 하나님 아버지께 보냄을 받아 세상을 섬기셨던 모습같이 제자인 우리 그리스도인들을 세상 가운데 섬기기 위해 보내신다. 하나님 아버지와 아들 예수로부터 보냄 받은 성령 하나님을 통해 세상 가운데 극적으로 시작된 교회와 성도는 세상 가운데 예수 그리스도와 같이 섬기기 위해 보냄을 받게 된 것이다. 그러므로 세상 가운데 보냄 받은 교회와 성도의 역할은 섬김이다.

폴과 아이리스의 이야기[2]: 아이리스의 하나님은 진짜 하나님이에요!

> 아이리스는 남인도 첸나이 지방의 부유한 가정에서 자랐다. 그녀의 아버지는 유엔에서 일하는 저명한 엔지니어였고 집은 4층짜리 대저택이었으며 하인들도 있었다. 그녀는 의대에 진학해서 학위를 취득했고

---

[2] 나오미 리드, 『사막에 자두나무가 자란다』, 문세원 역 (서울: 앵커출판&미디어, 2020), 175-199 에서 재구성함.

동기 중에서 오토바이 면허를 딴 최초의 여학생이기도 했다. 대학 시절에는 그녀와 결혼하기 위해 스물다섯 명이나 되는 신랑 후보자들이 문 앞에 줄을 서기도 했다. 저명한 엔지니어의 딸이자 의사가 될 아이리스를 신부로 맞고 싶어서였다. 아이리스는 의대에서 열대 의학을 전공했고 소아과에서는 학업 성적이 우수해 금메달도 땄다.

그러던 1971년, 폴이라는 인도 수의사가 교회에서 아이리스를 만났다. 수의사인 폴은 첸나이에서 1,300킬로미터 떨어진 오디샤 지방에서 부족민들에게 복음을 전하는 선교사였다. 당시에 첸나이에서 말칸기리까지 가려면 꼬박 하루가 걸렸는데 폴을 방문한 아버지는 폴의 초라한 행색과 초가집을 보고 아이리스에게 폴은 안 된다고 못 박았다.

수많은 우여곡절이 있은 후, 마침내 아이리스와 폴은 첸나이에서 결혼하고 이들이 탄 미니밴에 약과 의료 장비 등을 가득 싣고 흙길로 27시간을 달려 말칸기리에 도착했다. 한 번도 시골 마을에 가 보지 않은 아이리스는 전기도 아직 들어오지 않은 마을의 폴의 집에 들어갔는데, 집이 진흙으로 지은 움막이 아니라는 점, 변기가 있다는 점에 아이리스는 감사했다고 한다.

다음 날 폴은 아침 일찍 등유 버너로 밥을 지어 놓고는 아이리스만 혼자 남겨두고 한 대 있는 자전거를 타고 다른 마을로 일하러 갔다. 혼자 남은 아이리스는 아직 지역어인 오리야 말을 배우기 전이었지만 의사가 없는 이곳에서 마을 사람들을 돕고 싶었고 폴이 돌아왔을 때 마을 사람들에게 자기는 의사고 마을을 돕고 싶어 한다는 것을 부족민에게 전해 달라고 부탁했다.

그다음 날 아침, 마을 사람들이 아이리스의 집 앞에 줄을 길게 섰고 아이리스는 고열, 피부병, 영양실조 등의 사람을 치료했다. 하루가 겨우 지났는데 가져온 해열 진통제와 연고와 비타민제가 바닥이 났고 그녀는 사람을 보내 버스로 7시간 걸리는 가장 가까운 약국에서 약을 사오도록 했다. 아이리스는 매일 아침부터 저녁까지 하루도 쉬지 않고 진료를 했다.

아이리스는 말했다.

"하루 종일 진료하는 것은 괜찮았어요. 하지만 물을 나르고 소똥을 바닥에 바르는 일은 정말 힘들고 끔찍한 일이었어요. 사흘에 한 번씩 소똥을 바닥에 발라야 했는데, 난 그 일을 할 때마다 울었어요. 지독한 소똥 냄새가 손에서 떠날 날이 없었으니까요. 그런데 어느 날 하나님이 이렇게 말씀하시더라고요. '나는 소똥 가운데서 태어났다. 여물통에서 말이야' 그 말씀을 듣고 나는 다시 힘을 냈어요."

아이리스와 폴이 말칸기리에서 사역한 지 15년이 되던 1986년, 폴은 심하게 신부전을 앓았고, 겨우 마흔네 살이었던 폴은 수술 중 숨을 거두었다.

"인도에서 미망인은 별종 취급을 받죠. 악령이 씌워 불운을 가져오는 집단이라고요. 그런데 내가 미망인이 되다니요. 모든 사람이 내게 첸나이에 남아서 개업하라고 했어요. 모두 말칸기리로 돌아가면 안 된다고 말했죠."

폴이 세상을 떠난 지 아흐레가 되던 날, 아이리스와 네 명의 아이는 미니밴을 타고 밀림을 지나 또다시 말칸기리로 향했다. 말칸기리에 도착하니 마을 사람들이 그들에게 모여들었다. 그리고 마을 사람들은 이렇게 말하기 시작했다.

"보세요. 아이리스는 우리를 진짜로 사랑한다니까요. 저렇게 돌아왔잖아요. 아이리스가 사랑한다는 하나님이 진짜임에 틀림없어요."

폴은 오랜 사역 중에도 열매 없이 세상을 떠났지만, 폴이 세상을 떠나고 반년도 되지 않아 36명의 부족민들이 세례를 받았다. 그리고 계속된 아이리스의 섬김을 통해 그중 17명이 목사가 되어 인근 지역을 섬기고 있으며, 이제 말칸기리 지역 그리스도인의 수는 5천 명이 넘는다.

2. 우리를 통해 증명되는 하나님

우리가 아무리 하나님에 대해 목이 터져라 이야기한다 해도 세상 사람들은 하나님이 어떤 분이신지를 볼 수 없다. 기록된 하나님의 말씀을 통해 그분을 배우고 믿는 우리도 뵙기 힘든 그 하나님을 세상 사람들이 볼 수는 없을 것이다. 그런데도 세상 사람들이 하나님을 볼 수 있는 방법이 하나 있다. 바로 하나님의 자녀라고 하는 우리 그리스도인들을 통해서다.

우리 옛말에도 "그 아버지에 그 아들"이라는 말이 있지 않은가?

우리들은 하나님의 거울이다. 즉, 보이지 않는 하나님 아버지의 모습은 그분의 자녀들인 우리 그리스도인의 모습을 통해 세상 사람들은 하나님이 어떤 분이시라고 상상하게 된다. "예수 믿는 김 집사를 보면 하나님은 정말 살아 계셔"라는 말이 들려야 한다. 우리는 살아계신 하나님의 살아있는 증거가 되도록 부름을 받았다. 하나님의 자녀들인 우리의 말과 행동 그리고 삶의 모습을 통해 하나님은 세상 가운데 보이신다.

말칸기리의 사람들도 그들을 다시 찾은 아이리스의 모습을 보며 아이리스가 이야기했던 자기들을 향한 하나님의 사랑을 마침내 믿게 되었다.

"보세요. 아이리스는 우리를 진짜로 사랑한다니까요. 저렇게 돌아왔잖아요. 아이리스가 사랑한다는 하나님이 진짜임에 틀림없어요."

한국 교회는 예전부터 열심히 복음을 증거하는 교회였다. 다시 말하면 전도하는데 열심인 교회였다. 그 결과 한국 교회는 양적으로는 큰 부흥을 이루었다. 하지만 말씀과 삶이 함께하지 못한 부흥은 오래가지 못한다.

지금의 한국 교회의 현실을 똑똑히 보라!

우리 사회는 이제 교회가 이야기하는 그 어떤 것도 그대로 들으려 하지 않는다. 옳고 그름을 떠나 그냥 듣고 싶어 하지 않는다. 지금 당장 밖에 나가서 전도지를 돌려보라.

과연 몇 명이나 긍정적으로 전도지를 받아갈까?

아마도 당장 냉담한 반응을 온몸으로 느낄 수 있을 것이다.

어쩌다 이렇게까지 되었을까?

왜 이토록 우리 사회가 기독교에 대해, 그리스도인들에 대해 이처럼 냉담해졌을까?

그동안의 한국 교회의 복음 선포는 대부분 말을 통해 전달되었다. 물론 전도나 설교, 간증 등의 말로 복음을 전하지 않으면 사람들이 복음을 듣고 이해할 수 없겠지마는 문제는 말로만 끝나 버리는 좋은 소식이 너무도 남발되었다. 나만 예수 믿고 천국 가면 된다는 개인 구원 중심의 복음이 세상 가운데 무분별하게 쏟아졌다.

물론 모든 한국 교회가 다 그렇다는 것은 절대 아니다. 우리 주변의 교회들 가운데는 분명 주께서 명령하신 말씀대로 살려고 발버둥치며 세상 가운데 본이 되는 교회도 많을 것이다. 그런데도 수많은 세상 사람은 교회가 외치는 복음을 인정하려 하지 않는다.

왜 그런가?

과연 무엇이 문제인가?

바로 교회가 선포하는 복음대로 스스로 살고 있지 않기 때문이다. 예수를 따른다는 그리스도인들이 선포된 복음의 모습대로 세상 속에서 사는 것을 보여 주지 못하기 때문이다. '거룩'이라는 단어는 '다르거나 구별된다'라는 뜻을 가진다.[3] 즉, 어떤 사물이나 사람이 하나님과 관련하여 특별한 목적을 위해 구별되어 그 목적을 위해 분리된 상태로 있을 때 거룩하다고 말하는 것이다. 이런 이유로 이스라엘은 주변의 다른 민족과 구별되어 그들과 달라야 했다.

---

3 '거룩'은 히브리어로 '코데쉬'(קֹדֶשׁ)인데, 이 명사에서 동사 '카다쉬'(קָדַשׁ)와 형용사 '카도쉬'(קָדוֹשׁ)가 파생되었다. 동사 '카다쉬'(קָדַשׁ)는 매우 고귀하여 신성시되는 어떤 영역을 세상의 속된 영역과 구별하고 분리하는 동작을 가리킨다.

마찬가지로 신약의 '성도' 역시 하나님의 은혜로 "거룩하도록" 구별되도록 선택된 사람들이다. 하나님은 성도에게 거룩하라고 말씀하신다. 이스라엘 백성을 애굽에서 출애굽 시키시고 그들에게 애굽 민족이나 가나안 민족들과 다르게 행동하라고 말씀하신 하나님은 오늘날 우리 성도에게 세상 사람들과 다르게 행동하라고 명령한다.

복음은 분명 세상의 가치와는 전혀 다른 것을 말하고 있는데, 그 복음을 선포하는 교회와 성도는 세상의 가치를 그저 무기력하게 따라가기만 하고 세상과 전혀 다른 모습을 보여 주지 못하고 있다.

교회와 성도가 세상과 다른 것이 없다면 교회에 다니며 그리스도인이 될 이유가 어디에 있는가?

하나님은 교회와 성도에게 이렇게 명령하신다.

"교회여, 세상을 모방하지 말고 세상의 모습과 다르게 행동하라!

성도여, 세상 사람들의 성공과 가치를 따르지 말고 그들과 다르게 살아가라!"

복음이 아무리 좋은 소식이라고 해도 우리의 세 치 혀에서만 끝난다면 복음은 그 능력을 제대로 발휘할 수 없다.

하나님 나라의 복음을 전하셨던 예수께서도 그의 삶과 행동으로 그 복음의 복음 됨을 증명해 내시지 않았는가!

이제 한국 교회는 그동안 전했던 복음을 직접 삶으로 증명해 내야 한다. 교회가 무엇이 세상과 다른지를 세상에 말이 아닌 행동으로 보여 주어야 한다. 이를 위해 성도에게 복음을 어떻게 개인의 삶으로 세상 속에서 증명해야 하는지를 가르치고 교회가 앞장서서 이를 실천해 내야 한다.

> 그러나 너희는 택하신 족속이요 왕 같은 제사장들이요 거룩한 나라요 그의 소유가 된 백성이니 이는 너희를 어두운 데서 불러 내어 그의 기이한 빛에 들어가게 하신 이의 아름다운 덕을 선포하게 하려 하심이라. 너희가 전에는 백성이 아니더니 이제는 하나님의

> 백성이요 전에는 긍휼을 얻지 못하였더니 이제는 긍휼을 얻은 자니라. 사랑하는 자들아 거류민과 나그네 같은 너희를 권하노니 영혼을 거슬러 싸우는 육체의 정욕을 제어하라. 너희가 이방인 중에서 행실을 선하게 가져 너희를 악행한다고 비방하는 자들로 하여금 너희 선한 일을 보고 오시는 날에 하나님께 영광을 돌리게 하려 함이라(벧전 2:9-12).

베드로는 우리 성도의 정체성을 설명하며 그 정체성에 합당한 삶을 살라고 우리에게 말씀한다. 우리의 모습을 통해 세상 사람들이 하나님께 돌아와 그분께 영광을 돌리게 될 매력적인 섬김의 착한 삶을 살라고 말이다.

예수께서는 십자가에 못 박히시기 바로 전날까지도 직접 제자들의 발을 씻기시고 본을 보이시며 제자들에게 섬김에 대해 가르치셨다. 예수께서는 직접 섬김이 무엇인지를 행동으로 보여 주셨다. 예수께서는 항상 하나님 나라의 복음을 말씀뿐만 아니라 삶과 섬김의 모습으로 친히 제자들에게 보여 주셨다.

바로 이것이 교회와 성도가 마땅히 해야 할 일이다. 섬김은 우리가 그리스도의 제자로서 마땅히 감당해야 할 덕목이자 사역이다. 우리가 세상을 섬길 때 사람들은 우리가 그리스도의 제자임을 안다. 왜냐하면, 예수께서 이 세상에 오신 목적이 바로 섬김이었기 때문이다. 예수께서는 교회에 그분의 섬김의 본을 기억하고 그분과 같이 섬기라고 말씀하신다.

교회는 복음을 선포함과 더불어 세상 사람들의 발을 씻겨 주어야 한다. 이제는 우리가 선포하는 복음이 우리의 삶을 통해 세상 가운데 증명되어야 한다. 그것이 바로 교회의 사명이자 성도의 사명이다.

3. 권리 포기, 현지인으로의 성육신

선교사가 선교 현지에 들어가 하나님이 우리를 사랑하신다는 복음을 아무리 전해도 하나님의 사랑을 경험해 보지 못한 현지인에게는 그 복음의 내용이 가슴 깊이 다가오기가 어렵다. 결국, 현지인들은 하나님이 자기들이 들은 그 복음의 내용과 같은 하나님이시라는 것을 알 수 있는 방법은 그 하나님을 전하는 선교사들의 삶과 행동을 통해서다.

그러므로 선교사는 하나님의 대리자로서 현지의 문화와 사람들 속에서 성육화되어야 한다. 이에 대해 핸드릭 크래머(Hendrik Kraemer)는 타문화권 선교에서 가장 중요한 접촉점은 바로 사역을 하고 있는 선교사 자신이라고 말한다.[4] 바로 선교사 자신의 인격과 삶의 방식이 현지인에게 효과적으로 복음을 전하기 위한 가장 중요한 접촉점이 된다는 것이다. 바로 그 접촉점이 선교사의 성육신 된 겸손한 섬김이다.

선교사는 단순히 보냄을 받은 사람이 아니다. 선교사는 하나님의 말씀인 복음을 소유한 자로써 그 복음을 실체화하여 자기가 가르치는 복음의 진리 가운데 성육신 되어야 한다. 그렇기에 선교사는 복음을 반사하는 작은 거울이라 할 수 있다.

나좌의 이야기: 알바니아인이 되고 싶어요

브라질 출신인 나좌는 알바니아에서 사역하는 싱글 여선교사다. 그녀가 알바니아에 선교사로 들어온 것은 1990년대 초, 엔버 호자의 혹독한

---

[4] Hendrik Kraemer, *The Christian Message in a Non-Christian World* (London: Edinburgh House Press, 1947), 140.

독재에서 막 벗어난 시기였다. 그녀는 알바니아인과 같이 생활하며 얼만큼 이들이 다른 유럽인에게 무시 받는 존재인지를 알게 되었다.

"유럽의 그 어느 나라도 알바니아인을 자기들과 같은 유럽인으로 받아들이지 않죠. 심지어 같은 공산주의 지배를 받았던 동유럽 사람들까지 말이에요. 어떻게 사람이 다른 사람을 이토록 무시하고 함부로 대하는지 정말 이해하지 못하겠어요."

그녀는 알바니아인의 진정한 친구가 되기를 원했다.

어떻게 하면 타 유럽인에 의해 항상 무시와 천대를 받는 알바니아인과 깊은 신뢰의 관계를 쌓고 예수님이 이들을 정말 사랑하신다는 것을 전할 수 있을까?

수년이 지나고 알바니아 언어에 익숙해지고 사역이 조금씩 기틀이 잡히자 그녀는 큰 결정을 했다. 알바니아 사람이 되기로 한 것이다. 그리고 마침내 나좌는 외국인으로서 그녀가 사랑하는 알바니아 사람이 되었다. 알바니아 시민권을 취득한 것이다.

나좌는 그 특유의 큰 미소와 함께 말했다.

"사람들은 날 보고 미쳤다고 해요. 왜 하필 유럽에서 집시 다음으로 가장 무시당하고 제일 가난한 알바니아 시민권을 받았냐고요. 그렇지만 저는 행복해요. 제가 사랑하는 알바니아 사람이 되었으니까요."

누구든지 나좌와 이야기 나누다 보면 그녀가 얼마나 그녀의 알바니아 사람을 사랑하는지 느낄 수 있었다. 또한, 알바니아 국적으로 자기 국적을 바꾸는 일이 앞으로 당할 수 있는 여러 부당한 대우를 각오한 얼마나 용기 있고 더불어 무모한(?) 결정이었는지를 필자는 잘 알고 있었다.

그 한 실례로 당시 알바니아 전역에서 유일한 은행은 수도인 티라나에 하나밖에 없었던 아랍 은행이었지만 티라나에서 5시간 반이나 떨어져 있었던 도시에서 사역하던 필자에겐 '그림의 떡' 같은 존재였다. 그래서 방법을 찾다가 남쪽 그리스 국경을 넘어 그리스의 조그마한 소도시에 은행 구좌를 개설해 그곳에서 돈을 찾는 방법을 알게 되었다.

남쪽의 알바니아와 그리스 국경을 넘을 때면 아마도 유일한 아시아인이었던 필자와 얼굴이 익숙해진 그리스 국경 수비대에서 항상 묻는 말이 있었다. 왜 하필이면 알바니아같이 가난하고 도둑들만 사는 나라에 사느냐는 말이었다. 그 말은 필자를 위한 말이었다기보다 알바니아인에 대한 경멸과 무시의 한가지 표현이었다. 그런 알바니아인들에 대한 편견과 무시는 당시 여느 유럽 국가도 마찬가지였다.

합법적으로든, 불법적으로든 알바니아인이 많이 가서 일하는 독일, 이탈리아 등의 서유럽 국가는 말할 것도 없고, 같은 공산주의를 경험했던 다른 동유럽 국가에서도 알바니아에서 산다고 하면 의구심 가득한 눈으로 쳐다보곤 했다. 알바니아인을 무시하는 말과 함께 말이다. 나좌는 스스로 그런 나라의 사람이 되었다.

100여 년 전의 우리나라도 동방의 한 귀퉁이에 위치했던 지극히 가난하고 소외되었던 국제 사회 속에서도 아무도 관심을 갖지 않았던 그런 나라였다. 당시 조선이라고 불리던 일본 제국주의의 점령 아래 있었던 동방의 작은 나라에도 자기들의 안위를 돌보지 않고 철저히 낮아져 자기들의 보석같은 인생을 헌신적으로 드린 수많은 숨겨진 선교사가 있었다.

독자들도 이 글을 읽는 중에 책을 통해 읽었거나 다른 이들을 통해 들은 선교사들의 이름이 생각날 것이다. 그들 중, 서서평 선교사가 있었다.

서서평 이야기[5]: 불우한 여성들의 파란 눈의 어머니

서서평(Elisabeth J. Shepping, R.N.)의 어린 시절은 그리 행복하거나 순탄하지 않았다. 그녀는 독일계 미국인으로 11살에 어머니같이 친밀했던 외할머니를 여읜 상실감과 극도의 외로움을 겪어야 했고, 그 후, 곧이어 미국에 입국해 이민자로서 영어 등 미국 문화에 적응하는 과정에서 힘든 시기를 보내며 성장한 소녀 시절에 많은 정체성의 혼란을 겪었다.

그녀는 또한 당시 미국 사회에서 이류와 삼류 인간들로 대접받았던 유대인과 이탈리아계 가톨릭교도들에게 간호사로서 사회적 섬김을 실시하였다. 서서평은 미국의 다양한 이민자들의 삶 속에서 다문화적 삶을 익혔으며, 1904-1911년 성경 교사 훈련학교에서 성경과 신학, 선교를 배우고 컬럼비아대학교에서 교육학을 수학하였다.

이후, 1912년 미국 남장로교 선교부 소속의 간호사 선교사로 조선에 입국한 서서평은 한국어와 문화와 풍습을 배웠다. 당시 서구 제국주의의 영향을 받은 많은 서구 선교사는 자문화 중심주의에 사로잡혀 있었지만, 서서평은 이들 선교사와는 달리, 조선 문화에 철저하게 동일화[6]되어 불우하고 소외된 여성들을 위해 그 상황에 들어가 자기를 동일화하며 섬겼다.

당시 서서평이 농촌 지역에서 복음을 전하고 순회하면서 만난 대부분의 여성은 가난하고 병들고 지친 사람들이었는데, 이들의 자립과 정체성 확립을 가르치는 이일학교를 설립하고 다목적 선교 센터로 삼았다. 또한, 주일학교 확장 운동을 벌여 복음을 전하였고, 교회를 세우며

---

5 M. Yoon, "*Nursing Missionary Elizabeth J. Shepping's Education and Holistic Care for Korean*", 2015.

6 '동일화'(Identification)란 "대상과 같은 것으로 간주된다"라는 의미이다. 성육신의 목적은 동일화에 있다고 할 수 있다.

간호 협회를 만들고 여전도회를 조직해 당시 현저하게 낮은 여성의 사회적 위치와 차별을 바꾸기 위해 사회 개혁을 추진하였다. 서서평은 당시 조선의 농촌 여성이 입는 복장을 똑같이 입고, 조선 사람들의 음식을 함께 먹었으며, 자녀로 삼은 양자, 양녀를 등에 띠를 매어 업고 검정 고무신을 신고 다녔다.

그녀는 철저하게 조선 사람들의 문화와 풍습을 익히고, 조선을 지배하고 있던 일본의 제국주의에 대한 저항적 민족의식을 가지고 있었으며, 이들에게 압제 받는 조선 사람의 의식을 깊이 이해하고 있었다. 이렇게 서서평은 조선의 불우한 여인, 고아, 과부, 나환자들과 동일화되어 이들을 섬긴 하나님의 사람이었고, 한국 사회는 서서평을 일컬어 '재생한 예수', 또는 '작은 예수'라 불렀다.

서서평 선교사의 삶은 철저하게 현지인에게 동일화된 성육신의 삶이었다. 성육신적인 선교는 자기희생을 요구하며 자발적인 불편함을 기쁘게 받아들인다. 선교사는 개인적 차원에서 현지의 문화와 상황화에 대한 동일화가 이루어져야 한다. 특히, 선교사들이 가지고 있는 자문화 중심주의와 같은 동일화를 방해하는 장애물들을 적극적으로 극복하려고 노력해야 한다.

이런 동일화의 과정은 진정성 있게 현지인들에게 전달될 수 있어야 하는데 이를 위해 현지인들과의 깊은 관계는 커다란 도움이 될 수 있다. 이렇게 선교사가 현지 문화와 현지인들의 삶 속으로 성육신되어 갈 때, 현지인들은 선교사를 통해 복음이 삶을 입고 온전히 전달될 수 있다.

4. 영웅인가, 종인가?

10여 년쯤 전이었을까?

미국의 한 도시의 선교사 숙소에 당시 여러 후배 선교사와 함께 머물 기회가 있었다. 사실 후배라고 하지만 모두가 선교사로 사역한 지 10년 이상 된 다양한 배경의 시니어급의 선교사들이었다. 그러던 중, 한 지역 교회의 요청으로 몇몇 선교사가 함께 선교 세미나를 진행하게 되었다. 그 날 마지막으로 세미나를 훌륭히 마친 케이에게 한 선교사가 웃으며 이렇게 말했다.

"케이 선교사님, 오늘 세미나 너무 좋았습니다. 역시 선교사님은 다르시네요."

그 말이 끝나자마자 케이의 아내가 다음과 같이 거들었다.

"앞으로 제 남편은 허드슨 테일러와 같은 위대한 선교사가 되는 것이 목표에요."

그러자 여기저기서 맞장구를 치는 소리가 들렸다.

"맞아요. 케이 선교사님은 위대한 선교사가 될 거예요."

어찌 보면 은혜가 넘치는 모습인 것 같다. 서로에 대한 격려는 격려 자체로 중요하다. 물론 위의 대화는 서로를 격려하는 이야기다. 하지만 조금 더 냉정한 시각으로 본다면 대화 내용 가운데 선교사로서 좀 더 깊이 성찰해야 할 부분이 있다. 선교사의 존재 목적은 세상에 하나님 나라의 복음을 전하며 섬기는 일이다.

다시 말하면, 세례 요한과 같이 자기 자신은 숨기고 예수님의 복음만 드러내는 삶이다. 하지만 만약 선교사의 목표가 위대하다 칭송을 받았던 누구누구 같은 선교사가 되는 것이라면 선교사가 누구고 왜 선교사가 되었는지를 다시 정리하는 시간이 필요하다고 할 수 있다.

선교사가 섬기는 종으로 사도 바울이나 베드로같이 맡겨진 역할을 훌륭하게 감당한 것에 대해 후대 사람들의 평가가 그는 위대한 선교사였다고 말한다면 그 말에 대해서는 충분히 공감이 되지만, 선교사 자신이 처음부터 위대하고 유명한 선교사가 되는 것을 목표로 한다면 이는 선교사가 어떤 사람인지, 무엇을 위한 사람인지에 대해서도 모르는 것이고, 결국 선교사 자기 자신도 여러 문제를 야기할 수 있을 것이다. 우리의 스승 예수 그리스도께서는 가장 큰 자는 섬기는 자라고 말씀하셨다.

선교사로 살다 보면 지역 교회들을 방문할 기회가 많이 생기게 된다. 교회를 방문하면서 종종 느끼는 점은 담임목사나 성도가 자기들이 파송한 선교사가 선교지에서 다른 선교사들에 비해 사역을 더 잘하고 더욱 이름이 있는 선교사가 되기를 은근히 바란다는 것이다. 그리고 때로는 목회자나 성도가 동일한 지역에 파송된 선교사들 간의 사역을 비교하는 듯한 이야기를 하는 것을 듣는 경우도 있다.

이런 교회나 교단 간의 경쟁적인 이유로 특히 주목받는(?) 선교지에서는 교단들과 교회들 간의 경쟁적인 중복투자로 말미암아 여러 분쟁의 문제들을 야기하는 것도 종종 볼 수 있다. 이런 분위기는 선교사에까지 옮겨져 마치 그리스도를 따르던 제자들 안에서 누가 큰지에 대한 경쟁 관계가 있었던 것 같이 선교사들도 사람들과 교회들의 이목을 끌기 위해 그 지역에 필요하지 않은 프로젝트까지 지속해서 진행하며 사역을 확장하는 일도 종종 있다.

최의 이야기: 각개 전투는 이제 그만!

C 국의 인터서브 팀은 C 국 내에서 팀 콘퍼런스를 할 수 없기에 국경을 접한 H 국의 북쪽 도시에서 일 년에 한 번씩 팀 콘퍼런스를 가진다. 팀 콘퍼런스를 마치고 타 국제 선교단체에서 사역하고 있는 후배

최에게서 연락이 왔다. 한번 만날 수 있냐고 …

"선교사님, 요즘 머리가 아파 죽겠어요. 이곳 상황을 좀 들으셨어요?"

얼굴을 찡그리며 이야기하는 최의 모습을 보며 물었다.

"이야기는 좀 들은 것 같은데요. 혹시 그 문제예요?"

최는 계속 얼굴을 찡그리며 말했는데 평소에 항상 미소 짓던 최를 생각하며 웃음이 나올 뻔했다.

"아마 생각하는 게 맞으실 거예요. 요즘 C 국에서 많은 선교사님이 추방당하셨잖아요. 그런데 그중 많은 분이 C 국 현지인들을 훈련한다고 이 도시로 들어오셨어요. 문제는 그리 크지도 않은 도시에 갑자기 너무 많은 분이 이곳에 들어오셔서 같은 훈련 센터들을 이곳저곳에 교단이 다르다고 만들고, 단체가 다르다고 만들고 … 저희도 이곳에서 사역을 조심스럽게 하고 있는데 이런 일들이 정부와 문제가 되지 않을지 걱정도 되고 그러네요. 같은 사역이면 좀 함께할 수도 있을 텐데 모두가 각개 전투니 …"

최의 이야기는 다만 그 지역의 이야기만은 아니다. 이런 중복투자나 선교사들 안에서의 경쟁은 선교사 개인의 문제일 수도 있으나, 한국 교회 선교의 구조적 문제에서 기인하는 것도 있다. 교단과 교단과의 협력은 아직도 요원하며 심지어 선교단체들 안에서도 서로에 대한 편견과 과도한 단체에 대한 자만심으로 아무리 목적이 같고 함께할 수 있는 사역이나 프로젝트도 동역하기 힘든 구조가 되어 버렸다.

프란시스의 이야기 5: 알바니아와 코소보의 언더우드가 되시요!

프란시스가 알바니아에서 코소보 난민 사역을 하다가 코소보 난민들과 함께 코소보에 들어간 지 2년이 되던 해, 한국의 파송 교회에서 연락이 왔다. 파송 교회의 담임목사는 다짜고짜 프란시스가 알바니아와 코소보의 첫 번째 장로교 선교사이니 두 나라에 장로교단을 설립하라고 요구했다. 그러면서 이제 두 나라에 장로교가 설립되면 프란시스는 한국 최초의 장로교 선교사인 언더우드와 같이 알바니아와 코소보의 언더우드가 되어 역사에 남게 될 것이며 파송 교회 역시 역사에 기록될 것이니 교단 설립이 얼마나 영예로운 일인지를 덧붙였다.

프란시스는 당시 코소보가 나토의 폭격으로 전화가 불가능하였기에 그래도 이메일을 사용할 수 있는 유엔 본부에서 장문의 답신을 담임목사에게 보냈다. 그 답신에는 두 지역의 현재 상황과 왜 두 지역에 교단을 세우는 것이 긍정적인 점보다는 부정적인 점이 훨씬 많은지, 또한 자기는 이곳에 본인의 이름을 남기려 온 것이 아님을 자세하게 설명했다.

알바니아와 코소보는 당시 개신교 교단이란 것이 아예 존재하지 않았고 특히 알바니아에는 다양한 배경의 국가와 단체에서 들어와 있었던 선교사들이 함께 하나의 복음주의 단체를 설립해 알바니아 교회를 하나로 만들어 보자고 모두가 동의한 후 힘을 쏟던 시간이었고 코소보 역시 비슷한 상황이었다.

그럼에도 당시 교단의 증경 총회장이었던 담임목사는 프란시스의 이메일을 보고 크게 화를 냈고, 노골적으로 파송 교회뿐 아니라 담임목사에게 순종하지 않는 프란시스를 교단에서까지 자르겠다고 엄포를 놓았다. 즉, 이유가 어땠던 교단 어른이 한 요구를 새파란 선교사가 거절했다는 데 그 이유가 있었다. 소위 괘씸죄에 걸린 것이었다.

사실 프란시스의 파송 교회에서 프란시스에게 알바니아와 코소보에 장로 교단을 설립하라고 요구한 것은 또 다른 이유가 있었다. 프란시스의 파송 교회 담임목사와 교단의 라이벌 격인 또 다른 증경 총회장이 담임목사인 교회에서 파송한 선교사가 동유럽의 한 국가에 장로 교단을 설립했는데, 이 소식을 전해 들은 프란시스의 파송 교회 담임목사는 자기들이 파송한 선교사도 두 나라에 장로 교단을 설립해 우리 교회가 당신들보다 더 선교를 잘한다고 나타내고 싶었기 때문이었다. 결국, 두 교회의 담임목사들의 자존심 대결에서 프란시스에게 장로교단 설립의 명령이 떨어진 것이었다. 프란시스의 파송 교회는 담임목사뿐 아니라 장로들을 통해서도 그를 설득하려고 노력했다.

그런데도 절대로 알바니아와 코소보에는 장로교단을 설립할 수 없음을 주장했던 프란시스는 그 후 반년 만에 파송 교회에서 후원이 중단되었다. 물론 표면상 후원 중단의 이유는 교단 설립 반대가 아닌 자질구레하고 구차한 다른 이유들이었다.

선교사는 절대 자기 이름을 남기려 선교지로 간 것이 아니다. 도리어 세례 요한의 고백과 같이 "예수 그리스도는 흥하여야 하겠고 나는 쇠하여야 한다"라는 말씀을 기억하며 예수 그리스도의 이름만 높이고 역사 속에서 조용히 사라지는 것, 그것이 선교사의 사명이요 운명이 되어야 한다.

교회들이여!

제발 선교지와 현지인들을 섬겨야 할 선교사들에게 종이 아닌 리더가 되고 영웅이 되라고 부추기지 말라!

이런 교회와 교단 간의 불필요한 경쟁과 반목 그리고 건강하지 못한 목적에서 나온 선교지의 중복투자가 선교사들을 영적으로 병들게 하고 선교지를 경쟁으로 피폐하게 만든다.

5. 한국 선교, 변해야 산다

1907년 9월 평양 장대현교회에서 열린 조선예수교장로회독노회에서 마포삼열 목사로부터 한국 최초의 일곱 목사 중 한 사람으로 안수 받은 이기풍 목사가 제주도로 선교사로 파송 받은 후 110여 년이 지난 현재, 한국 교회는 2만 명이 넘는 해외 선교사를 파송하고 있다. 지난 110년이 넘은 한국 선교 사역을 통해 한국 교회의 선교는 세계선교에 귀한 공헌을 한 것은 사실이다.

그렇다면 과연 한국 선교사들이 가장 많이 사역하고 있는 아시아 다른 국가들의 교회 지도자들은 한국 선교에 대해 어떤 평가를 하고 있을까?

2008년 한국복음주의협의회의 세미나에서 아시아의 선교 지도자들은 한국 선교사들에 대해 다음과 같이 조언했다.[7]

필리핀복음주의협의회 대표인 에브라임 M. 텐데로(Efraim M. Tendero) 감독은 "한국 선교사들은 효과적인 필리핀 선교를 위해 필리핀 사람들을 한국화하려 하지 말고, 필리핀 문화에 적응하고 존중해 달라"고 조언했다. 그는 이렇게 강조했다.

> 필리핀 사람들은 400년 동안 스페인 수도회 아래 있다가 그 다음 70년은 미국의 영향 아래 있었고, 이제는 한국 선교사들이 필리핀 교회들을 한국화하고 싶은 유혹에 직면해 있다. 한국의 선교는 식민지 의식을 가지고 자기들 나라의 힘과 권위를 가지고 접근하고 있다. 필리핀에서 선교 활동을 할 때는 문화적 적용이 필요하다.

---

[7] "한국 교회 선교, 성육신적으로 해달라", 「교회와 신앙」, 2008. 6. 17., "한국 선교사, 현지 문화와 소통 미흡", 「기독신문」, 2008. 6. 13. 에서 발췌함.

또한, 그는 다음과 같이 덧붙였다.

> 한국 선교사들이 식민지적 사관을 버리고 성육신적인 사역을 감당할 것과, 우리가 영어를 사용한다는 이유로 필리핀의 다른 방언을 안 배우려고 하는데 필리핀 방언을 배워서 선교하는 것이 더 효과적이다.

말레이시아복음주의협의회 총무인 웡 킴 콩(Wong Kim Kong) 목사는 이렇게 강조했다.

> 한국 선교사들은 선심을 쓰는 듯한 태도를 버려야 한다. 복음을 증거하기 위한 접근법과 열심은 현지인들의 문화적, 종교적 이해를 전제하는 것이어야 한다.

비록 개발도상국들이라 해도 기독교는 그런 나라들에서 오랫동안 존재해왔고 지도자들과 기독교인들이 영적으로 성숙해 있는데도 한국 선교사들은 현지 교회나 단체에 조언을 구하지 않는다는 설명이다.

이렇게 선교사들이 현지인들과의 긴밀한 협조 관계가 형성되지 못하는 원인에 대해서 콩 목사는 한국 선교사들의 현지 언어 미숙과 현지인들과의 관계를 쌓는 기술의 부족을 지적했다.

일본복음주의협의회 국제위원장인 조슈아 오가와(Joshua Ogawa) 박사는 "한국 선교사들은 큰 교회를 세우기 원한다"고 지적하면서 다음과 같이 말했다.

> 한국 선교사들이 일본에서 독립적인 교회를 개척하는 것도 중요하지만 기존의 일본인 목회자를 도와주는 일도 상당히 중요하다. 한국 선교사들이 일본의 지역 교회인 작은 교회들과 함께 일했으면 좋겠다.

인도복음주의협의회 총무인 리처드 호웰(Richard Howell) 목사도 "과거에 한국 선교사들의 독립적 선교가 문제가 되었던 적이 있었다. 선교사는 현지 교회와의 활발한 소통이 중요하다"라고 조언했다.

이상의 아시아 교회 지도자들의 조언들이 모든 현지 지도자의 생각이라고는 보기 어렵겠지만 이들의 이야기를 통해 알 수 있는 사실은, 결국 한국 선교사들의 약점은 현지 문화에 대한 수용성 부족, 현지 교회와의 협력 부족, 문화적 우월주의 자세, 물량을 중시하는 선교 등으로 말할 수 있다.

또한, 아시아 교회 지도자들의 한국 선교에 대한 뼈아픈 평가들은 선교 사역에 있어 성육신적 선교가 왜 그토록 중요한지에 대해 증명하고 있다. 그러므로 앞으로 한국 선교는 제국주의적, 자본주의적, 혹은 자민족 중심주의적인 선교의 패러다임에서 하루속히 벗어나 겸손히 현지인과 현지 교회를 섬기는 성육신적 선교로 그 방향이 전환되어야 할 것이다.

6. 타문화권 속의 커뮤니케이션

선교사가 선교 현지에 들어간 후 현지 언어와 문화를 배우는 이유는 무엇일까?

물론 현지 언어와 문화 습득의 궁극적인 목표는 현지인에게 복음을 온전히 전하기 위해서지만, 그전에 반드시 이루어야 할 과제가 있다. 그것은 바로 서로 다른 문화와 사람들 간의 간격을 연결할 소통의 다리, 즉 커뮤니케이션의 다리를 놓는 것이다. 현지인들과의 커뮤니케이션에 있어 선교사가 외부인으로 마주하는 도전은, 사용하는 단어의 기원이나 의미가 그 상황 속에서 적절한 표현이냐는 것이다.

게일의 이야기: 이름이 마음에 들지 않아요

공산주의가 중앙아시아에서도 막이 내리고 러시아에서 독립한 카자흐스탄 초창기에 들어간 게일은 T 시에서의 교회 개척 사역에 모든 힘을 쏟고 있었다. 그런데 어느 날, 교회의 리더격인 한 현지인 형제가 게일에게 찾아왔다.

"게일 선교사님, 한 가지 부탁해도 될까요?"

게일은 평상시 과묵했던 형제의 부탁에 의아심을 가득 담아 대답했다.

"이야기해 보세요. 무슨 부탁이지요?"

현지인 형제는 진지하게 말을 이어갔다.

"얼마 전에 게일 선교사님이 우리 교회에 시작한 지도자 훈련 프로그램말인데요. 제 생각에는 프로그램의 이름을 바꾸면 좋을 것 같습니다."

게일은 더욱 궁금증에 가득 차서 고개를 갸웃거리며 물었다.

"네 … 그런데 그게 무슨 문제가 있나요? 왜 바꾸자는 거죠?"

"네. 음 … 게일 선교사님은 외국 분이라 잘 모르시겠지만, 저희 카자흐스탄 사람들은 지도자라는 말을 좋아하지 않습니다. 왜냐하면, 저희가 이전 공산주의 시절에 늘 자기들이 인민의 지도자라고 선전했던 정부로부터 많은 억압을 받았기 때문이지요. 그래서 저희는 지도자라는 말을 좋아하지 않습니다."

외국인인 게일은 카자흐스탄어에서 보통의 사전적 의미로 지도자라는 단어를 뽑아 사용했지만, 현지인이 생각하는 지도자라는 단어는 그들이 겪은 과거의 경험을 통해 본래의 의미와는 전혀 다른 어감을 가지고 있었다. 따라서 현지인들에게 이전 공산주의 정부의 악용으로 그 본래의 의미가 퇴색된 지도자라는 단어는 교회 프로그램에 적절한 단어가 아니었고, 현지인들은 지도자라는 단어를 사용한 교회 프로그램에 부정적 뉘앙스를 가질 수 밖에 없었다.

하지만 현지인들이 경험한 단어의 배경과 현지인들이 느끼고 있는 단어의 어감을 전혀 모르고 있었던 게일은 교회 프로그램에 지도자라는 단어를 사용하고 말았던 것이다. 실제로 이런 실수는 선교지에서 종종 일어날 수 있는 일이다. 즉, 단어나 표현을 사용할 때는 그 기원이나 의미뿐 아닌, 현지인이 여러 요인 때문에 실제적으로 느끼는 단어에 대한 어감까지 이해하고 신중하게 사용하는 것이 중요하다.

그렇다면 타문화권 혹은 교차 문화권 속에서의 커뮤니케이션은 언어적 문제에만 국한되는 것일까?

프란시스 이야기6: 도대체 살거요, 말거요?

알바니아에 입국한 지 벌써 2년이 넘었음에도 아직도 프란시스가 종종 헷갈리는 게 있다. 바로 '예', '아니오'라고 표현할 때의 고갯짓이다.

일반적으로 대부분의 국가에서는 '예'라고 할 때는 고개를 앞뒤로 끄덕이고, '아니오'라고 할 때는 고개를 좌우로 흔들지 않는가?

그런데 알바니아에서는 반대다. '예'라고 할 때는 고개를 좌우로, '아니오'라고 할 때는 고개를 앞뒤로 끄덕이니 보통 헷갈리는게 아니다. 오늘도 시장에 갔다가 가게 주인에게 핀잔을 들었다.

"아니 당신 물건을 살 거요, 말 거요?"

위의 사례와 같이 커뮤니케이션은 언어 또는 글로만 하는 것이 아니다. 실제로 커뮤니케이션은 말이나 글로 소통하는 언어적 커뮤니케이션과 몸짓이나 표정, 스킨십 등의 비언어적 커뮤니케이션으로 구분할 수 있다. 그런데 여기서 흥미로운 사실은, 언어적 커뮤니케이션을 통해서는 15~30퍼센트 정도의 내용만 전달되지만, 비언어적 커뮤니케이션을 통해서는 75퍼센트의 내용이 전달된다고 한다. 우리가 일반적으로 하는 커뮤니케이션에서는 말을 통해 전달되는 것보다 우리의 표정이나 몸짓 등으로 전달되는 것이 훨씬 많다는 것이다.

그렇다면 커뮤니케이션이란 무엇일까?

커뮤니케이션은 상호 간에 전달하고자 하는 메시지를 나누는 것이다. 조금 더 복잡하게 말하면, 약속된 기호를 통해 서로의 메시지를 주고받는 과정 중 공통된 의미를 수립하고, 더 나아가 서로의 행동에 영향을 미치는 과정이 커뮤니케이션이다.

본래 영어의 '커뮤니케이션'(Communication)이란 단어의 어원은 라틴어 'communicare'이다. 이 단어는 '공유한다' 또는 '함께 나눈다'는 뜻이다. 이 단어의 명사형은 'communis'인데 '함께 나눔' 혹은 '함께 나누는 사람들'이란 의미다. 여기서 영어의 '커뮤니티'(community)나 '공산주의'(communism) 또는 '상식'(common sense)과 같은 단어들이 나왔고, '성찬식'(communion) 역시 같은 어원에서 유래되었다.

다시 말해, 바른 커뮤니케이션을 위해서는 상호 간에 공통성이 있어야 가능하다. 그렇기 때문에 이런 이유로 두 사람 간의 가치의 기준이 다를 경우엔 서로간의 커뮤니케이션에 문제가 발생할 수 있는 것이다. 이런 원인들로 인해 선교사는 선교지에서 현지인들과의 커뮤니케이션의 어려움을 겪을 수 있는 것이다.

7. 성육신적 선교와 커뮤니케이션

그렇다면 성경에서 커뮤니케이션의 가장 적절한 모델은 어디에서 찾을 수 있을까?

사실 성경은 하나님이 인간과 지속해서 커뮤니케이션을 하셨다는 것을 보여 준다. 하지만 그중 가장 놀랍고 극적인 성경적 커뮤니케이션의 대표적인 모델은 예수 그리스도의 성육신이다. 성육신은 하나님이 인간과의 커뮤니케이션을 해결하시기 위해 이루신 하나님의 방법이다.

성육신은 하나님이 인간의 죄 문제를 해결하고 인간과의 근본적인 소통의 회복을 위해 이루신 방법이다. 결국, 성육신을 통한 예수 그리스도의 십자가의 대속적인 죽음과 부활은 우리가 하나님과 화목하게 되는 근거가 되었다. 그러므로 예수 그리스도는 하나님과 인간 사이 커뮤니케이션의 회복자시다.

성육신은 하나님이 자기 본래의 커뮤니케이션 방식을 버리시고 인간의 눈높이에서 인간의 방법으로 커뮤니케이션을 시도하신 사건이다. 그분은 인간의 모습으로 직접 세상에 오셔서 일반 사람들과 같은 옷을 입으시고, 같은 언어를 사용하셨고, 동일한 음식을 잡수셨으며, 당시 사람들의 세계관으로 충분히 이해할 수 있는 비유들을 들어 하나님 나라의 복음을 전하셨다.

이러한 예수 그리스도의 커뮤니케이션 방식은 현재의 선교에서도 동일하게 적용된다. 선교사는 예수님의 성육신과 같이 자문화 중심적인 태도를 버리고 현지 문화 중심적으로 생각하고 소통할 때 현지인들과의 바른 커뮤니케이션이 가능하게 된다. 타문화 선교에 있어 효과적인 커뮤니케이션을 이루기 위해서는 듣고 보는 사람들인 현지인 중심의 커뮤니케이션이 이루어져야 하는 것이다.

이런 면에서 예수 그리스도의 성육신은 선교지 현지인들과 커뮤니케이션을 해야 하는 우리에게 참된 커뮤니케이션의 본을 보여 주고 있다. 예수께서는 거룩한 보좌를 버리시고 세상으로 오셨다. 그분은 죄인과 세리의 친구였고, 바리새인들은 그분이 먹기를 탐하는 자라고 비판했다. 그분은 사람들이 거룩하다고 믿었던 예루살렘의 성전뿐만 아니라 거룩하지 못하고 비천하다고 무시당하던 죄인들과 가난하고 소외된 이들의 삶의 현장에서도 그들과 함께 계시며 하나님 나라의 복음을 친히 삶으로 보이셨다.

예수께서는 세상에 오시어 그 문화 속에서 당시 사람들과 눈높이를 맞추시고 그들의 문화 속에서 동일화되어 하나님 나라의 복음을 선포하셨다. 이렇게 예수님의 성육신과 같이 선교사는 선교 현지의 문화 속에서 성육화 되어야 한다. 이렇게 효과적인 복음을 증거하기 위해서는 선교사가 현지인과 같은 것으로 간주되는 의미인 '동일화'(identification)가 필요하다.

그러므로 동일화를 위해서는 다음의 두 단계가 요청된다.

첫째, 어떤 문화에 들어가든지 외형적인 것에 대해 열린 마음으로 수용하려는 자세다.

둘째, 배우는 사람의 마음으로 겸손하게 문화적 차이에 반응하는 것이다.

이때 선교사는 문화의 다양성을 인정하고 현지인의 삶에 참여해 봄으로 진정으로 현지인의 문화와 사고방식을 이해하고 받아들일 수 있어야 한다. 이는 현지인의 삶을 무조건 모방하는 것이 아니라 열린 마음과 태도로 받아들이는 것이다. 동일화의 궁극적인 목적은 얼마나 현지인처럼 되느냐 하는 것이 아니라, 타문화에 살고 있는 현지인들과 얼마나 깊고 효과적인 커뮤니케이션을 배울 수 있느냐 하는 것이다.

그러므로 선교사는 현지인들과 깊은 커뮤니케이션을 통해 선교사를 신뢰하고 서로 간에 함께 연합을 이루어 나갈 수 있도록 노력해야 한다. 그러므로 선교 사역에 있어 이러한 동일화 작업은 선교사의 현지에 대한 적응과 성장을 위한 필수 요인이라 할 수 있다.

이에 대해 로버트 웨버(Robert E. Weber)는 동일화 모델을 가리켜 '성육신적 커뮤니케이션'(Incarnational Communication)이라고 부르면서, "성육신이야말로 커뮤니케이션의 완벽한 모델"이라고 주장했다.[8]

휘튼대학의 커뮤니케이션 교수였던 제임스 엥겔(James F. Engel)은 다음과 같이 예수께서 행하셨던 커뮤니케이션 방법을 세 가지로 말하고 있다.[9]

첫째, 예수께서는 인간의 죄성을 알고 계셨다.

그렇기 때문에 죄인인 인간을 구원하기 위해서는 구원의 은혜가 필요함을 아셨다. '본질상 진노의 자녀'인 인간은 스스로는 구원의 가능성이 전혀 없다. 그러므로 예수 그리스도의 복음과 구원의 은혜가 필요하다.

> 너희가 그 은혜를 인하여 믿음으로 말미암아 구원을 얻었나니 이것이 너희에게서 난 것이 아니요 하나님의 선물이라 행위에서 난 것이 아니니 이는 누구든지 자랑치 못하게 함이니라(엡 2:8-9).

둘째, 예수께서는 인간 자체를 귀하게 여기셨다.

인간은 하나님의 걸작품이며 하나님으로부터 사랑을 입은 존재다.

---

[8] 로버트 E. 웨버, 『그리스도교 커뮤니케이션』, 정장복 역 (서울: 대한기독교출판사, 1985), 203.

[9] James F. Engel, *Contemporary Christian Communication: Its Theory and Practice* (Nashville, New York: Nelson Incorporated, Thomas, 1979), 89-91.

그러므로 예수께서는 세상의 모든 인간이 하나님을 알며 구원받기를 원하신다. 구원의 시작은 죄인을 긍휼히 여기시고 사랑하시는 예수 그리스도의 마음에서 출발한다.

> 하나님은 모든 사람이 구원을 받으며 진리를 아는 데에 이르기를 원하시느니라(딤전 2:4).

셋째, 예수께서는 여러 상황 속에서 적합하게 말씀을 전하셨다.
당시 사람들이 쉽게 이해하고 만족할 수 있는 비유의 수단을 사용하셨기 때문에 누구든지 그분의 말씀을 이해할 수 있었다. 그분은 주변에 흔히 보이는 사물들과 모든 만물 그리고 문화적 배경에서 모든 사람이 쉽게 이해할 수 있는 비유들을 사용하심으로 듣는 이들이 쉽게 이해할 수 있도록 도우셨다.

> 예수께서 이 모든 것을 무리에게 비유로 말씀하시고 비유가 아니면 아무것도 말씀하지 아니하셨으니(마 13:34).

8. 성육신, 낮아짐과 섬김의 역설

지금까지 하나님의 성육신적 선교를 타문화권에서 복음을 전하는 선교사들과 연관해 이야기했다.

그렇다면 과연 우리 성도에게는 성육신적 선교가 먼 나라의 이야기일까?

성경은 복음을 전하는 우리의 마음 자세의 중요성에 관해 직접적인 교훈을 준다.

> 너의 안에 이 마음을 품으라. 곧 그리스도 예수님의 마음이니 그는 근본 하나님의 본체시나 하나님과 동등됨을 취할 것으로 여기지 아니하시고 오히려 자기를 비어 종의 형체를 가져 사람들과 같이 되었고 사람의 모양으로 나타나셨으매 자기를 낮추시고 죽기까지 복종하셨으니 곧 십자가에 죽으심이라(빌 1:5-8).

또한, 사도 바울은 더 많은 사람에게 복음을 전하고 주께로 인도하기 위해 "스스로 모든 사람에게 종이 되었다"라고 말한다.

> 내가 모든 사람에게서 자유로우나 스스로 모든 사람에게 종이 된 것은 더 많은 사람을 얻고자 함이라(고전 9:19).

섬김은 예수께서 이 땅에 사시면서 행하신 일 중 우리가 거의 유일하게 흉내 낼 수 있는 행위다. 예수께서 세상에 계시면서 능력으로 각종 병자를 고치시고 죽은 자를 살리신 일, 물 위를 걸으시고 풍랑을 잔잔하게 하신 것 등의 이적들은 우리가 따라 하는 것이 불가능하다. 하지만 제자들의 발을 씻어 주시고 어려운 사람들을 섬기신 일들은 현재를 살고 있는 우리도 충분히 따라 할 수가 있는 일이다. 비기독교인들은 오늘도 우리를 지켜보고 있다.

존 스토트가 "오늘날 세계에서 복음 전도를 방해하는 가장 큰 장애물은, 교회가 자기 삶과 사역에서 하나님의 구원하시는 능력에 대한 증거를 제시하지 못하는 것이다"[10]라고 한 말에 우리 대부분이 동감하고 있지 않은가?

1980년, 세계복음화로잔위원회의 모임이 이런 주제로 태국의 파타야에서 있었다.

---

10 John Stott, *Favorite Psalms* (London: Candle Books, 1988), 68.

"어떻게 그들로 듣게 할 것인가?"
그 모임의 보고서는 다음과 같이 선언하고 있다.

> 우리의 증거가 우리의 삶이나 생활방식과 모순될 때 우리의 증거는 신뢰성을 상실한다. 다른 사람들이 우리의 선행을 볼 때만 우리의 빛은 비칠 것이다. 즉, 우리가 신실하게 예수 그리스도에 관해 말하기 위해서는 우리는 그분을 닮아야만 한다.[11]

사도 바울은 에베소서를 통해 우리 그리스도인이 하나님을 본받고 예수 그리스도께서 자기를 버리시기까지 우리를 사랑하신 것 같이 우리도 사랑으로 행하라고 말씀하고 있다.

> 사랑을 입은 자녀같이 하나님을 본받은 자가 되고 그리스도께서 너희를 사랑하신 것 같이 너희도 사랑 가운데서 행하라. 그는 우리를 위하여 자기를 버리사 향기로운 제물과 생축으로 하나님께 드리셨느니라(엡 5:1-2).

우리는 먼저 본을 보이신 예수 그리스도의 길을 따라 들리는 소리로만 복음을 전하는 것이 아닌 세상 사람들이 볼 수 있도록 복음을 전달할 필요가 있다. 눈에는 아무것도 보이지 않고 오직 들리기만 하는 외침은 교회를 부정적으로 바라보는 지금의 세상에서는 더욱 공허한 외침만이 될 수 있다.

이제는 귀에 들리는 소리만으로는 충분하지 않다. 하나님의 아들이신 예수께서 자기가 직접 성육신하셔서 하나님의 인간에 대한 놀라우신 사

---

[11] "The Thailand Statement", *in Making Christ Know: Historic Mission Documents from the Lausanne Movement 1974-1989*. ed. John Stott. (Grand Rapid: Eerdmans, 1996), 160-161.

랑을 자기 삶과 죽음으로 증명해 내신 것 같이, 우리도 복음을 우리의 삶을 통해 세상 사람들의 눈에 보이도록 전할 수 있어야 한다. 무엇보다도 먼저 복음을 전하는 우리 그리스도인이 그 복음에 의해 먼저 변화되어야 한다. 그리고 자기가 경험한 복음을 예수께서 먼저 행하셨듯이 세상 속에서의 거룩한 삶과 섬김으로 우리를 바라보는 세상 사람들에게 복음을 증명해 내야만 한다.

그것이 바로 성육신적인 선교이며 우리 주님이 먼저 행하셨던 낮아짐과 섬김의 종으로서의 모습이다.

제6장

새로운 주자들이 달린다
미션 플랜팅(Mission Planting)

 선교는 시대마다 선교의 주체가 되신 하나님의 인도하심에 따라 새로운 선교의 중심 그룹들이 일어났다. 그리고 21세기 서구 선교를 대체하는 비서구 세계선교의 잠룡들이 잠에서 깨어나고 있다.

 이제 미국이나 영국 등 서구 교회가 선교를 주도해 왔던 세대가 점점 저물어가고, 이제는 아시아와 아프리카 그리고 중남미 등에서 중국과 인도, 나이지리아와 브라질과 같은 국가들이 새 시대 새로운 선교 운동을 주도하기 위해 천천히 기지개를 켜고 있다. 이들이 바로 새 시대의 새로운 선교 주자들이다.

1. 처치 플랜팅과 미션 플랜팅

선교는 각각의 시대에 따라 변화해 왔다. 다시 말해, 선교의 내용인 복음은 시대가 지나도 그 자체가 불변하는 진리이지만, 그에 반해 선교의 방식과 전략 등은 그 시대의 상황과 변화된 환경 그리고 다양한 문화에 따라 적절한 모습으로 변화되어 왔다. 그렇기에 선교를 연구하는 선교학은 실천 신학의 학문 중에서도 가장 변화에 민감하고 계속 변화해 온 학문이라 할 수 있다.

지금도 선교를 이야기하면 성도의 머릿속에 가장 먼저 떠오르는 것이 '교회 개척'이라 불리는 '처치 플랜팅'(Church planting)이라 할 수 있겠지만 이제는 현지의 상황에 따라 선교 방향의 변화가 필요하다.

필자는 2009년 중국에 들어가 중국의 도시 가정교회들의 '미션 플랜팅'(Mission planting)을 돕는 '미션 플랜터'(Mission Planter)로서 사역하였지만, 실제로 그 이전인 2000년대 초 한국으로 들어가 수년간 선교단체의 대표로 섬기면서 지금의 시대는 선교가 '처치 플랜팅' 즉 '교회 개척'에서 끝나는 것이 아닌 '미션 플랜팅'으로 옮겨 가야 한다고 주장하며 '미션 플랜팅'의 중요성에 대해 여러 교회와 선교단체들에 말씀을 전한 적이 있었다.

그렇다면 여기서 말하는 '미션 플랜팅'이란 무엇인가?

'미션 플랜팅'이란 쉽게 말해 '선교지에 세워진 현지 교회와 성도가 타문화권 선교에 동참하도록 하는 사역'을 말한다. 즉, 선교사가 선교지에 현지 교회를 세우는 것으로 끝나는 것이 아닌, 현지 교회들이 그 지역에서 벗어나 전 세계적인 타문화 선교에 동참하도록 하는 것이다.

실제로 우리가 이야기하는 현지 교회들을 살펴보면 '창의적 접근 지역'이나 '미전도 종족 지역' 등과 같은 현지 지역 교회들은 아직도 많이 열악하고 스스로 자립하기 어려운 교회들도 있으나, '비서구 세계',[1] 혹은 '2/3 세계'나 '글로벌 사우스'(Global South)로 불리우는 지역의 국가들 가운데서도 중국이나 인도 등의 아시아 국가들이나 중남미 또는 아프리카의 여러 국가의 교회들은 한국 교회보다도 선교의 역사가 훨씬 긴 교회들이 많이 있으며 또한 경제적으로도 자립한 교회들도 있다.

이런 현지 교회들에게 지역에 제한된 교회 개척 등의 사역에 머무는 것이 아닌 세계선교의 한 역할을 감당할 수 있도록 이들에게 선교적 비전을 공유하며, 교회들이 국내외의 타문화권 선교에 눈을 돌리며 교회에 대한 하나님의 큰 비전을 나누는 것은 무척 중요하다. 물론 '미션 플랜팅'의 대상은 이렇게 선교 역사가 오래되고 자립이 가능한 교회에만 국한된 것은 절대 아니다.

아직 어리고 작고 연약한 교회들이라 할지라도 하나님의 궁극적인 교회에 대한 비전을 공유하고, 앞으로 교회가 감당해야 할 세계선교의 큰 그림을 나누며 이 일에 동참할 수 있도록 격려하는 것이 필요하다. 물론 아직도 교회 개척이 필요한 여러 지역에서는 교회 개척 사역이 꾸준히 진행되어야 한다.

하지만 그와 더불어 비록 현지 교회가 연약하다 할지라도 교회 개척의 시작부터 세계선교의 비전을 함께 공유하며 비전을 따라 나가도록 격려하는 것은 교회가 진정한 의미의 교회 됨에 있어서 필수적이다. 왜냐하면, 만약 선교가 교회의 본질이라면 지구상의 그 어느 교회도 세계선교의 사

---

1 '비(非)서구권' 혹은 '비서구 세계'라는 표현은 '서구 중심적', '서구 편향성'을 지니는 용어라 할 수 있다. 왜냐하면, 서구를 중심으로 해야만 비서구라는 표현이 존재할 수 있기 때문이다. 이러한 용어의 편향성 때문에 현재의 글로벌화된 선교계에서는 '2/3세계'(Two-Third World), '다수 세계'(The Majority World), '글로벌 사우스'(Global South) 등과 같은 표현들을 선호한다. 이런 표현들은 비서구권에 해당하는 국가와 민족들이 인구의 '다수'를 차지하고 있고 대부분 남반구에 위치해 있기에 붙여진 명칭들이다. 이 책에서 사용된 비서구 표현은 앤드류 월스(Andrew Walls)의 경험을 토대로 더욱 분명한 메시지를 전달하기 위한 한정적인 목적에서 사용하였다.

명에서 벗어날 교회는 없을 것이기 때문이다.

2. 선교의 중심이 바뀌고 있다

지난 세기 세계선교의 가장 큰 변화 중 하나는 그동안 선교사를 받기만 하던 아시아, 아프리카, 중남미의 비서구 세계의 교회들 안에서 크고 작은 선교 운동들이 일어나고 있다는 것이다. 지난 100년 동안 선교는 기독교 세계의 지도를 완전히 바꾸어 놓았다.

20세기 초에는 전 세계 그리스도인의 약 90퍼센트가 서구권 혹은 '글로벌 노스'(Global North)에 살고 있었다. 하지만 21세기 초에는 세계 그리스도인의 약 75퍼센트가 비서구권, 즉 '글로벌 사우스'(Global South)의 아시아, 중남미, 아프리카 등의 남반구에 살고 있다. 세계 기독교의 무게 중심이 '글로벌 사우스', 즉 비서구권으로 옮겨온 것이다. 이제 현대 선교 운동에 있어 비서구권의 몇몇 국가는 앞으로의 선교 운동에서 기존의 서구 선교를 대체하는 다음 세대의 새로운 선교 운동의 주도 그룹으로서 세계선교에 있어 그 영향력이 더욱 증가할 것이다.

그중, 특히 아시아의 중국과 인도, 인도네시아, 남미의 브라질 그리고 아프리카의 나이지리아 같은 국가들은 앞으로 우리가 지속해서 주의 깊게 관찰하고 연구해 볼 만한 각 대륙의 대표적인 세계선교의 주도국들이 될 것이다.

선교계의 보고에 따르면 500만 명 이상의 성도가 소속된 나이지리아의 '리디머크리스천하나님의교회'(Redeemer Christian Church of God)는 전 세계 196개국에 선교사를 파송했다고 한다. 또한, 인도의 '인도선교협의회'(IMA)도 수만 명의 선교사를 해외에 파송했으며, 브라질 '예수전도단'(YWAM)은 18,000명의 선교사를 파송했다고 보고되었다.

특히, 최근까지 선교의 불모지라 여겨졌던 중동이나 북아프리카 등과 같은 전통적인 이슬람 지역 내의 그리스도인들 사이에서도 '미션 플랜팅'이 조금씩 확장되고 있는데, 지금까지 중동 등에서의 현지 교회는 무슬림 정부와 타협하여 지역 무슬림에 대한 전도나 개종 시도를 하지 않는 대신 자기들의 고유한 기독교 신앙을 지켜올 수 있었다.

하지만 최근 이러한 전통을 거부한 현지 교회와 성도가 정부가 금지한 지역 무슬림에 대한 복음 전도를 시도함으로서 교회와 무슬림 정부 간의 타협 관계를 무너뜨리는 상황이 나타나고 있으며, 선교사 등에 의해 선교 훈련을 받은 현지 성도가 다른 무슬림 국가로 들어가 복음을 전하는 일들이 시도되고 있다.[2] 이런 방식의 '미션 플랜팅'은 무슬림 지역에서 점차 증가하는 추세이다.

3. 중국의 미션 플랜팅, 선교중국운동(宣教中国运动)

이번 장은 특별히 다음 세대의 선교 주도국으로 떠오르는 비서구 국가 중 가장 강력한 세력으로 부상한 중국을 중심으로 설명하려 한다. 언제부터인가 정치, 경제, 사회, 군사 등 중국에 대한 소식이 없는 뉴스는 하루도 기대할 수 없을 정도로 이제는 미국과 더불어 G2로 세계를 양분하고 있는 중국이라는 거대한 제국이 세계의 한 부분을 주도하고 있다.

선교와 중국, 이 두 개의 단어를 바라보며 우리는 무엇을 기억해야 할까? 역사의 주관자가 되신 하나님은 과연 중국을 통해 이 시대의 어떤 선교의 길을 만들기를 원하시며 또한 어떤 큰 그림을 그리고 계실까?

---

[2] "선교지에 세워진 교회가 스스로 선교에 나서는 시대가 활짝", 「국민일보」, 2019. 12. 26.

이제는 중국 선교를 좀 했다면 익히 들어 알고 있는 '선교 중국' 사역에 있어 가장 유념해야 할 것은 무엇일까?

아마도 선교의 주체가 우리가 아니라 바로 하나님께 있다는 것을 항상 기억하는 것이 아닐까?

어쩌면 그런 이유로 토니 램버트(Tony Lambert)는 챈과 헌터의 중국 가정교회의 성장과 부흥에 대한 사회학적인 해석에 이의를 제기하면서 고난을 통한 하나님의 섭리를 강조하는 중국 가정교회 내의 신앙적 해석을 대변하지 않았을까?

그렇기에 그는 고난이 중국 교회를 정결케 했으며 제한된 자유와 핍박이 중국의 그리스도인들을 참 제자로 만드는 데 큰 역할을 했다[3]고 주장하지 않았을까?

중국의 고사(故事) 중에 "십년하동, 십년하서"(十年河東, 十年河西) 라는 말이 있다. 우리말 가운데 "10년이면 강산도 변한다" 는 말과 같은 뜻이다. 한국 교회가 중국에서 본격적으로 사역한 지도 어언 30여 년을 훌쩍 넘어버렸다. 청년에서 장년으로 넘어가는 기로에 서 있는 것이다.

혹 그동안 우리의 중국에서의 사역 방식과 방향 가운데는 수정하여야 할 것은 없는가?

선교는 속도보다 방향이 중요하다. 빨리 빨리의 DNA를 태어날 때부터 가지고 있는 한국 교회의 성과주의는 선교의 동역을 무너뜨리는 성을 허무는 여우와 같을 수 있다. 또한, "선교는 선교의 열정으로 되는 것이 아닌 훈련과 준비한 만큼 된다"라고 강조했던 허드슨 테일러의 충고는 우리에게 선교의 기본기를 다시 강조한다.

---

[3] 토니 램버트, 『중국의 교회 그 놀라운 성장』, 이찬미, 최태희 역 (서울: OMF-Rodem Books, 2007), 278-284.

21세기 급변하는 중국과 세계의 상황 속에서 우리는 어떤 선교의 비전과 목적을 가지고 중국에서의 사역을 섬겨야 할까?

역사와 선교의 주관자이신 하나님은 이 시대에 중국에서 선교를 감당하고 있는 한국 교회에 어떤 역할을 원하실까?

우리는 현재 중국의 당면한 상황과 중국의 교회들, 특히 중국의 '신흥도시 가정교회'의 의미를 살펴보고 선교중국운동의 역사적인 배경과 신흥도시 가정교회를 통한 선교중국운동의 현재와 미래를 고찰함으로 앞으로 한국 교회와 선교사들이 중국을 단순히 선교 대상 국가로만 접근하는 것이 아니라 마지막 시대의 세계 복음화를 위해 중국 교회와 어떻게 동반자로 나아갈 수 있을지에 깊이 고민하여야 할 것이다.

4. 중국 선교(中國宣教)와 선교 중국(宣教中國)

왜 우리는 중국에서 선교사를 동원하여 타문화권으로 파송하는 사역을 '선교 중국'이라 표현하게 되었는가?

먼저, 개념 정리가 필요할 것 같다. 이렇게 정리해 보자. '중국 선교'는 중국인의 복음화를 목표로 한다. 더 나아가 올바른 중국 선교는 중국인의 영혼 구원에서 끝나는 것이 아니라 구원받은 제자들을 통해 세상을 변화시키는 것까지 나아가야 한다.

이에 반해 '선교 중국'은 중국 교회가 중심이 되어 타문화권 선교에 헌신하는 것이다. 선교 중국은 중국 교회에 타문화권 선교에 대해 도전하고 헌신하도록 격려한다. 나아가 중국 교회가 효율적으로 타문화권 선교를 수행할 수 있도록 동역하는 것이다. 따라서 중국 선교와 선교 중국의 관계는 나무와 열매의 관계라 말할 수 있다. 건강한 나무에서 건강한 열매가 맺히듯이 건강한 교회는 선교라는 열매를 맺는다.

결국, 중국 선교의 결과는 선교 중국으로 증명된다. 따라서 중국 선교와 선교 중국은 별개의 대립적인 사역 개념이 아니다. 도리어 기존의 중국 선교가 확장되어 나아갈 때 자연스럽게 선교 중국이라는 결과물로 나아가야 하는 것이다.

5. 과거, 중국 교회의 선교중국운동 역사

중국 교회의 세계선교에 대한 참여는 20세기 초반부터 시작되었다. 1918년 중국 변방의 소수 민족에게 복음을 전하기 위한 연합 사역이 시작되었고, 1920년대 후반과 1930년대에 중국 교회에서 파송 받은 선교사들이 동남아시아에서 사역했다. 제2차 세계대전이 끝난 후, 여러 선교단체는 중국 북서부 지역과 중앙아시아에 있는 무슬림을 대상으로 한 전도의 비전을 갖게 되었다.

그 결과 두 가지 선교 프로그램이 시작되었는데, 하나는 '북서부영적선교'(Northwestern Spiritual Ministry, 1946)이며, 다른 하나는 '백투예루살렘전도연대'(Back to Jerusalem Evangelical Band, 1947)였다. 이들 선교 프로그램이 의미 있는 결실을 이루기도 전에 1949년에 중국의 공산주의 혁명이 승리를 거두면서 선교 노력은 좌절되고 말았다.[4]

이렇게 역사의 광풍 속에서도 중국 교회는 땅끝이라 생각했던 예루살렘까지 복음을 전하기 위해 서쪽으로 여행했고, 1949년 신중국이 선포된 이후 중국에 국경이 세워지면서 서쪽 끝인 신장(新疆)성에 머무르기도 하였다.

이것이 소위 '백투예루살렘운동'(Back to Jerusalem Movement, BJM)의 전신

---

[4] 케빈 시위 야오, "중국 교회의 선교 운동", 한국선교연구원(kriM) 「파발마 2.0」, 2015.

이다. 백투예루살렘운동은 1920년대 산둥성의 '예수가족'(Jesus Family) 공동체에서 시작되었다. 그 후 1940년대 노스웨스트성경학교를 중심으로 시몬 조, 마크 마, 메카 차오, 이렇게 세 사람이 주도적으로 이 운동을 이끌었는데 이들 중 시몬 조는 그중 복음 지도자로 임명되었고 산둥성에서부터 신장의 하미 지역까지 복음을 전하다 카쉬가르에서 중국 정부에 체포되어 31년간 옥고를 치르게 된다.

당시 중국에서는 1960년대 말부터 허난성이 중국 가정교회 부흥의 중심지가 되었는데, 허난성의 가정교회 지도자들은 1981년 옥고를 마친 시몬 조에게 동역자를 보내어 카스가르에서 만나게 되었고 그 후 시몬 조는 백투예루살렘운동의 비전을 허난성의 가정교회들 안에 가르치게 되었다. 이렇게 시몬 조와 허난성 가정교회의 만남으로 다시 중국 가정교회 안에 백투예루살렘운동의 비전이 일어나게 된 것이다.

백투예루살렘운동에 대한 신학적, 선교학적 평가는 국내외의 중국 사역자들에 따라 다소 엇갈리는 것은 사실이다. 그럼에도 백투예루살렘운동은 중국 교회에 의한 중국 그리스도인들의 자발적 선교 운동이었다는 데 커다란 의의를 둘 수 있을 것이다. 더불어 이러한 신앙을 이어받은 중국 가정교회는 중국을 복음화하고, 중국에 있는 소수 민족에게 전도하며 더 나아가 이슬람권에 선교하려는 분명한 비전을 갖게 된 것이다.

1950년대 초부터 1980년대 초까지 중국 교회는 공산당의 정치적 압력 속에서 정부가 허가한 중국 기독교 '삼자애국운동'(Three-Self Patriotic Movement, TSPM)[5]으로 통합되거나 지하로 숨어들어 갈 수밖에 없었다. 하지만 1980년대와 1990년대에 이르러 유래없는 교회의 부흥이 일어나면서 다시금 선교에 대한 비전이 교회들 안에 일어나기 시작하였다.

---

5   삼자회는 중국 정부의 통일전선부(統戰部)의 통제를 받는다. 중국 헌법에는 종교 신앙의 자유가 있지만 중국의 교회는 반드시 삼자회에 등록해 기독교양회(중국기독교삼자애국운동위원회와 중국기독교협회)의 관리 아래 들어가야 한다.

토마스 리 목사의 증언에 의하면 2009년 기준으로 당시까지 중국 가정교회는 170여 명의 선교사를 파송하였고, 2009년 새롭게 70여 명의 새로운 선교사들을 파송하려고 했으며, 중국 가정교회 중 선교사 파송위원회를 조직한 선교 참여 단체가 15개 단체이고, 전통적 규모의 선교 훈련센터가 5개소가 있다고 하였다. 이로 보건대 선교 중국은 중국 교회 전체적으로 보면 아직도 미미한 수준이지만, 이제는 비전을 운위하는 단계에서 본격적으로 수행하는 단계에 들어왔다고 볼 수 있을 것이다. 이제 중국을 향한 선교 운동은 중국에서부터의 선교 운동으로 변화되고 있다.

6. 현재, 선교중국운동의 필연성

필자가 십수 년 전 몇 가지의 질문을 가지고 오래전부터 사역해 왔던 이슬람 지역에서 중국으로 사역지를 옮기게 된 가장 큰 동기는 이사야 55: 8-9의 말씀이었다.

> 여호와의 말씀에 내 생각은 너희 생각과 다르며 내 길은 너희 길과 달라서 하늘이 땅보다 높음 같이 내 길은 너희 길보다 높으며 내 생각은 너희 생각보다 높으니라 (사 55:8-9).

이 말씀을 묵상하며 앞으로 선교와 역사의 주체 되신 하나님이 계획하시고 준비하신 큰 그림을 보여 달라고 기도하곤 했었다. 당시만 해도 선교 중국의 비전을 이야기하면 선교중국운동에 대해 선구자이었던 몇몇 분을 제외하면, 중국에서 오래 사역했던 시니어 선교사들도 비전은 좋지만, 중국 교회는 아직은 멀었다느니, 앞으로 최소한 10년은 더 있어야 한다느니 하는 말들을 들었다.

사실 각자의 중국 교회의 상황을 바라보는 관점에 있어 상황을 판단하는 기준은 다르겠지만 선교 중국에 대한 하나님의 큰 그림은 그분에 의해서 벌써 오래전부터 차근차근 이루어 오셨다고 할 수 있다. 그 실례들을 몇 가지만 들어보자.

7. 선교중국운동의 핵심, 신흥도시 가정교회(新兴城市家庭教会)

1807년 중국의 첫 개신교 선교사였던 로버트 모리슨(Robert Morrison, 1782-1834)에 의해 중국에 복음이 처음 전파되기 시작한 후, 1949년 마오쩌둥에 의해 신중국 성립 당시 중국의 그리스도인들의 수는 대략 70만에서 200만 명 정도로 추산되었다. 이후 용광로 같았던 문화대혁명이 막이 내리고 개혁 개방이 이루어지면서 약 800만에서 1,200만 명으로 성장한 중국의 그리스도인들은 농촌 지역의 가정교회를 중심으로 지속적이고 폭발적인 성장을 이루어왔다.

2010년 칭화대학교의 리평 교수는 「기독교사상」(基督教思想)에서 당시 가정교회는 약 8,000만 명에 80만여 개의 처소가 있으며 삼자교회에는 약 2,000만 명 정도의 성도가 존재한다고 발표했다. 국내외의 여러 중국 교회에 대한 통계를 고려해 봤을 때 잠정적으로 내릴 수 있는 결론은 현재 중국은 최소한 1억 명 이상[6]의 기독교인이 존재하는 세계 최대 기독교 인구를 가진 나라 중 하나라는 것이다. 이는 전체 중국 인구의 6~7퍼센트에 해당하는 규모다.

그렇다면 이렇게 성장하고 있는 중국 교회 안에서의 최근의 가장 큰 변화는 무엇일까?

---

6 학자들이나 선교사들에 따라선 1억 3천만 명에서 최대 1억 5천만 명까지 보기도 한다.

무엇보다도 중국 대도시들 안에서의 '신흥도시 가정교회'(新興城市家庭教会: The Third Wave)의 출현이다. 근래에 들어오며 중국은 급격한 도시화로 인해 많은 사람이 농촌을 떠나 도시로 몰려옴에 따라 새로운 신흥도시 가정교회들이 대도시마다 우후죽순같이 세워지고 있다. 소위 중국의 최대 도시들이라고 하는 베이징이나 상하이 등과 같은 1선 도시에는 마치 이전 70, 80년대 한국의 대도시에서 개척교회들이 시작되는 것과 같이 수천 개의 신흥도시 가정교회들이 개척되고 존재하고 있다.

이렇게 1990년대 이후 새롭게 발흥한 신흥도시 가정교회는 전통적으로 농촌에서 부흥한 가정교회나 도시에 위치한 정부 등록 교회인 삼자교회와 완연히 구분되는 새로운 형태의 도시 가정교회다. 쑨이(孫毅) 교수는 이와 같은 신흥도시 가정교회를 다음과 같이 정의하고 있다.

> 신흥도시 가정교회는 주로 지난 세기인 1990년대에 중국 대도시에 나타나기 시작한 새로운 형태의 교회들로써, 중국 가정교회의 전통을 따르고 있으며 주로 젊은 층의 지식인들에 의해 주도되고 구성된 가정교회를 가리킨다.[7]

신흥도시 가정교회는 신앙 전통에 있어서는 전통적인 가정교회를 따르며 주로 도시의 고등교육을 받은 젊은 지식인들에 의해 주도되고 있다. 지금까지 농촌의 가정교회에는 경제적으로 어려운 농민들이나 교육을 많이 받지 못한 사람들이 다수였다면, 신흥도시 가정교회는 경제적인 면에서나 교육적인 측면에서 소위 중산층 교회라 부를 수 있다.

특히, 이들의 목회자들 대부분이 고등 교육을 받고 지역교회 목회에 주

---

[7] 孫毅, "新興城市家庭教會的主要關切", 2009년 11월 「中國家庭教會問題專題研討會」 발표 논문, 현 普世社會科學研究所에서 편집한 "中國基督家庭教會問題研究" 연구 논문집, 223-289.

력하는 모습은 순회전도자들에게 의지하는 전통적 가정교회의 모델과는 구별된다. 십여 년 전 필자가 연관된 신흥도시 가정교회 네트워크의 선교대회에 초대받았을 때 미국의 저명한 신학교에서 1990년대에 벌써 목회학석사(M.Div) 과정을 유학했던 현지 목회자를 네 분이나 소개받은 적이 있다. 이는 전통적인 농촌 가정교회에서는 극히 보기 힘든 모습이다.

이들은 또한 적극적인 사회적 참여 의식과 책임 의식을 가지고 있어 내적, 영적, 내세적인 신앙을 강조하는 전통적 가정교회와 구별되는 모습은 신흥도시 가정교회가 가지는 또 다른 특징이라 할 수 있다. 이들의 적극적 사회참여는 재해민을 돕기 위해 그리스도인 자원봉사자들이 헌신하는 모습으로, 더 나아가 자체적으로 NGO까지 만들어 사회봉사에 적극적으로 참여함으로 나타나기도 한다.

이반(李凡) 교수는 사회의 소외계층의 권익향상을 위한 법조계의 노력 중에 신흥도시 가정교회 출신의 그리스도인 변호사들의 역할이 눈부시다고 말하고 있는데, 그는 자기 논문에서 현재 약 500~600만 개의 중국 NGO 단체 중에 중국 가정교회에 속한 단체가 100만 개로 추정된다고 하였다.[8]

다시 말해 중국 가정교회는 중국 사회에서 가장 거대하고 크게 활약하는 체제 밖의 NGO라 할 수 있다. 중국사회과학원의 판야펑(范亚峰) 박사에 의하면 중국 민간 사회의 자원봉사자 100만 명 중 그리스도인이 63만 명에 이르며, 전체 헌금 총액 1,000억 위안 중 그리스도인의 헌금이 115억 위안에 이른다고 했다. 이렇게 중국 사회를 돌보고 있는 자원봉사자와 민간단체 중 그리스도인의 비율은 훨씬 높은 비율을 보이고 있다.

또한, 최근에는 중국 정부로부터 오는 여러 압력에 대처하기 위해 변호

---

8 李凡, "基督教与中国政治发展" 2008년 7월27일 「背景与分析」특간, 제19호에 발표, "中国基督教家庭教会问题研究", 2009년 1월, 117-145.

사를 고용해 기존의 법들을 이용해 권리를 주장하는 교회들이 늘고 있다. 신흥도시 가정교회들의 이러한 적극성은 자기표현으로도 나타나는데, 근래에는 이전의 교회들과는 달리 이름을 짓는 교회들이 늘어가고 있으며 공개적인 웹사이트와 SNS를 적극적으로 사용하는 교회도 늘고 있다.

무엇보다 긍정적인 것은 교회 간의 연합에 적극적이라는 것이다. 정부의 압력 때문에 연합 사역을 자제했던 이전의 모습과는 확연히 다른 모습이다. 필자가 머물고 있었던 지역에서도 수많은 교회 간의 연합 모임들이 이루어지고 있었다.

특히, 필자가 속한 단체가 연결된 한 네트워크에서는 한 도시 안에서 40여 개의 교회가 연결되어 있는데, 이들 안에 선교 동원과 선교사 파송을 위한 선교 연합체가 형성되기도 하였다. 또한, 신흥도시 가정교회들 안에서 이전의 교회들과는 다르게 적극적으로 국제 선교단체들이나 한국이나 미국 등의 교회들과 직접 접촉하는 경우들이 있어 이에 따른 선교사들의 역할 변화가 조금씩 일어나고 있다.

이러한 커다란 변화 속에 있는 중국 교회지만 동시에 여러 과제를 안고 있기도 하다. 무엇보다도 건강한 영적 지도자들을 양성하기 위해 신학적 이슈들을 점검해 볼 필요가 있을 것이다. 특히, 중국 특유의 유교적 또는 샤머니즘적인 신앙을 극복하기 위한 올바른 신학을 제공할 수 있어야 할 것이며, 이제는 교회성장에서만 머물러 있는 것이 아니라 더불어 성도의 영적 성숙의 방향성도 제시할 수 있어야 할 것이다.

또한, 잠재력 가득한 도시에서 어떻게 효과적으로 도시에서 사역할 수 있는 목회자들을 양성할 수 있는지의 문제는 앞으로 신흥도시 가정교회의 미래를 결정하는 커다란 과제가 될 것이다. 근래에 들어 특히 교회성장과 맞물려 신흥도시 가정교회들 안에서도 대형 교회들이 속속 등장하고 있는데 이런 교회들을 바라보며 젊은 목회자들 가운데 대형 교회로 성장하는 것을 목회의 목표로 공공연하게 주장하는 일도 나타나고 있다.

따라서 교회성장의 다양한 문제를 미리 경험한 한국 교회는 중국 교회의 목회자들이 미국이나 한국 교회의 양적 성장에 대한 신화에서 과감히 탈피할 수 있도록 건강한 교회와 성도로 나아갈 수 있도록 도울 수 있어야 할 것이다. 게다가 중국의 경제 성장에 따른 세속화와 물질주의도 중국 교회의 성장을 붙잡고 있는 주요한 문제점들이라 할 수 있다.

그렇다면 어떻게 이런 거대한 도전을 중국 교회는 돌파해 나갈 것인가?
더 나아가 가정교회에 대한 중국 정부의 등록 압력에 어떻게 교회는 대처해야 할 것인가?
신흥도시 가정교회와 그 신앙의 뿌리를 같이하고 있는 농촌 가정교회와의 협력은 어떻게 이룰 수 있을 것인가?

이렇게 중국 교회를 겨누고 있는 수많은 칼날 같은 도전 앞에서 우리는 더욱 전능하신 그분 앞에 겸손히 무릎을 꿇어야 할 것이다.

8. 중국의 경제 성장과 세계선교와의 관계

중국은 개혁 개방 이후 국가 경제의 지속적인 고속 성장을 이루어 왔다. 또한, 중국 교회는 대규모의 지리 정치학적, 인구학적 변동으로 선교에 있어 유리한 환경이 조성되었다.
이 말에는 어떤 의미가 있을까?
우리나라를 실례로 생각해 보자.

1970년대에서 1980년대까지의 한국의 경제 성장은 말 그대로 경이적이었다. 더불어 한국 교회 역시 급성장을 이루었다. 그 후 한국 안에서의 교회성장은 1980년대와 1990년대의 세계선교 운동으로 연결되었고 이렇게 세계선교 운동을 감당할 수 있었던 것은 한국의 경제 성장이 선교의 커다란 원동력이 되었다.

그렇다면 중국의 경우는 어떨까?

중국 역시 지난 1990년대 이후 놀라운 경제 성장을 이루고 있다. 이렇게 중국이 정치, 경제적 강대국으로 부상한 것은 중국 교회가 참여하는 세계선교에 커다란 호재로 인식된다. 더불어 앞에서 언급한 것과 같이 중국 교회의 성장은 세계 교회의 부흥 역사에 유래 없는 놀라운 부흥을 이루어 왔다.

따라서 현재 명실상부한 GDP 대비 세계 2위의 중국의 경제력은 교회성장과 더불어 앞으로 중국이 주도할 세계선교의 커다란 원동력이 될 수 있을 것이다.

아마도 앞으로 수십 년간은 중국 교회가 주도하는 새로운 선교의 시대가 될 것이라고 말한다면 너무 과장된 표현일까?

그러나 한 가지 분명한 것은 중국 교회가 미래에 세계선교의 최선봉에 서지 못한다 할지라도 최소한 미래의 강력한 세계선교의 핵심 세력 중 하나가 될 것은 너무도 자명하다.

9. 중국인 디아스포라, 그들은 누구인가?

중국인 디아스포라 그룹은 대략 두 가지 정도로 나눌 수 있다. 1949년 이전에 해외로 이주한 화교(華僑)들과, 1980년 중국의 개방 개혁 이후 경제, 교육 등의 이유로 해외로 이주한 중국인들이다. 현재 전 세계에는 168개국에 약 8,700만의 중국인 디아스포라들이 미국과 유럽 연합에 이은 제3의 거대한 경제 집단으로 자리 잡고 있는데, 중국 국무원 판공실에서 발표한 '2016년 화교, 화인 연구 보고서'에 의하면 전 세계 중국인 디아스포라 중 73퍼센트 정도가 동남아시아에 거주하고 있으며, 동남아 증권 시장에 상장된 기업 중 약 70퍼센트가 중국인 디아스포라 기업이라고 보고되었다.

또한, 전 세계 중국인 디아스포라의 자산은 약 3,000조 원에 이른다고 하니 이들의 규모가 어느 정도인지 대략 짐작할 수 있다. 이들은 해외에 이중으로 네트워크를 구축하고 있는데 중국인 디아스포라 네트워크와 1980년대 이후 이주한 중국인 네트워크가 그것이다. 감사한 것은 중국인 디아스포라 안에서도 그동안 하나님이 놀라운 영적 부흥을 주셔서 교회들이 성장하고 많은 중국인 디아스포라가 그리스도인이 되었다는 사실이다.

그 실례는 싱가폴, 말레이시아, 미국 등 많은 국가에서 찾아볼 수 있다. 실제로 이들이 속한 중국인 디아스포라 교회는 대략 9천여 개에 이른다. 따라서 중국인 디아스포라 교회들 안에 수천, 수만 명이 모이는 교회들 생기고 도리어 중국으로 선교사들을 파송하는 일이 심심치 않게 일어나고 있다. 이에 중국인 디아스포라 안에서도 기독교 네트워크가 생겼는데 바로 '세계화인복음회의'(世纪华人福音会议, www.cccowe.org)이다.

앞으로 대륙의 중국 교회와 더불어 중국인 디아스포라 교회와 선교사들의 역할은 점점 커질 것이다. 왜냐하면, 이들은 중국인이라는 같은 뿌리를 가지고 있고 중화사상의 중국 문화와 중국어 그리고 영어에 훨씬 익숙한 장점을 가지고 있기 때문이다.

또한, 이들 안에는 중국 선교는 자기가 주도해야 한다는 생각이 깊이 자리 잡고 있다. 필자가 속한 단체 안에서도 이런 중국인 디아스포라 출신 선교사들이 점점 증가하는 추세이고 개인적으로 교제하는 국제 선교 단체들에 속한 선교사들 안에서도 중국인 디아스포라 출신이 증가세다.

앞으로 한국 교회와 중국인 디아스포라 교회들 안에서 보다 효과적인 세계선교의 동원과 협력이 이루어지길 기대해 본다.

10. 중국과 비서구권과의 관계

　현재 중국 정부는 국가 간 상호 불간섭 정책에 의해 정치, 경제적으로 이슬람의 중심지인 중앙아시아, 중동, 아프리카 국가들과의 최고의 관계를 유지하고 있다. 매년 중국 중앙정부는 베이징에서 '중국 아시아 아프리카 정상회담'(China Asia Africa Summit)을 주최하며 서로의 친밀한 관계를 세계에 과시한다. 또한, 중국이 중앙아시아와 아프리카의 최대 투자국인 것은 자타가 공인된 사실이다. 수많은 이 지역의 학생이 중국에서 유학하고 있고 중국의 비즈니스맨들이 이들 지역에서 비즈니스를 하고 있다.

　현재 아프리카 학생들이 유학 대상지로 가장 선호하는 나라가 중국인데, 남아프리카공화국 주간지 「메일앤가디언」 최신 호에 따르면 중국은 가나, 나이지리아 등 아프리카 학생들의 최고 선호 유학 대상지가 되지만, 프랑스와 영국 등 유럽 국가는 인기가 떨어지고 있다. 중국-아프리카 발전 문제 자문회사인 '루이나신'(睿納新, Development Reimagined)은 보고서에서 주요국 아프리카 유학생 수 가운데 중국은 2011년 2만 680명에서 2017년 7만 4천 11명으로 3배 이상 증가했다고 설명했다. 보고서는 또 2011~2016년 해마다 중국으로 공부하러 간 아프리카 학생 수가 중국 내 아시아계 유학생 수보다 평균 14퍼센트 더 빠르게 증가했다고 전했다.[9]

　그런데 역설적으로 중국과 최고의 관계를 갖고 있는 이들 아프리카와 무슬림 국가들은 현재 선교사 파송의 중심지인 미국과 영국 등의 서구 국가들과는 계속적으로 관계가 악화되고 있다.

　오죽했으면 힐러리 클린턴이 국무장관이었던 시절에 아프리카를 방문하고 미국이 아프리카를 중국에 빼앗겼다고 탄식했겠는가!

　더구나 최근 중국은 '일대일로'(一帶一路, 신실크로드) 정책을 통해 중국

9　"아프리카 유학생, 갈수록 중국 선호", 연합뉴스, 2022. 9. 8.

에서부터 육로를 통해서는 중앙아시아와 러시아를 거쳐 유럽까지, 해상으로는 싱가포르, 미얀마, 중동, 아프리카를 거쳐 그리스까지의 해상로를 구축하였다. 완벽한 경제 교류의 인프라를 마련한 것이다. 현재 중국은 이렇게 세계 대부분의 비서구 국가와 비교적 좋은 관계를 맺고 있다. 이런 관계로 말미암아 중국 선교사들은 대부분의 선교 현지에서 민족 감정과 같은 저항 없이 환영받고 있다.

또한, 중국 교회가 처해 있는 특별한 상황, 즉 정부의 혹독한 박해와 핍박 속에서 성장한 중국 교회의 선교 접근법은 타 파송 국가들과는 다른 모습으로 세계선교에 접근할 수 있을 것이라는 기대를 하게 하는 것도 사실이다.

그렇다면, 이런 상황 속에서 우리는 이런 질문들을 할 수 있지 않을까?
21세기에 들어와서 하나님이 중국의 정치, 경제, 문화적 역량을 세계에 떨치도록 허락하신 이유는 무엇일까?
현재 중국과 이슬람의 세계가 상호 최고의 관계가 되도록 허락하신 하나님의 목적은 무엇일까?
하나님이 중국 교회를 세계사에 유례없이 부흥시키신 목적은 무엇일까?
하나님은 왜 아직도 중국 교회가 핍박받는 교회로서 고통받는 것을 허락하고 계시는가?
또한, 하나님의 큰 그림 속에서 중국 교회와 우리 한국 교회의 시대적 역할은 무엇일까?

11. 선교중국운동의 사례들

 최근 중국 내에서의 선교중국운동의 중심에 있는 신흥도시 가정교회의 발흥은 중국 가정교회 역사의 큰 전환점을 가져왔다. 기존의 가정교회에서는 토착화된 교회의 영성과 전통을 소유함으로 인해 반 지성적이고 신비적 신앙 형태를 가질 수도 있었다. 그런데 신흥도시 가정교회의 부흥으로 말미암아 높은 교육 수준과 훈련된 인력을 공급함으로 말미암아 가정교회 안에 온건한 신앙 노선이 정립되고 올바른 신앙교육이 이루어지는 데 커다란 역할을 감당하게 된 것이다.
 동시에 국제 선교단체들이나 외국 선교사들과의 다양한 교류로 말미암아 세계선교에 대한 비전을 공유하고 적극적으로 그 비전을 이루어 나가려는 노력을 보이는 그룹들이 점차 증가하고 있는 추세다.
 그렇다면 지금의 중국 교회는 타문화권 선교에 어느 정도 동참하고 있을까?
 물론 중국 교회 전체를 이야기한다면 선교중국운동에 동참하고 있는 중국 교회의 숫자는 아직 극히 미미할 것이다. 하지만 분명한 것은 과거보다는 비교할 수 없을 정도로 많은 교회가 타문화권 선교에 동참하기 시작하는 단계에 있다. 십수 년 전에는 상상하기 어려운 일들이 지금 벌어지고 있다.
 이 얼마나 고무적인가!
 실례로 국제 선교단체들과 관계가 있는 S 지역의 한 신흥도시 가정교회 네트워크에서는 '선교우산단체'(Mission Umbrella Organization)를 조직해 여러 명의 선교사와 동역하고 있고 해마다 자체적으로 선교 대회도 개최하고 있다. 또한, 이 네트워크에 속해 필자와 동역하는 이백여 명 정도의 성도가 속한 가정교회에서는 두 명의 선교사를 무슬림 국가로 파송했고 앞으로도 계속 선교사들을 발굴해 이슬람 지역으로 파송할 준비를 하고 있다. 이러한 대도시의 지역적 그룹들 외에도 전국적으로 코이노니아 등과 같은 그룹들은 중국 사역자들과 외국 선교사들이 동역해 선교 대회들을 개최하고 있다. 이제 전국적 규모로 선교대회가 조직되어 태국이나 홍콩 등지에서 대규모의 선교대회를 갖는 모습은 중국에서 특별한 모습이 아니다.

'선교중국2030' 이야기: 2030년까지 2만 명의 선교사를!

중국 교회의 대표적 선교 대회 중 하나인 '선교중국2030'(Mission China 2030)은 2010년, 남아프리카 공화국의 케이프타운에서 열린 제3차 로잔 국제복음화운동대회 당시 그 대회에 참석하지 못한 중국 교회의 몇몇 대표가 2013년 한국에 모여 회의하면서 "중국 교회도 선교하는 교회가 되어 2030년까지 2만 명의 선교사를 파송하자"라고 결의하면서 시작된 선교 대회이다. 그 후, 선교 중국 2030의 중국 관계자들은 첫 대회를 홍콩에서 모였고, 그다음 해에는 제주에서, 그리고 다음 해에는 치앙마이에서 선교 대회를 개최했다.

특히, 치앙마이 대회에서는 3,000여 명의 중국 성도가 모여 선교에 대해 헌신했다. 이런 선교 중국 2030의 모델은 한국의 '선교 한국'이 그 모델이었다. 선교 중국 2030에는 중국 내의 900여 개 가정교회의 리더와 성도가 동참한다. 또한, 이 대회에는 여러 국제 선교단체가 함께 동역하고 있다.

어려움도 많았다. 선교 중국 2030의 홍콩에서 있었던 첫 대회부터 중국 정부의 가정교회에 대한 핍박으로 인해 외부로 나오지 못한 여러 교회 리더들이 있었으나 중국 교회 성도의 선교에 대한 열정과 꿈을 막지 못하고 있다. 실제로 선교 중국 2030을 통해 동원된 상당수의 중국의 선교 헌신자들이 선교사가 되어 세계 각지로 파송되어 사역하고 있으며, 비록 중국 정부의 지속적인 방해 공작 속에서 선교 대회에 모이는 숫자는 많이 줄었지만 이 대회를 통해 중국의 성도가 지속해서 헌신하고 파송되고 있는 것으로 보인다.

특히, 긍정적인 부분은 참석하는 다수의 성도가 이 삼십 대의 젊은 중국 성도라는 점에 있다. 치앙마이 대회에서 찬양을 인도했던 베이징 출신의 청년은 필자에게 이렇게 말했다.

"중국 교회는 여러 선교사님과 세계의 교회에 커다란 영적 빚을 졌습니다. 이제 중국 교회가 중국 안에서만이 아닌 세계선교를 위해 힘을 다해야 한다고 생각합니다. 기도해 주십시오."

브라이언 이야기: 우리의 꿈은 타문화권 선교랍니다

브라이언은 S 지역의 수많은 도시 가정교회의 젊은 목사 중 한 명이다. 그를 만난 것은 N 지역에서 S 지역으로 거주지를 옮긴 후 얼마 되지 않아서였는데, S 지역의 한 대학 근처 아파트에서 살고 있던 그는 동역하는 교회 리더 가족과 함께 살고 있었다. 브라이언은 괌에 있는 신학교에서 온라인으로 신학을 공부했기에 영어도 꽤 능숙했다.

브라이언은 필자와의 첫 만남에서 다음과 같이 말했다.

"저는 중국 교회의 미래가 선교에 있다고 봐요. 그렇기 때문에 앞으로 저의 교회가 속한 이 지역의 교회 네트워크를 통해 선교단체를 조직하고 본격적으로 타문화권 선교를 시작하고 싶습니다."

이런 이유로 그와 필자는 뜻이 잘 맞았고 후에 그가 자기 교회를 중심으로 선교단체를 세우는 과정에서 도움을 주기도 하였다. 그의 교회는 여느 도시 가정교회들과 같이 상가 빌딩에 위치해 있었는데 보통

이백에서 이백오십 명 정도의 이삼십 대들이 대다수인 아주 젊은 교회였다. 브라이언의 교회에서는 또 하나의 교회를 S 지역의 다른 지역에 개척하고 있었고, 자체적으로 선교단체를 시작한 후 중국 J 지역에 무슬림들을 돕는 NGO를 설립하고 선교사를 파송하였고 곧이어 필자가 속한 단체와 협력하여 키르키스스탄에 선교사를 파송하였다.

브라이언은 필자가 중국 정부에 의해 중국을 떠나기 전 필자를 찾아와 다음과 같이 말했다.

"아직 중국 교회는 선교단체를 운영하거나 선교사를 케어하는 등의 선교의 전체적인 그림들을 그리는데 익숙하지 않아요. 그리고 특히 오랜 경험을 가진 시니어 선교사들이 너무 적기 때문에 선교사님과 같은 선교사들과 단체들의 도움이 많이 필요합니다. 부디 중국을 떠나더라도 중국 교회가 선교의 사명을 잘 감당하도록 중국 교회를 위해 계속 기도해 주세요."

이러한 상황 가운데서 중국 국내에서 실시하고 있는 선교 동원 프로그램으로서 '카이로스'와 '미션 퍼스팩티브' 등이 가장 눈에 띈다. 하지만 비록 이들 선교 프로그램이 중국 내에서 많이 시도되고 있다고는 하나 대부분 몇몇 대도시에 집중되어 있으므로 앞으로는 1선 대도시[10]뿐 아니라 2선, 3선 도시들까지 다양한 선교 동원 프로그램이 신흥도시 가정교회들을 중심으로 시도되어야 할 것이다.

이제 중국 그리스도인이 선교 훈련을 받았다는 이야기는 절대 먼 이야

---

[10] 중국은 도시들을 수준에 따라 1선에서 5선까지 도시로 구분하는데, 1선 도시는 도시의 수준이 가장 높다고 평가되는 베이징, 상하이, 선전, 광저우이고 2선 도시는 충칭, 텐진, 선양, 난징, 우한, 창사 등 17개 도시이며 3선 도시는 시안, 바오딩, 다퉁 등 98개 도시가 있다. 4~5선 도시는 라싸 등 169개다. 최근에는 신(新) 1선 도시가 발표되었는데 청두, 항저우, 충칭, 우한, 시안, 쑤저우, 텐진, 난징, 창사, 정저우, 둥관, 칭다오, 선양, 닝보, 쿤밍 총 15개 도시가 선정되었다.

기가 아니다. 왜냐하면, 중국 곳곳에 나름대로 선교 훈련원이 외국 선교사들과 현지 사역자들에 의해 속속 세워지고 있기 때문이다. 특히, 중국과 접경 지역을 이루고 있는 동남아시아 국가들 가운데는 자의적이거나 타의적 이유들로 이들 국가로 이동해 온 선교사들과 단체들에 의해 타문화권 선교 훈련원들이 늘어가고 있다.

이들 중 태국의 한 도시는 중국에서 비자발적 철수를 한 한국 선교사들이 너무 많이 몰려가 각자의 훈련원 등을 세우는 바람에 그곳에 먼저 사역하던 선교사들이 어려움을 겪고 있다는 웃지 못할 이야기들도 전해진다. 한편, 그럼에도 선교중국운동에 동참하는 선교사들을 응원하고 싶으나 자의로든 타의로든 새로운 선교지에 가서도 동역이 아닌 자기 사역만을 위해 담을 쌓고 있는 이들을 볼 때 안타까운 마음이 들기도 한다.

12. 미래, 중국 교회의 선교중국운동의 방향

그렇다면 앞으로 미래 중국 교회의 선교중국운동의 방향은 어떻게 나가야 할까?

그 몇 가지를 한번 생각해 보자.

선교단체들과 선교사들 그리고 한국 교회를 포함해 우리의 외부자적 입장에서 반드시 기억해야 할 점은, 선교의 주체는 하나님이시고 선교중국운동의 주도권은 중국 교회가 가져야 한다는 것이다. 물론 십여 년 전만 해도 이런 이야기는 어림도 없는 이야기라고 들릴 수도 있었을 것이다. 하지만 지금의 중국 교회, 특히 신흥도시 가정교회들은 경제적으로 자립이 가능하고 국내외의 선교단체들과 동역해 스스로 선교사를 파송할 수 있는 단계까지 이르렀다.

어떤 이들은 중국 교회의 선교 방식의 미숙함을 이야기한다. 사실이다.

그럼에도 우리가 해야 할 일은 비록 중국 교회가 시행착오를 겪고 미숙하다 할지라도 계속 선교를 시도하고 중단치 않도록 격려하는 일이다.

시도하고 도전하지 않는다면 어떻게 발전을 이룰 수 있겠는가!

다만 중국 교회와 동역하는 국제 선교단체들이나 선교사들이 감당해야 할 역할은 더욱 중국 교회를 격려하고 그들의 선교중국운동에 대한 주도권을 인정해 주며 효과적인 선교 자원 동원과 훈련, 파송 그리고 멤버 케어를 감당할 수 있도록 우리의 경험과 지식 등의 노하우를 아낌없이 전수하는 것이다.

홍콩의 선교 집회 이야기: 옆에서 도와주시겠어요?

2013년 8월, 홍콩에서는 중국의 가정교회 성도 24,000여 명이 모여서 4일 동안 '홈 커밍'(Home Coming)이라는 집회를 가졌다. 첫째 날 저녁에는 서구 교회의 11개국 대표가 나와서 난징 조약과 베이징 조약을 통해 중국에 굴욕을 안긴 것에 대해서 용서를 구하는 시간을 가졌다. 둘째 날 저녁에는 일본 성도가 단상에 올라와서 난징 대학살에 대한 용서를 구하는 시간을 가졌는데 여기저기서 통곡 소리가 들리기 시작했다. 중국인들의 난징 대학살에 대한 상처가 얼마나 큰지를 짐작할 수 있는 시간이었다. 셋째 날에는 중국 가정교회 지도자들이 나와서 한국 선교사들과 한국 교회에 대해 그동안의 섬김에 감사를 표시했다.

그날 저녁, 그 모임을 주관한 데이비드 데미안이 한국인들의 모임에 와서 부탁한 말은 매우 의미심장한 말이었다.

"한국 교회 여러분, 그동안 중국 선교를 위해 정말 수고 많이 하셨습니다. 그러나 이제부터는 중국 교회가 앞장서서 선교해 나갈 수 있도록 그 자리를 좀 비켜 주시고 옆에서 도와주시기를 바랍니다."

그렇다. 하나님이 그 모임에서 중국 가정교회를 통해 한국 교회를 칭찬하셨지만, 이제는 중국 교회가 하나님의 선교에 효과적으로 참여할 수 있도록 한국 교회가 옆에서 겸손히 돕기를 원하고 계신다. 중국이란 새로운 필드에 뛰어들어 선교중국운동에 동참하며 느꼈던 안타까웠던 점은, 많은 한국 선교사가 귀한 청지기 사명을 감당하고 있지만, 그중 어떤 이들은 중국이란 땅에 보이지 않는 선을 그어놓고 자기들만의 리그를 만들고 있다는 느낌이었다.

하나님 나라 사역의 한 부분을 위탁받은 청지기로서의 역할이 아닌 자기 사역, 자기가 속한 교단이나 단체를 위한 자기들만을 위한 사역들을 만들어 간다면 그 사역이 아무리 대단하고 멋져 보인다 할지라도 과연 성경적이고 건강한 사역이라 말할 수 있을까?

하나님의 은혜로 이루어진 사역들이 자기가 이루었다고 생각하기에 자기에게 속하지 않은 그룹이나 사역자들에게는 절대 사역을 공유하려 하지 않고 모든 일을 자기들이 주도하려고 하는 것이다.

국민들의 자발적 운동이 아닌 국가가 주도하는 운동은 절대 성공할 수 없다. 정권이 바뀌면 곧 시들해지기 때문이다. 우리는 외부자들이다. 언젠가는 중국이란 땅을 자의든 타의든 떠나야 한다. 기억하자. 아무리 훌륭한 사역이나 선교 운동도 내부자들인 현지 교회가 주도하지 않는다면 절대 지속될 수 없다는 것을 말이다.

13. 중국인의 DNA, 비지니스

세계 각국의 민족은 각각의 특징을 가지고 있다. 다시 말하면, 자기들이 더 잘할 수 있는 특별히 하나님이 선물하신 DNA를 가지고 있다는 것이다. 국제 선교단체에 있으면서 서구 선교사들에게 자주 듣는 말은 한국 선교사들은 정말 개척 정신이 뛰어나다는 말이었다. 헌신적이고 희생적으로 남들이 가지 않는 선교의 개척지로 들어가 열심히 일하는 한국 선교사들의 모습을 빗대는 말인 것 같다.

중국인은 고대로부터 비즈니스에 탁월한 능력을 선보였다. 고대에는 산시 상인들이 중국을 누비고 다녔다면 지금도 온주 상인이나 저장 상인 또는 광동 출신의 상인들이 아시아의 유대인이라는 별칭을 달고 전 세계를 누비고 있다. 필자는 앞으로 하나님이 이들에게 부여하신 장사꾼의 기질을 선교에서도 유감없이 발휘할 것이라 믿는다. 요즘 우리에게 익숙한 '비즈니스 선교'(Business as Mission, BAM)와 같은 이야기를 하지 않아도 중국인들에게는 이런 기질이 그들의 핏줄 속에 흐르고 있다.

지금 세계는 점점 전문가들에게도 비자를 잘 내어 주지 않는 국가들이 증가하고 있다. 바로 중국과 정치, 경제적으로 가장 가까운 중앙아시아, 중동, 북아프리카 같은 마지막 남은 이슬람 지역들이다. 하나님은 이들에게 복음을 전하기 위해 장사꾼 기질로 똘똘 뭉친 중국 그리스도인들을 사용하실 것이다.

만약 이들에게 올바른 BAM의 선교 철학과 사역 방식을 잘 훈련시킬 수 있다면, 앞으로 중국 교회에서 파송받은 비즈니스 선교사들이 이런 복음의 불모지에 들어가 개인 사업이나 중국 회사에 취업해 현지 무슬림을 대상으로 효과적인 사역들을 감당할 수 있을 것이다.

14. 중국 교회의 선교중국운동의 과제

필자가 중국에서 신흥도시 가정교회들과 선교중국운동을 통해 동역하면서 느낀 점은 분명 중국 교회가 세계선교에 있어 확실하게 공헌할 부분이 있다는 생각이었다. 또한, 앞서 언급한 바와 같이 중국 교회는 현재도 핍박받는 특별한 상황에서 중국 교회만이 세계선교에 있어 감당할 수 있는 일들이 있다는 확신도 있다. 최근에는 과거에 중국 교회의 선교에 대해 회의적인 시각을 가졌던 사람들도 앞으로는 중국 교회의 역할에 낙관적으로 돌아선 경우가 많은 듯하다.

또한, 중국에서 중국 교회의 지도자들과 만날 때마다 그분들이 가지고 있는 사명감과 자신감 역시 현재와 미래의 중국 교회의 선교에 긍정적 지표로 작용할 수 있다는 생각은 여전하다. 하지만 근래의 중국 교회를 바라볼 때 조심스러운 점은 중화사상을 배경으로 하는 자민족 중심주의나 건강하지 않은 국가주의적, 민족주의적 정서가 교회 안에서도 조금씩 표출되고 있지 않은지 하는 점이다.

이러한 정서는 서구 교회나 한국 교회에서도 분명 발견할 수 있는 부분이지만, 분명 건강하지 못한 부분이다. 앞으로 중국 교회가 성경적이고 건강하게 세계선교를 감당하기 위해서는 이러한 비판의 소리도 겸허하게 받아들이고 다시 한번 하나님 앞에서 본연의 낮아진 종의 모습으로 돌아가야 할 것이며, 더불어 다음에서 제시된 선교적 과제들을 지혜롭게 감당할 수 있어야 할 것이다.

첫째, 중국 교회의 선교는 비록 오래전부터 시작되었다고는 할 수 있으나 선교지로 파송된 선교사들 가운데 아직은 시니어로서 충분한 선교 경험이 있는 리더급의 선교사들이 많이 부족하다.

또한, 중국 선교사들 가운데 80퍼센트 정도는 현지 문화 적응에 힘들어하고 3년을 못 넘기고 복귀한다는 최근의 보고가 있다. 많은 선교사가 현지에 들어간 지 얼마 되지 않아 중도 탈락한다는 것이다.

다시 말하면, 중국 교회는 선교사 동원은 되지만 아직 경험이 풍부한 시니어 선교사들에 의해 적절한 훈련과 총체적인 케어, 실질적 행정 등과 같은 선교 인프라가 충분히 마련되지 않았고 파송 교회를 통한 재정적인 지원도 빈약하다. 따라서 중국 교회는 오랜 선교 경험이 있는 국제 선교단체들이나 충분한 선교 경험이 있는 외국 선교사들과 연계해 선교의 인프라를 확충하고 겸손히 그들의 오랜 선교 경험을 배우고 적용할 필요가 있다.

둘째, 중국 교회는 선교사 파송에 있어 비교적 교육 수준이 높은 선교사들을 배출해 낼 수 있어야 한다.

특히, 중국 국내의 타문화권 선교사보다는 해외로 파송하는 선교사에게 있어 이 문제는 더욱 심각한데, 선교를 열정과 열심만으로는 감당할 수 없음을 중국 교회는 인식하고 선교사 후보생들이 성경뿐만 아니라 언어, 문화, 선교학 등 선교사에 있어 기본적 교육과 훈련을 받을 충분한 기회를 주어야 할 것이다.

또한, 비즈니스 선교나 자비량 사역 등의 중국인의 특성에 맞는 사역을 개발하는 것도 필요하다. 이렇게 중국 교회나 선교단체 그리고 신학교 안에서의 체계적인 선교 훈련은 중국에서 파송된 선교사들이 장기적으로 선교지에 안착하는 데 커다란 도움이 될 것이다.

셋째, 선교의 오랜 경험을 가진 서구 교회의 선교를 배우는 것은 매우 중요하나 중국 교회 자기들만의 영적 유산을 잊고 서구 선교의 선교 방법이나 정신을 무분별하게 받아들이는 것은 중국 교회 선교의 미래를 위해서 부정적 영향을 미칠 수 있다.

한국 교회도 앞서 이런 논쟁이 있어 왔는데 국제 선교단체에 속한 선교사로서 분명 국제단체의 오랜 사역의 경험과 선교 철학 등은 본받을 만하지만, 건강한 선교단체일수록 단체에 속한 선교사들의 다양한 배경을 잘 이해하고 존중하며 그들의 특성에 맞는 동역으로 사역의 극대화를 이룬다.

즉, 서구 중심적이 아닌 서로 간의 존중은 필수적이다. 따라서 중국 교회는 서구 기독교 문화 속에 교묘히 스며있는 승리주의와 성공주의 그리고 기독교화에 대한 서구식 선교 방식을 비판할 수 있는 눈과 지혜가 필요하다.

넷째, 중국 교회는 자기만의 영적 유산과 선교의 경험을 적절히 정리해 더욱 견고한 신학과 선교학을 갖추어야 할 것이다.

이는 결국 중국 교회의 '자신학화'(self-theologizing)[11], '자선교학화'(self-missiologizing)로 나갈 수 있어야 할 것이다. 세계의 모든 신학과 이단이 난무하고 있는 중국 교회는 급변하는 중국의 상황 속에서 성경적이고 바른 신학과 선교학이 필요하다. 특히, 중국의 가정교회 안에서는 흔히 선교가 생각보다는 행동하는 것이라 가르치고 제시되는 경우가 종종 존재한다. 이러한 반지성주의의 지속적인 영향 속에서는 중국 교회에게 성경적인 선교 사역을 기대하기 어려울 것이다.

따라서 중국 교회는 선교사를 파송하는 일과 더불어 중국 신학자, 선교학자, 역사학자, 인류학자 등 학문적으로 선교의 중심을 잡아 줄 학자들을 양성하는 데 힘을 쏟아야 할 것이다.

15. 해외 선교단체들의 선교중국운동에서의 역할과 과제

중국에서 일하고 있는 해외 선교단체에는 그들만의 특별한 역할이 있다고 생각한다. 대부분의 해외 선교단체는 그동안 다양한 문화권에서 사

---

11 '자신학화'(self-theologizing, 自神学化)는 신학의 상황화(contextualization of theology)를 의미한다. 한국 교회에서의 자신학화는 1960-1979년대의 감리교신학대학교 중심의 토착화 신학과 한국신학대학교 중심의 민중신학 형태였다. 이러한 자유주의 진영의 시도와는 다르게 복음주의 진영에서는 거의 시도되지 않았으나 선교 운동과 함께 복음주의 진영에서도 자신학화의 필요성이 제기되었고, 1999년 10월 브라질 이과수 대회에서 '자선교학화'(self-missiologizing)의 필요성이 강조된 후, 2010년 제5차 NCOWE대회에서 '한국형 선교'에 대해 논의하였고, 2012년 12월, 한국세계선교협의회(KWMA)가 주관한 복음주의선교신학회와 한국선교신학회의 공동학술대회에서 '자선교신학으로서의 한국선교신학'이라는 주제를 다루었고 자선교학화에 대한 관심은 자신학화에 대한 관심으로 연결되었다.

역해 왔던 많은 경험을 지니고 있다. 그 한 예로 인터서브는 170년이 넘는 시간 동안 창의적 접근 지역과 이슬람권을 중심으로 꾸준히 총체적 사역을 통해 일해 왔다. 그렇다면 인터서브가 사역했던 170여 년의 시간 동안 감당했던 사역과 사역지에서 인터서브가 얻은 사역의 여러 노하우는 절대 무시할 수 없을 것이다. 만약 중국 교회에서 인터서브와 동역해 이슬람권으로 파송되는 선교사가 있다면 인터서브는 다양한 영역에서 도움을 줄 수 있을 것이다.

지금까지 중국 교회의 선교 방식에 있어 가장 문제가 되어 왔던 영역은 중국 교회의 타문화권에서의 선교의 경험이 다양하거나 길지 않았기에 중국에서 파송하는 '파송 단체'(Sending Body)는 있지만 선교지에서 선교사를 받아 잘 정착할 수 있도록 도움을 주는 현지의 '협력 단체'(Receiving Body)가 없기에 발생하는 문제들이었다.

하지만 인터서브나 OMF 등과 같이 특정한 문화권에서 오랫동안 사역해 온 단체들은 그동안 쌓아왔던 노하우를 바탕으로 중국에서 파송되는 선교사들이 당면하는 문제점들을 잘 극복할 수 있도록 도움을 줄 수 있다. 따라서 선교사와 선교단체의 동역뿐 아니라 단체와 단체의 특징을 살린 각 필드 안에서 파트너십을 가지고 동역이 이루어질 수 있다면 중국에서의 사역이나 중국에서 파송된 선교사들을 돕는데 더욱 풍성한 결과들이 있으리라 생각된다.

근래에 들어 중국 교회의 놀라운 성장과 중국 교회의 타문화권 선교에 대한 관심에 비례해 중국이 한국 단체들을 포함한 해외 선교단체들의 선교사 동원의 각축장으로 변하는 조짐이 곳곳에서 보인다. 특히, 오랜 역사가 있는 국제 선교단체들은 과거에는 영미권의 서구 선교사들이 멤버십의 주축이 되어왔지만, 최근 영미권의 선교사들이 지속해서 감소함에 따라 이들의 대체 수급에 골몰해 왔었다.

이에 어떤 해외 단체들은 중국을 다음 세대의 대표적 선교 파송 국가로 보고 인력 자원 수급을 위해 아예 목표를 정하고 공격적으로 중국 그리스도인들을 단체 소속의 선교사로 영입하려 하는 과열된 양상을 보이고 있다. 이는 한편으로 보면 선교사 동원을 한다는 입장에서는 긍정적으로 볼 수도 있겠으나, 또 다른 면으로 보면 중국 교회가 주도적으로 중국 선교단체를 조직하고 자체적으로 선교사를 동원해 파송하는 중국 교회에 의한 주도적 선교중국운동을 저지하는 부정적 결과를 양산할 수도 있다.

문제는 어느 단체가 중국 선교사 몇 명을 동원하고 어느 단체에 들어가서 사역하는 것이 중요한 게 아니라 하나님 나라의 사역과 확장의 입장에서 선교를 바라보는 것이 중요할 것이다. 순수하게 복음을 전한다는 선교단체들마저 교단들의 교세 확장과 같은 서로 간의 경쟁과 눈에 보이지 않는 갈등들이 중국 교회들 안에서 있어서는 절대 안 될 것이다.

16. 중국 교회와 한국 교회, 선교 대상인가, 동역인가?

분명 한국 교회는 중국의 초창기 가정교회의 성장에 큰 영향을 미쳤다. 그러나 지금의 중국 교회는 우리가 동역해야 할 파트너이지 아직도 선교대상으로만 보는 것은 곤란하다. 물론 한국 교회가 중국 교회의 지도자 양성 등과 같이 도울 수 있는 영역들은 분명히 존재한다. 그런데도 선교 전반적인 면에 있어 중국을 우리가 도와야 하는 선교의 대상으로만 본다면 문제가 있다는 것이다. 항상 중국 교회와 동역하면서 들려오는 소식은 어떤 한국 선교사들이 갑자기 찾아오더니 자기들에게 배우라고 했다는 말이다.

우리는 우리의 스승 예수께서 가르치셨던 선교의 기본으로 돌아가야 한다. 그리고 현실을 직시해야 한다. 앞에서도 언급했지만 특히 현재 신흥도시 가정교회에는 한국 선교사들보다도 영성이나 교육 수준이 훨씬 뛰어난 목회자나 리더도 많이 있다. 이들에게 내가 선교사이므로 나에게

와서 배우라는 어떤 한국 선교사들의 구태의연한 모습은 한국 교회와 중국 교회의 관계에 있어 보이지 않는 갈등만 만들어 낼 뿐이다.

사실 교회 역사를 봐도 우리보다 중국은 100여 년이나 빠르지 않은가!

먼저, 존중하면 내가 존중을 받는다는 사실은 만고의 진리다. 또 하나 강조하고 싶은 것은 중국 교회에 한국적인 것들을 심지 말라는 것이다. 지극히 한국적인 교회의 전통이나 문화는 한국 교회에 적용되는 것이지 중국 교회는 중국 교회 나름의 전통과 문화가 존재한다. 그럼에도 현재 중국의 대도시 안에서 한국 교회들이 돕고 있는 도시 가정교회들의 예배에 참석해 보면 이곳이 중국 교회인지 한국 교회인지 혼동될 때가 있다. 언어는 분명 중국어인데 예배 방식은 물론 헌금 위원의 모습까지 한국식이다. 한국식이 좋다, 나쁘다를 이야기 하는 것이 아니다.

중국 교회에는 전통적으로 중국식의 예배 방식이 있는데 한국 교회의 후원을 받아 한국에 가서 공부하고 온 현지 목회자들이나 동역하는 한국 선교사들에 의해 지극히 한국적인 것들이 중국에 심어지고 있는 것이 과연 성경적으로나 선교학적으로 적절한지 하는 점이다.

필자가 중국 교회의 리더들과 이야기할 때 항상 자랑스럽게 나누며 강조하는 것이 있다. 바로 한국 교회의 가장 훌륭한 전통인 '선교하는 한국 교회'의 모습이다. 한국 교회는 복음을 서구 교회로부터 받았던 초창기부터 선교하는 교회였다. 교회가 지극히 가난하고 국가마저 위태했던 상황에서도 선교는 끊기지 않고 지속해서 이루어져 왔다. 한국 교회의 가장 위대한 영적 유산은 선교다. 이러한 한국 교회의 선교 경험들은 중국 교회에 큰 도전이 될 수 있다.

선교는 상황에 따라서 해도 되고 안 해도 되는 것이 아니라 하나님의 세우신 교회에게 필연적인 사명이자 본질이 아닌가!

한국 교회의 선교 경험들을 나눔에 있어 우리의 선교하는 자세와 열정, 실패 등의 경험을 나누며 중국 교회에게 선교의 불쏘시게 역할을 할 수 있을 것이다. 하지만 더불어 한국 선교의 어두운 면인 외향적이고 양적 결과를 중시하는 선교 방식이 중국 교회의 사역 방식에 부정적 영향이 미치지 않도록 지극히 조심해야 할 것이다.

선교중국운동은 하나님이 무슬림 선교와 세계 복음화를 위해 직접 기획하신 하나님의 작품이다. 필자는 선교중국운동이 특히 교회의 부흥을 경험하고 선교한국운동을 먼저 경험한 지정학적으로, 문화적으로 이웃한 한국 교회에게 주신 사명이요 특권이라고 생각한다. 이제 한국 교회는 더이상 중국을 단순히 전통적인 선교 대상 국가로만 생각해서는 안 된다. 도리어 겸손한 모습으로 오랜 핍박 속에서도 믿음을 지켜 온 중국 교회의 영성과 초대 교회적인 교회 운영을 배워야 한다.

하나님은 그동안 그분의 큰 그림에 따라 무슬림 선교와 세계 복음화를 위해 중국을 정치적, 경제적으로 준비하시고 중국 교회를 모진 핍박 속에서 영적으로 단단하게 훈련하셨다. 무엇보다도 한국 교회는 선교의 주체가 하나님이시라는 것을 항상 기억하고 세계 복음화를 위해 중국 교회가 선교중국운동의 비전에 반응할 것을 기도해야 한다.

또한, 구체적으로 선교 중국이라는 하나님의 큰 뜻과 목적 아래 한국 교회가 중국 교회와 어떻게 동역할지에 대해 심각하게 고민하며 선교중국운동이 중국 교회의 중심적 흐름이 될 수 있도록 공헌해야 할 것이다.

제7장

현지 문화와 언어로
상황화(Contextualization)

    초대 교회부터 시대를 막론하고 어떻게 하면 효과적으로 복음을 전할 수 있을지 하는 고민은 모든 그리스도인의 중요한 관심사이자 커다란 과제였다. 유대인들을 대상으로 시작된 복음은 유대인에서 이방인들로, 다시 전 세계의 다양한 문화와 언어 배경의 민족들에게 퍼져 나갔다.

    이런 다양한 문화권 속에서 어떻게 복음이 왜곡되지 않고 온전히 전달될 수 있을지는 그 시대의 질문이자 오늘날 우리의 질문이기도 하다.

    과연 어느 정도의 수준까지 복음이 문화의 옷을 입을 수 있으며 문화의 틀 속에서 표현될 수 있을까?

1. 서구 중심의 선교에 대한 반발, 상황화

선교에 대해 관심이 있는 사람들은 '상황화'(Contextualization)라는 단어를 대부분 들어본 적이 있을 것이다. 물론 상황화가 혼합주의의 위험을 가지고 있다는 말과 함께 말이다.

그렇다면 상황화는 무슨 의미이며 어떻게 그 개념이 세상에 나오게 되었을까?

개신교에서 주로 쓰는 상황화는 다음과 같이 정의될 수 있다.
"특정 지역 교회가 하나님의 말씀과 역사적인 기독교 진리의 빛 안에서 그 자신의 삶을 역동적으로 반성하고 숙고하는 것이다."[1] 이런 복음과 문화 간의 상관적인 문제는 에큐메니칼 진영뿐만 아니라 복음주의 진영의 선교학에 있어서도 매우 중요한 주제 중 하나라고 할 수 있다. 하나님의 말씀은 문화를 통해 사람들에게 전해진다. 하나님의 말씀에 대한 사람들의 반응도 또한 문화를 통해 나타난다.

따라서 상황화란 단순히 한 시대의 선교 전략이 아닌 예수 그리스도께서 세상에 사는 인간들을 위해 성육신하셔서 당시 문화 속으로 동일시되셨던 것처럼 복음을 전하는 자가 자기 문화와 배경을 부인하고 복음을 듣는 자들의 문화와 상황으로 들어가 복음의 본질은 변질시키지 않고 복음을 듣는 자들의 문화와 삶에 효과적으로 전하기 위한 필수 조건이라 말할 수 있다.

서구 교회의 '서구 중심의 선교'는 서구 제국주의 세력들에 의한 식민주의가 끝나고 많은 신생 독립 국가가 독립을 선언하던 거의 20세기 중반까지 복음과 서구 문명을 하나의 문화적 패키지로 만들어져 비서구권으로 전해졌다. 따라서 이전의 서구 중심의 선교는 서구 문명화되지 못한

---

[1] Dean S. Gilliland, ed. *The World Among Us: Contextualizing Theology for Mission Today* (Dallas: Word Publishing, 1989), 12.

야만족(?)으로 종종 여겨졌던 비서구권에 대한 '기독교화'와 '서구 문명화' 라고도 말할 수 있을 것이다.

이렇게 서구 열강의 식민주의와 함께 서구 문화를 그대로 이식시키며 들어온 기독교는 제2차 세계대전 이후 서구의 식민주의가 그 막을 내림과 동시에 신생 독립 국가들 안에 부상된 민족주의와 민속 종교의 부활, 공산주의의 확산 등 시대적 조류의 부상으로 말미암아 다양한 변화의 과정을 겪게 된다. 이런 상황 속에서 이전 서구 교회가 복음의 수용자를 고려하지 않은 선교, 즉 선교 현지의 문화에 대한 무지와 편견 속에서 일방적으로 전한 것에 대한 반성에서 각 나라의 문화와 상황에 맞는 복음의 전달과 그에 따른 교회성장을 하도록 해야 한다는데 지대한 관심이 쏟아지게 되었다.

이러한 시대의 흐름에 편승해 상황화가 시대의 흐름을 탈 수 있었는데, 상황화는 전통적인 서구 신학에서 시작된 것이 아닌 비서구권, 즉 2/3세계 신학의 도전으로부터 제기된 것이라고 말할 수 있다. 다시 말하면, 이전의 서구 문화 중심주의, 혹은 서구 문화 우월주의의 획일적인 기준이 잘못된 것임을 인식하고 문화와 종교의 다원화 현상에 맞는 현장 중심의 신학의 시대가 왔음을 의미한다고도 할 수 있다.

또한, 상황화란 성경 속에 나타난 시대적 상황과 인간의 특별한 상황의 상호 관계 속에서 복음을 전하라는 예수 그리스도의 명령에 순종하기 위해 복음의 본질은 변화시키지 않은 채 복음이 현지인들의 문화와 상황으로 들어가 현지인들의 생각과 가치관과 문화를 하나님이 우리 인간에게 원하시는 모습으로 변화시켜 가는 역동적인 복음화의 과정을 말한다.

그러므로 상황화는 사회적 관습의 수용 문제나 예배 방법, 전도 방법, 교회당 건축 양식, 성경 번역, 타종교들과의 관계, 신학 등과 같은 다양한 영역에 있어 선교사의 문화를 그대로 이식하는 것이 아니라 현지의 독특한 문화와 긴밀한 관계를 맺는 것을 말한다.

2. 상황화의 역사와 그 실례들

'상황화'(Contextualization)라는 단어는 1972년 WCC의 '신학교육기금'(Theological Education Fund)의 보고서 형식으로 『상황 속에서의 사역: 신학교육기금의 세 번째 위임 프로그램(1970~1977)』이 출판되면서 처음 사용되었다. 이후 상황화는 20세기 후반에 나타난 여러 신학적인 모델에 대한 총칭 용어로 사용되고 있다. 하지만 상황화라는 용어를 사용하기 훨씬 전에도 단지 상황화라는 용어를 사용하지 않았을 뿐, 상황화적인 사건들과 실례들은 여러 번 있었다. 다만 이 책에서는 학문적인 설명을 목적으로 하는 책이 아니기에 간단히 설명하려고 한다.

사실 근래에 들어 상황화란 용어는 복음과 문화에 대한 가장 보편적인 선교학 용어로 사용되고 있지만 이전에도 이미 '적응'(Accommodation), '사회화'(Enculturation), '문화 변용'(Acculturation), '지역 신학'(Local Theology), '토착화'(Indigenization) 등의 여러 다양한 용어로 사용되고 있었다. 이런 용어들의 공통된 사용 목적은 복음이 현지 문화 속에서 전해질 때 현지 문화 속에 더 깊게 뿌리를 내리며 현지인들에게 자기들의 문화를 통한 자기 복음으로 들려지게 하는 데 그 목적이 있다고 할 수 있을 것이다.

상황화의 가장 좋은 모델은 하나님이신 성자 예수 그리스도께서 세상의 제한된 시간과 특정된 문화 속에 인간으로 오신 일이다. 즉, 성육신 사건으로 표현되는 인간으로 오신 예수 그리스도의 삶과 가르침은 우리가 이야기하고 있는 상황화의 최고 모델이라고 말할 수 있다.

또한, 사도 바울은 고린도전서에서 헬라인들을 전도하기 위해서는 최대한 헬라 문화에 자기를 맞추는 탁월한 지혜를 보여 준다. 즉, 자기 배경인 유대인과는 전혀 다른 헬라인에게 복음을 전할 때는 헬라인의 문화적 스타일과 그들의 표현 방식으로 표현하며 접근하였던 것이다.

> 내가 모든 사람에게서 자유로우나 스스로 모든 사람에게 종이 된 것은 더 많은 사람을 얻고자 함이라. 유대인들에게 내가 유대인과 같이 된 것은 유대인들을 얻고자 함이요 율법 아래에 있는 자들에게는 내가 율법 아래에 있지 아니하나 율법 아래에 있는 자 같이 된 것은 율법 아래에 있는 자들을 얻고자 함이요. 율법 없는 자에게는 내가 하나님께는 율법 없는 자가 아니요 도리어 그리스도의 율법 아래에 있는 자이나 율법 없는 자와 같이 된 것은 율법 없는 자들을 얻고자 함이라(고전 9:19-21).

바울은 설교 방식에 있어서도 문화적 배경에 따라 차이를 두었다. 그의 비시디아 안디옥 설교와 아테네의 아레오바고 설교 사이에는 설교 방식이나 신학적인 강조점에 있어 차이를 보이고 있다. 이러한 바울의 탁월한 상황화적 시도는 신학적으로나 사회학적으로 상황화가 왜 필요한지를 설명하는 중요한 실례라 할 수 있다.

성경에 나타난 상황화를 설명하는 데 있어 또 다른 중요한 실례는 사도행전 15:1-29에 기록된 예루살렘 공의회가 결정한 내용일 것이다. 유대인들과는 전혀 다른 문화를 가지고 있었던 이방인 그리스도인들이 구원 받는 데 있어 유대 율법인 할례와 안식일 준수가 필수적인지 아닌지 하는 문제가 대두되었을 때, 예루살렘 공의회는 바울의 말과 같이 할례는 마음에 받아야 할 것과 안식일 대신 주일 성수를 가르쳤다.

> 성령과 우리는 이 요긴한 것들 외에는 아무 짐도 너희에게 지우지 아니하는 것이 옳은 줄 알았노니 우상의 제물과 피와 목매어 죽인 것과 음행을 멀리할지니라 이에 스스로 삼가면 잘되리라 평안함을 원하노라 하였노라(행 15:28-29).

상황화의 역사를 이야기할 때 반드시 언급해야 할 한 사람이 있다. 그는 바로 16세기 말 '예수회' 소속 선교사로 당시의 명나라에서 사역했던 이탈리아인 마테오 리치(Matteo Ricci, 1552-1610)다. 마테오 리치는 중국 기독교의 기반을 놓은 인물이라고 할 수 있는데, 그의 사역은 상황화의 초기 형태라고 말할 수 있다. 마테오 리치가 소속되었던 예수회는 1540년에 교황에게서 정식으로 인가를 받은 사도적 선도력으로 널리 알려졌다.

또한, 예수회의 수사들은 당시 신세계에 대한 개척적이고 도전적인 선교 사역과 과학에 대한 탁월한 연구로 말미암아 특별한 존재로 알려졌던 사람들이었다.

마테오 리치의 이야기: 중국 기독교의 기반을 마련하다

거대한 인구를 가진 중국은 기독교 선교사들, 특별히 예수회 선교사들이 들어가기를 열망했던 땅이었다. 예수회의 창시자인 로욜라의 성 이그나티우스(St. Ignatius of Loyola)의 동료였던 성 프란시스 자비에르(St. Francis Xavier)는 1552년, 견고히 닫혀있는 중국 대륙을 목전에 두고 샹츄안이라는 섬에서 삶을 마감했다.

마테오 리치가 중국에 도착했을 때도 중국은 여전히 바깥 세상에 대해 닫혀져 있었지만 예수회의 선교 전략은 수정되어 있었는데, 특히 중국의 언어를 배우고 문화적인 지식을 습득하는 것을 매우 강조하고 있었다.

당시 마테오 리치는 자기들의 사역에 대해 '중국 기독교 전래사'(History of the Introduction of Christianity In China)에서 다음과 같이 말하고 있다.

"그들의 사역에 의심을 사지 않기 위해 사제들은 처음에는 자기들의 거룩한 도에 대해 분명히 말하려고 하지 않았다. 집들을 방문하고 남은 시간에는 언어와 문화와 중국인의 관습을 배우려고 노력했다. 그리고 말도 유창하지 못하고 시간도 없었기 때문에 선한 삶의 모범을 보임으로 이웃 사람들의 호감을 사려고 하였다."

마카오와 차오칭에서 언어를 배우고 문화 적응을 하던 마테오 리치는 샤오초우로 옮긴 후 유학자인 츄타아슈의 제안대로 그동안 입고 있었던 불교 승려의 복장을 벗고 유학자의 복장으로 갈아입었다. 마테오 리치는 소위 유교를 보완하고 기독교와 결합해 유교를 초월하겠다는 자기의 주장을 실행하기 위해 1595년 남창에서 『천학실의』(天學實義)란 책을 판목에 새겨 유가 사상으로 기독교 교의를 논증하려 하였다.[2]

베이징으로 들어가기 위해 노력했던 마테오 리치는 마침내 1601년 정월에 스페인 출신의 동료 예수회 선교사인 디에고 판토이아(Diego Pantoia)를 데리고 베이징에 들어가게 되었다. 베이징에서 지내는 동안 마테오 리치는 중국어로 몇 권의 책을 펴냈는데, 『천주실의』(天主實義, 1603), 『스물다섯 마디 잠언』(二十五言, 1605), 『기계원본』(機何原本)의 처음 6장(1607), 『기인십편』(畸人十篇, 1608) 등의 저작이 그것이다.[3]

이중 특히 『천주실의』(天主實義)는 중국의 지식인들뿐 아니라, 조선의 지식인들이 서학, 즉 천주교를 수용해 신앙 운동으로 발전시키는 데 결정적 역할을 하게 되었고, 조선 후기 대표적 유학자로 『성호사설』을 저술한 이익(李瀷)은 『천주실의』를 읽고 '상제'와 '천주'를 같은 의미로 받아들였다.

"그 학문은 오로지 천주(天主)만을 위하는데 '천주'란 곧 유가(儒家)의 '상제'(上帝)다." 『천주실의』의 내용은 1614년 선조 때 지봉(芝峰) 이수광이 쓴 『지봉유설』(芝峰類設)에 실리면서 조선 학자들에게 전해져 이익, 안정복, 다산 정약용, 이승훈으로 이어지는 신앙인을 배출하며 기독교의 기초를 놓는 데 기여했다.

---

2 「기독교사상」, 1992년 11월호, (서울:기독교사상출판부, 1992), 131-132. 1601년에 이름을 바꾸어 『천주실의(天主實義)』라고 하였다.
3 *Encyclopedia Britannica*. Vol.10. 39-40에서 인용.

> 이렇게 중국의 유교 문화를 존중하는 마테오 리치의 선교는 많은 중국인이 복음을 향한 마음의 문을 열게 하였고, 그 결과 개종자의 수가 점점 늘어났다. 이러한 마테오 리치의 사역 결과로 1610년, 그가 사망할 무렵에는 중국 일부 지역의 천주교에 대한 적대감에도 남부와 중부 지역의 많은 도시에 예수회 공동체들이 생겨났다. 베이징에는 황실의 비호 아래 교회가 세워지는가 하면, 천주교는 많은 중국의 학자와 관리들 사이에서 알려지고 존중받게 되었다.
> 또한, 16세기 이래로 중국에는 계속 교회가 유지되었고, 1800년경에는 250,000명가량의 신자가 남게 되었다. 특히, 마테오 리치의 사역 결과로 명나라 말엽에 이르기까지 궁정에서 영향력 있는 개종자들을 얻을 수 있었으며, 유럽의 종교 사상과 과학기술이 함께 중국에서 영향을 주기 시작한 동기가 마련되었다고 할 수 있다.[4]

물론 당시 마테오 리치의 중국 선교 방법은 모두 긍정적인 면만 있었던 것은 아니었다. 현대 복음주의 기독교의 시각에서 보면 유교 제사를 당시 문화의 한 형식으로 보고 허락한 일 등 절대 동의하기 어려운 일도 있었던 것도 사실이다. 그런데도 지금부터 500여 년 전의 마테오 리치와 그가 몸담았던 예수회의 선교 방식은 지금 선교학의 관점에서 보더라도 아직도 선교지에서 상황화의 기본 개념도 이해하지 못하고 열심히 한국적 기독교 문화를 이식하고 있는 우리의 실상을 고려해 볼 때 참으로 놀라운 일이 아닐 수 없다.

사실 이전 우리나라 신앙의 선배들은 상황화의 개념이 무엇인지도 몰랐는데도 당시 조선에 들어온 선교사들과 함께 복음은 보전하면서도 우리의 문화에 적절하게 적용한 여러 상황화의 좋은 모델을 만들어 내었다.

---

4 Ibid., Vol.16. 356.

실제로 이러한 신앙 선배들의 탁월한 상황화의 실례들은 현대 선교를 감당하고 있는 한국 교회에 대해 커다란 도전을 준다.

포타나 이야기: 캠퍼스의 기독교 구루

포타나는 힌두교를 전공한 인도의 복음 전도자다. 그를 만난 것은 미국 코네티컷의 OMSC에 머물고 있을 때였다. 당시 그의 철학 박사(Ph.D.) 논문 담당 교수가 OMSC에 머물고 있었는데, 예일대학교를 잠시 방문한 그는 IVCF소속의 사역자로 인도 대학 캠퍼스에서 학생들을 대상으로 사역하다가, 이후 힌두교 연구로 박사 학위를 마치고 본격적으로 인도의 대학들을 돌면서 대학생들과 만나 종교의 진리에 대해 토론하며 관심있는 학생들을 모아 놓고 복음을 증거했다.

"저는 대학 캠퍼스에 들어가면 학생들에게 힌두교에 대해 질문합니다. 힌두교는 철학적인 내용이 많아서 인생에 대한 철학적 질문들을 하기 용이합니다. 그렇게 질문한 후에 다시 그 질문의 답을 성경의 내용으로 대답합니다."

이런 그의 사역에 많은 젊은이가 몰려들었다. 포타나는 이들을 모아 놓고 성경을 가르치고 더 관심이 있는 학생들에게는 성경 공부를 시켰다.

"이곳저곳의 대학들을 방문하며 사역하다 보니 힌두교의 구루[5]들의 모습을 답습하게 되었고 그들의 모습이나 사역 방식이 대부분 힌두교도인 대학생들에게 별 저항감 없이 복음을 전할 수 있음을 알게 되었지요. 지금은 학생들이 저를 존경의 의미로 기독교 구루라고 부른답니다."

---

[5] '구루'(산스크리트어: गुरु)는 특히 인도 종교에서 '선생'이나 '스승'을 뜻하는 산스크리트 용어다.

> 힌두교 전공으로 석사와 박사 학위를 마친 그의 힌두교에 대한 학식
> 은 그 어떤 힌두교 구루와 비교해도 전혀 부족하지 않았고, 그는 지금
> 도 수많은 인도의 대학을 다니며 복음을 증거하는 기독교 구루로 사역
> 하고 있다.

상황화 사역에 있어서 포타나와 같은 이런 외형적인 대중 종교와의 유사점 이외에도 좀 더 내부자 관점에서의 상황화를 진행하는 '내부자운동'(Insider Movement)[6]을 주도하는 그룹들의 사역 방식이 있다. 내부자운동에 대해서는 혼합주의 등의 몇몇 문제가 있을 수 있다는 비판이 꾸준히 제기되고 있다. 하지만 어차피 유대교나 이슬람 등과 같은 강력한 종교들 안에서의 사역 방식은 획일적일 수 없으며, 내부자운동은 새로운 선교 접근 방식으로 또 다른 긍정적 역할을 감당하고 있는 것도 사실이다.

3. 한국적 상황화의 모델들, 추도예배와 새벽기도회

우리의 신앙의 선배들은 상황화라는 개념 자체가 이론으로 아직 정립되지 못한 시기에서도 우리의 문화 속에 복음을 잘 엮어내어 탁월한 한국 기독교만의 전통을 만들어 내었다. 그중 한국적 상황화의 대표적 의례들을 든다면 아마도 추도예배와 새벽기도회 등이 있을 것이다.

---

[6] '내부자운동'(Insider movement)은 선교학자 랄프 윈터와 존 트라비스, 케빈 히긴스 등에 의해 주장된 전방개척선교(Mission Frontier) 전략의 한 방법이다. 레베카 루이스(Rebecca Lewis)는 이 운동은 "기독교로 개종한 자들이 원래 속해 있는 공동체 내에 머물면서 그리스도에 대한 믿음을 갖고자 하는 것"이라고 정의했다. 덧붙이면 이 운동은 이슬람, 불교, 힌두, 공산권 등 다양한 그룹의 사람이 자기가 속한 공동체에 머무른 상태에서 예수를 따르고 복음을 전하는 운동으로 주로 이슬람권에서 상황화 된 선교 전략이다.

1) 추도예배, 유교 전통의 기독교화

'추도예배'는 세계 어느 교회에서도 찾을 수 없는 가족 공동체를 이뤘던 한국 문화의 특성이 강하게 남아있는 한국 교회만의 전통이다. 이전 한국 사회에서 복음을 받고 그리스도인이 되는데 가장 큰 걸림돌이 되었던 것은 아마도 조상 제사였을 것이다. 중국으로부터 오랜 기간 동안 유교의 영향을 받았던 우리나라는 조상께 제사를 지내는 것은 너무도 당연한 것이었고 유교 최고의 가치 중 하나인 '효'(孝)의 표현이기도 했다.

즉, 제사를 지내지 않는다는 것은 우리 사회에서 지극히 불효함과 동시에 부도덕한 일이었다. 그런 상황 속에서 기독교가 들어와 제사를 지내는 것은 우상숭배라고 가르쳤으니 이런 천인공노할 기독교에 대한 당시 한국 사회의 저항은 엄청났다. 당시의 저항이 얼마나 심했던지 개신교와 더불어 제사를 반대했던 로마가톨릭[7]은 1939년 12월 8일 "중국 의례에 대한 훈령"을 교황청을 통해 공포하고 "시대의 변화에 따라 조상 제사에 대한 현대인의 정신이 변했기에 용납하는 것"이라고 조상 제사를 허용하게 하였다.

그러나 로마가톨릭과는 다르게 한국 개신교는 처음부터 조상에게 제사 지내는 것 대신 이를 대신할 의례로 추도예배가 자연스럽게 시작되었다. 첫 추도예배 기록은 아펜젤러 등 선교사들이 발행한 "조선그리스도인회보" 1897년 9월호에 등장한다. 물론 초기 한국 교회는 추도예배도 긍정적으로 생각하지 않았으나 결국 추도예배는 교단 차원에서 인정하고 받아들였고 한국 기독교만의 전통이 되었다.

---

[7] 당시 예비 신자였던 윤유일이 북경에 가서 북경 교구 구베아 주교에게 조선 신자들의 상황을 전달했고 구베아 주교의 1790년 2차 답변의 결론은 제사 금지였다. 이를 '조상 제사 금지령'이라 한다.

물론 한국 교회 내에서 추도예배를 아직도 드려야 하는지에 대한 찬반론이 있으나 지금은 대부분의 한국 대표 교단들이 허락하고 권유하는 의례이다. 이렇게 우리 신앙의 선배들은 지혜롭게 우리 문화의 당시 상황에서 복음을 받아들여 전혀 이질적이지 않으면서도 지극히 한국적인 기독교 전통을 만들었다.

2) 새벽기도회, 한국적 기도 중심의 예배

필자가 선교사로 파송되었던 1990년대 초만 하더라도 국제 선교단체들에서는 한국 선교사가 보이면 한국 교회의 새벽기도회나 철야기도회 등에 대해 관심을 가지고 진지하게 질문하곤 하였다. 당시의 한국 교회는 누가 뭐라 해도 기도하는 교회였고, 그 기도는 간절하게 함께 큰 소리로 외치는 기도라고 생각했다. 그래서 선교사들끼리 모여 회의하거나 선교 대회 등으로 모일 때면 반드시 한 번 정도는 '한국식'(Korean Style)으로 기도하자며 모두 일어나 큰 소리로 함께 기도하는 모습이 종종 있곤 하였다.

물론 언제부터인지 한국 교회가 기도하는 교회라는 명성은 조용히 사라져 버린 것도 사실이지만, 그럼에도 한국의 새벽기도회는 선교학적인 면에서 볼 때 참으로 탁월한 한국적 상황화의 끝판왕(?)이라 생각된다.

그렇다면 초기 한국 교회의 새벽기도회는 어디에서 유래되었을까?

이덕주 교수는 과거 여성들이 새벽에 정화수를 떠 놓고 남편과 자녀들을 위해 조왕신[8]에게 빌던 한국 부녀자들의 습관이 부흥 사경회 기간에 새벽기도회로 바뀌었다고 주장했다.[9] 또한, 어떤 이들은 민간 무속의 여

---

8 부엌 음식 신.
9 이덕주, 『한국 토착 교회 형성사 연구』, (한국기독교역사연구소, 2000), 348-350.

성들이 샛별이나 칠성신에게 빌거나 고목 앞에서 빌던 신앙에서 왔다고도 주장하기도 한다. 이런 기복적 가족 기도가 기독교로 넘어와 새벽마다 교회에서 가족을 위해 기도하게 되었다고 주장한다.

이에 대해 옥성득 교수는 다른 주장을 하는데, 그에 따르면 이렇다.

> 초기 한국 교회의 새벽기도회는 4시 30분이나 5시에 드렸는데 그 시간은 도성의 새벽 파루(罷漏)와 관련이 있다. 조선 시대 큰 도시에는 네 개의 대문과 성벽으로 둘러싸여 있었는데 같은 시간에 종을 쳐서 하루를 시작하고 마감했다. 새벽 4시에는 파루로 33번 종을 쳐서 성문을 열고 통행을 시작했는데, 새벽기도회를 4시 30분이나 5시에 한 것은 4시 통행이 시작되던 습관을 따라 한 것이었다.
> 즉, 파루와 연관된 하루 일상의 시작 시간에 일어나 교회로 와서 새벽기도회로 모였고, 이는 본래 선도(仙道)의 수행자였던 평양의 길선주와 그의 동료들이 청일전쟁 후에 개종하고 평소 수행하던 새벽기도, 통성기도, 철야기도 등을 1905년 전후의 부흥 사경회에 도입하였고, 1909년 전후에 교회 프로그램인 기도회로 만들기 시작했다. 이렇게 길선주가 중심이 되어 선도에서 기독교로 상황화 된 새벽기도와 통성기도는 1910년 전후부터 한국 교회에 정착되기 시작했다.[10]

누구의 주장이 옳든, 새벽기도회는 당시 한국의 토착적인 문화 속에서 그 상황에 맞추어 시작된 한국적 기도 모임이다. 이후 새벽기도회는 한국 사회의 수많은 역사의 격변기 속에서 한국 교회를 기도로 뭉치게 하는 영적 구심력이 되었다.

---

10   옥성득, "평양대부흥과 길선주 영성의 도교적 영향", 「한국기독교와 역사」, 25호, 2006년 9월, 7-35.

그 외에도 한국의 전통적인 품앗이 제도에서 유래한 날 연보를 통해 자립 전도의 전통이 세워지고 귀신에게 매일 드리던 성미에서 목회자의 생활을 책임지게 하여 교회를 자립하게 한 성미가 교회의 전통이 되었다. 또한, 유교의 경전을 신성시하고 암송하던 습관이 성경 공부와 성경 암송에 적용되기도 하였다.[11]

4. 깐두라와 티셔츠, 전통과 서구화

전통적인 중동 국가들에서는 우리가 잘 알고 있듯이 무슬림 여성은 정숙함을 위해 지역마다 다른 히잡, 차도르, 니캅, 부르카 등의 베일을 머리에 두른다. 중동 국가의 무슬림 남성 전통 복장은 머리에 쓰는 것과 몸에 걸치는 통으로 된 원피스로 구성된다. 이런 지역들에서 무슬림 남성은 '깐두라'(Kandura)라고 부르는 긴 흰색 원피스를 입는데, 이 옷은 '디쉬다쉬'(Dishdash)라고도 표기하며 나라마다 부르는 이름에 차이가 있다.

'깐두라'는 소매 끝과 목 부분 컬러의 형태는 나라마다 선호되는 형태가 다르다. 이곳의 무슬림 남성들은 보통 흰색의 '깐두라'를 즐겨 입지만 근래에 들어 젊은 층을 중심으로 갈색이나 진청색 등도 입는다. 이들의 복장은 무슬림이기 때문에 입어야 된다는 것보다는 그들의 전통적 복장이기 때문에 입는다고 보는 것이 더 적절하다. 그만큼 그들은 자기들의 의식주 전통을 사랑하고 자부심을 갖는다.

대부분 그리스도인은 중동의 무슬림 이름이 종교적인 것이라고 생각한다. 왜냐하면, 우리는 보통 무함마드나 이스마일 등, 그들 예언자들의 이름에 익숙하기 때문이다. 하지만 특히 중동의 무슬림은 그들의 이름이 숭

---

11 장동민, 『대화로 풀어 보는 한국 교회사 1』 (서울: 부흥과개혁사, 2009).

배되는 대상인 예언자들이나 추종자들의 이름으로만 지어지는 것이 아니라 자기들의 삶 속에서 발견할 수 있는 시간이나 동물, 식물, 대지, 보석, 감각, 장수, 행복, 운명, 하늘 등 모든 것을 이름으로 사용한다. 따라서 이들의 이름은 종교적인 것도 있을 수 있으나 대부분은 그들의 전통적인 이름으로 지어진다.

복음의 전달에 있어 현지 문화를 적절하게 입혀 전달해야 한다는 상황화는 현대의 선교학에서 필수적인 개념으로 자리 잡게 되었지만, 아직도 많은 선교지에서는 서구 식민주의 시대의 서구 중심 선교와 유사하게 선교사가 파송된 국가의 문화를 자의든, 타의든 이식하려는 시도들이 계속되고 있다. 이런 복음과 문화의 상관성에 대한 무지함과 몰이해는 지금도 많은 선교 현지에서 일어나고 있는데 특히 무슬림이 다수인 이슬람 지역에서 사역하는 선교사들에 의한 여러 사례를 볼 수 있다.

그중 가장 대표적인 것은 앞에서 언급한 것과 같이 이름이나 복장에 대한 문제다. 다음의 이야기는 이슬람 지역에서 종종 일어나는 사례들 가운데 하나다.

무함마드의 이야기: 이름을 기독교식으로 바꾸라고?

무함마드는 북아프리카 출신의 무슬림이었다. 그는 서구 문화에 무척 관심이 많았는데 어려서부터 핸드폰에 서구의 팝송을 저장해 이어폰으로 듣곤 하였다. 그러다 어느 날, 해안 둑에 앉아 음악을 듣고 있던 그에게 한 미국인이 말을 걸었다. 자기는 지금 아랍어를 배우고 있는데 도와줄 수 있냐고 말이다. 미국 선교사를 알게 된 무함마드는 수년 후 기독교로 회심하게 되었고 미국 선교사는 그에게 데이비드이라는 새로운 이름을 지어 주었다.

> "데이비드이라는 이름을 받았을 때 기분이 어땠어요?"
> 무함마드가 필자에게 웃으며 말했다.
> "기독교로 회심해 그리스도인이 되면 그리스도인들이 많이 쓰는 이름으로 바꾸어야 하는지 알았어요."
> 그런데 더 큰 문제는 그의 가족이 무함마드가 데이비드이라는 이름을 쓰는 것을 알고 난 후 일어났다.
> "아버지께서 제가 데이비드이라는 이름을 사용하는 것을 아시고 저에게 그렇게 미국 놈이 되고 싶으면 내 집에서 나가라고 하시더군요."

이런 사례는 이슬람 지역에서 종종 나타난다. 특히, 서구 선교사들에 의해 기독교로 회심한 무슬림들 가운데는 무함마드 같은 전통적인 이슬람 지역의 이름에서 데이비드 등의 기독교적인 이름이나 아예 서구식의 이름으로 개명하는 경우도 있다. 또한, 중동이나 서남아시아 등과 같이 전통적 복장을 많이 입는 곳에서는 이름뿐 아니라 자기들이 그동안 입었던 전통 복장을 벗어버리고 티셔츠나 청바지로 갈아입고 다니는 '무슬림에서 기독교로 회심한 그리스도인'(이하 MBB)[12]들도 많이 있다.

이들에게 왜 그렇게 이름을 바꾸고 복장까지 갈아입었냐고 질문하면 어떤 이들은 자기들에게 복음을 전한 선교사들이 그렇게 제안했다고 말하기도 하고, 또 어떤 이들은 자기 스스로 그렇게 바꾸었다고 이야기하는 경우도 있었다. 하지만 한번 생각해 보라.

우리도 만약 일제 강점기 때 예수를 믿으면 상투를 잘라야 하고 일본식 이름으로 바꾸고 그들과 같은 복장을 해야 했다면 누가 예수를 믿겠다고 했을까?

---

[12] 'MBB'(Muslim Background Believer)는 '무슬림 배경의 그리스도인' 이라는 말로 무슬림에서 기독교로 회심한 사람들의 명칭이다.

이런 MBB들의 모습은 도리어 지역의 무슬림들을 더욱 자극할 수 있으며 결국 자기들의 이전 공동체에서 보호받지 못하고 쫓겨나거나 더 심한 핍박도 받을 수 있다. 기독교가 자기들을 지배했던 서구 식민주의 사상이라고 믿는 무슬림에게 도리어 서구식으로 개명하고 전통 복장까지 서구식으로 바꾸는 회심자가 있다면, 이는 그 자신을 자기 공동체에 남아 있을 수 없게 하는 직접적 원인이 될 수 있다.

예루살렘 공의회는 사도행전 15:1-29에서 유대인들과는 다른 문화를 가지고 있었던 이방인 그리스도인들이 구원받는 데 있어 유대 율법인 할례와 안식일 준수에 대해 할례는 마음에 받아야 할 것이라고 말하며 안식일 대신 주일 성수를 해야 함을 가르쳤다.

그리스도인이 된다는 것은 그 문화 속에서 복음으로 내면이 바뀌는 것이지 형식적인 이름이나 복장 등을 바꾸어야 하는 것은 아니다.

5. 서구화와 한국화

이전 서구 교회가 식민주의 시대에 선교지에 자기들의 문화와 함께 복음을 이식했다는 것을 앞글에서 언급했다. 이런 역사로 말미암아 세계의 여러 2/3세계[13] 국가는 서구 식민주의와 기독교를 동일화했고, 이에 따라 커다란 복음의 장벽들이 이들 국가 안에 만들어지게 된 것도 사실이다. 그런데 다른 2/3세계와 더불어 신랄하게 서구 식민주의 잔재들을 비판하던 한국 교회는 지금도 여러 선교 현지에서 한국적인 교회 전통을 열심히 이식하는 이중적 모습을 보인다.

---

13 이전 글에서 이미 언급했듯이 비서구 세계, 2/3세계, 글로벌 사우스 등의 용어는 서구를 지칭하는 유럽과 북미 등을 제외한 아시아와 아프리카, 중남미 등의 지역을 의미한다.

물론 우리 한국 교회 스스로가 보기에는 우리에게 좋은 기독교 전통이라고 생각하겠지만 선교지의 상황이나 문화를 고려하지 않는 수많은 한국화 사례가 일어나고 있는 것은 심히 부끄러운 일이다.

중국의 한 가정교회 이야기: 중국 교회인가, 한국 교회인가?

프란시스가 중국 남부 지방에 사역 차 방문할 때마다 한 번씩 찾던 도시 가정교회가 있었다. 이 가정교회는 아시아 선교사들에 의해 개척이 된 이후 커다란 양적 성장을 이루었다. 그 후, 교회가 점차 성장하자 교회의 리더들은 중국 정부에 등록하고 소위 삼자교회가 되었다.

2018년 말, 이곳을 방문한 프란시스는 교회의 예배 방식과 프로그램 등이 많이 바뀌었다는 것을 느꼈다. 마치 한국의 유명한 어느 교회처럼… 그는 그곳 교회에 수년간 참석하던 준에게 그 이유를 물었다.

"준, 이 교회의 예배가 이전과 많이 변한 것 같네요. 지금 제 머리 속에는 한국의 어떤 교회가 떠오르는데요."

"아, 그러셨군요. 사실 삼 년쯤 전에 …"

준의 이야기는 삼 년쯤 전에 이 교회의 목사님이 한국의 모 교회의 초청을 받아 한국을 방문했다고 했다. 그리고 이후 그 한국 교회에서 선교사들이 이 교회로 들어와 같이 사역하게 되었고, 이후 얼마 되지 않아 교회의 예배 방식과 프로그램 등이 한국의 그 교회 방식으로 모두 바뀌게 되었다는 이야기였다.

'아니, 왜 그동안 잘 하고 있던 중국식의 예배를 한국식으로 바꾸어야 했지?'

프란시스는 갑자기 머리가 복잡해지는 것을 느꼈다.

최근에 영상 통화를 통해 만났던 어느 지인 목사님이 중국 교회들을 한국 선교사들이 다 한국식으로 바꾸어 버렸다고 분노에 찬 모습으로 말했던 것이 기억이 난다. 그 이야기를 들으며 선교사의 한 사람으로서 깊은 책임감을 느꼈다. 현재는 한국에서 목회하시는 지인 목사님은 미국에서도 목회를 잘하셨고 중국 등 선교지들도 많이 방문하신 분이었다.

이분의 말씀은 물론 과장된 면이 있을 수 있다. 하지만 중국에서 사역하는 한국 선교사 숫자가 워낙 많았고, 근래에 들어 한국의 소위 유명 교회들이 중국 선교를 가속하면서 자기들의 교회성장의 노하우(?)들을 전수한다고 하면서 중국의 여러 교회와 교류하는 일들은 이제는 너무도 보편적이 되었다.

그러다 보니 지극히 미국적인 교회 성장학 위에 한국적 문화 요소까지 덧입힌 자기들의 교회성장 전략 등을 전수(?)한다며, 거기에다 보너스로 한국식 예배 방식까지 그대로 전하는 일들이 심심치 않게 일어나는 것이 사실이다. 이러다 정말 요즘 유행하는 한류에 'K-선교'라는 말까지 나올까 심히 두렵다. 이전에 소위 문화적 식민주의라고 서구 선교를 열심히 비판했던 한국 교회가 현재의 21세기에도 역시 동일한 모습으로 한국적 기독교 문화를 열심히 세계 곳곳에 이식하고 있는 것이다.

한국이나 서구 선교사들을 막론하고 아직도 많은 수의 선교사는 자국에서 경험했던 사역 방식을 선교지에서도 그대로 접목하는 경우가 있을 수 있다. 이는 무엇보다도 자기들에게 익숙하기 때문이다. 따라서 본의 아니게, 혹은 의도적으로 선교사들에 의해 현지인들이 선교사들과 같은 모습으로 만들어진다. 그렇기에 중국에서 한국 선교의 문제점을 지적하는 지인 목사님의 이야기와 같은 결과가 나타나는 것이다.

문제는 이런 노력(?)에 현지인의 문화와 전통은 전혀 고려되지 않고 있다는 것이다. 그 과정에서 선교사와 현지인 사이에 보이지 않는 마음의 장벽들이 생기고 그로 말미암아 정작 우리가 그토록 전달하고자 하는 복음이 온전히 전해지지 못하고 막히는 일이 종종 있는 것이다. 많은 선교지에서 현지의 문화와 전통의 옷을 잘 입지 않은 외국식의 복음과 외국식으로 예배하는 현지인들은 오히려 자국민에게 커다란 영향을 끼치지 못한다는 사실은 우리에게 많은 것을 가르치고 있다.

6. 복음과 문화의 틀, 내용과 형식

상황화의 기본 공식은 신앙의 '내용'(Meaning)은 성경적이지만 그 '형식'(Form)은 현지 문화와 현지의 종교 관행을 따른다는 것이다. 상황화에 관해 이야기하면 어떤 이들은 이 주제를 꺼냄과 거의 동시에 혼합주의에 대한 폐해를 미리 걱정한다. 대부분 이런 이는 일반적으로 선교에 대한 기본적인 이해가 있거나 최소한 선교에 대해 관심이 있는 이들이다. 그럴 때마다 필자가 이해를 돕기 위해 설명하는 것이 있다. 바로 '커피와 컵'에 대한 이야기다.

커피는 컵에 들어가는 내용물이다. 내용물인 커피는 절대 변할 수 없다. 왜냐하면, 우리는 커피를 마시기 위해 컵을 사용하기 때문이다. 여기서 커피는 본질적 내용이고 컵은 하나의 형식 또는 틀이다. 따라서 내용물인 커피는 바꿀 수 없지만, 커피가 들어가는 컵은 다양한 모습과 재질의 용기로 사용할 수 있다. 컵은 단지 커피를 담기 위해 사용하는 용기다. 그러므로 컵은 다양한 재질과 모양의 컵을 사용해 각기 다른 취향의 사람들이 자기들이 선호하는 방식으로 사용할 수 있는 것이다.

생각하건대 아마도 젊은 세대는 테이크아웃 커피 컵을 사용해 커피를 마시는 것을 선호할 것이고, 나이 드신 세대는 예전 인스턴트 커피를 마시던 방식대로 일회용 종이컵을 사용하는 것을 더 선호할 수도 있을 것이다. 또한, 미국이나 한국 같은 곳에서는 커피를 담는데 커다란 머그잔을 많이 사용할 수 있고, 요즘같이 자연보호나 지구 온난화 등에 대해 관심이 있는 사람들은 텀블러를 사용해 커피를 마시기도 할 것이다.

그뿐인가, 터키인들은 진한 커피와 설탕을 넣어 끓인 커피를 자그마하게 생긴 귀여운 커피 잔에 한입에 부어 마시고, 에티오피아의 사람들은 주전자같이 생긴 토기인 제베나에 끓인 커피를 커피 잔에 세 잔을 따라 마신다. 다양한 배경의 사람들이 다양한 그들의 방식과 컵을 사용해 커피를 즐긴다. 이렇게 다양한 문화의 배경을 가진 사람들이 커피를 마실 때 그들이 마시는 커피라는 내용물은 동일하지만 마시는 컵의 재질이나 모양은 천차만별일 수 있다.

이처럼 예수 그리스도께서 우리에게 선물로 주신 복음은 절대 변할 수 없는 커피와 같은 진리의 내용물이라면, 그 복음을 설명하기 위해 사용되는 형식이나 틀은 세계 각지의 다양한 재질과 모양의 컵들과 같이 그 지역의 문화에 따라 다양한 모습에 담겨 현지인들에게 전해지는 게 현지인들이 복음을 이해하고 받아들이는 데 훨씬 효과적인 것이다. 결국, 복음은 불변하는 진리의 내용이지만 복음을 담아 전달할 현지인의 문화는 지역에 따라 다양하게 변할 수 있는 각자 다른 형식인 것이다.

7. 상황화의 종류와 기본 원칙

선교사가 새로운 선교 현지에 들어가면 현지인들과의 다른 문화적 간극으로 인해 여러 시행착오를 겪게 된다. 선교 현지에 들어간 선교사는 먼저 현지 문화에 대한 적응이 필요하게 되고, 더 나아가 복음을 전하기 위해 현지 문화에 대한 깊고 넓은 이해가 필요하다.

따라서 상황화란, 선교사가 선교 현지에서 자기와 현지인들 간의 문화적 간격을 줄이기 위해 자기의 사고, 말, 태도, 행동 등을 현지인들의 삶의 양식에 맞게 적응하는 것을 말한다.

　이 때 본질적인 것과 비본질적인 것을 구별하는 능력이 중요한데, 이를 위해 현지 문화에 대한 지속적인 연구와 분별력 그리고 끊임없는 노력이 필요하다. 이러한 상황화를 위한 문화적 접근은 먼저 현지인의 역사 속에서 형성된 정신적 배경에 대한 기본적인 이해가 필수적인데 특별히 종교적 배경을 바탕으로 하여 오랜 기간 형성된 문화에 대한 세심한 주의가 필요하다.

　그 예로 대부분의 중남미 사람은 중남미 식의 로마가톨릭의 오랜 영향으로 말미암아 이 지역의 전통적인 정령 숭배와 혼합된 예수 그리스도를 믿고 있다. 남아시아나 서부 아프리카의 많은 무슬림은 자기들이 정통 무슬림이라고 스스로 말하곤 하지만, 실제로 이들에게 가장 많은 영향을 주는 것은 문화적 샤머니즘이나 범신론과 혼합된 '수피즘'(Sufism)[14]이다. 이런 경향은 터키 수피즘의 한 분파인 '벡타시'(Bektashi)[15] 이슬람의 영향을 받은 알바니아도 마찬가지다.

　하지만 이렇게 선교사가 타문화권에 들어가 현지에 대한 많은 연구와 노력을 한다고 해도 타문화권에서 사역을 하다 보면 아무리 조심한다고 해도 현지인과의 사소한 오해를 일으킬 만한 문화적 충돌은 항상 존재할 수밖에 없다.

　한 예로 동유럽의 헝가리나 알바니아 등에서는 인사하는 방식이 서로 포옹하고 볼에 키스하기도 한다. 물론 이런 인사법은 중동 같은 무슬림 다수 지역의 인사 방식과 유사하다고 생각할 수 있으나 동유럽식의 인사

14　'수피즘'(Sufism)은 '이슬람 신비주의'를 말한다. 금욕과 고행을 중시하고 청빈한 생활을 이상으로 하며 무슬림 전체의 약 70퍼센트가 수피즘이나 신비주의의 영향을 받았다.

15　'벡타시'(Bektashi)는 시아파의 열두 이맘파에서 분파한 수피즘 교단으로, 13세기 호라산 출신의 하지 벡타시 벨리(Haji Bektash Veli)에 의해 아나톨리아에서 설립되었다.

법과 중동의 인사법은 확연히 다른 점이 있다. 동유럽에서는 동성과 이성 간에 친밀한 경우에는 모두 서로 포옹을 하거나 볼 키스를 하며 인사할 수 있지만, 중동에서는 동성끼리만 이런 인사를 할 수 있다는 것이다.

이런 사실을 모르는 사람이 중동에서 이성에게 동성끼리만 할 수 있는 포옹이나 볼 키스 등으로 인사하려 했다가는 커다란 낭패를 볼 수도 있는 것이다. 이렇게 신체와 신체가 닿는 인사법은 한국인들이나 동아시아 등의 사람들에게는 일반적으로 부자연스럽게 다가올 수 밖에 없다. 하지만 동유럽이나 중동의 상황에서 포옹하고 볼 키스를 하는데 불편한 모습을 현지인들에게 보이게 되면 한국 사람은 그들에게 냉담한 사람으로 평가될 수 있는 것이다.

존의 이야기[16]: 우상숭배인가, 전통적 관습인가?

존은 파키스탄 펀자브에서 선교사의 자녀로 태어났다. 존이 열두 살 때, 부모님은 신드주로 이사했는데 그곳은 파키스탄의 힌두교 지역이었다. 음악에 소질이 있었던 존은 수와 결혼한 후 신드에서 사역을 시작했다. 존의 가족은 모두 음악에 소질이 있었다.

"하나님은 우리에게 재능을 주시고 그 재능대로 우리를 사용하시는 분입니다."

그는 계속해서 말했다.

"타문화권 사람들을 사랑하는 마음만으로는 충분하지 않아요. 정말 현지인의 마음을 열고 싶다면 그들의 방법으로 접근해야 합니다. 파키스탄에선 그게 음악이지요."

---

16 나오미 리드, 203-214. 재구성함.

그는 신드 문화의 음악과 예술을 통해 다른 이들을 섬기는 것을 비전으로 가지고 성경 이야기를 노래로 만들어 가르치는 일을 시작했다. 생명과 죽음과 결혼 등과 같은 문제를 다루는 노래도 만들었는데 주로 교창식 기법을 활용했다.

존은 선교사들이 선교지에 와서 본국에서 통했던 방식이 익숙하기에 본국에서 경험했던 방식을 선교지에 와서도 고수하려는 경향이 있다고 말했다. 하지만 파키스탄을 비롯한 많은 곳에서는 외국인에게 예배하는 법을 배워 외국식으로 예배하는 현지인들이 오히려 자국민들에게 영향을 끼치지 못하는 것이 사실이다. 그는 파키스탄의 전통을 거스르지 않는 신선한 곡조를 통해 복음의 메시지를 전달하는 사역을 시작했다.

그는 주변 일곱 개의 다른 부족에서 그리스도인이 된 부족민을 초청해 워크숍을 열고 각 부족마다 행하는 장례 방식, 혼인 절차, 아기 작명식의 특성과 차이점을 자세히 연구할 수 있었고 이러한 의식과 행사가 우상숭배를 위한 것인지, 아니면 전통적 관습에 의한 형식인지를 분석했다. 미신이나 우상숭배에 근간을 둔 의식인 경우에는 새로운 방식을 제안해 대체할 필요가 있었지만, 결혼식과 관련된 의식은 주로 재미와 즐거움을 위한 것들이기에 그냥 사용하도록 했다.

상황화는 지속적인 현지 문화에 대한 관찰과 연구 그리고 지혜로운 적용이 필요하다. 따라서 가능하다면 선교사 개개인이 판단해 결정하는 것보다는 그 지역의 선교사들이 함께 모여 이 문제를 하나의 사례로 만들어 심도 있게 연구하고 함께 결정하는 것이 더욱 지혜로운 방법일 것이다.

위 사례에서 존은 몇 가지 기본적이고 지혜로운 해결책을 말하고 있다.

첫째, 부족마다 하는 장례 방식, 혼인 절차, 아기 작명식 등의 문화적 행사의 특성과 차이점을 자세히 연구할 필요가 있다.

그 이유는 이러한 의식과 행사가 종교적인 우상숭배를 위한 것인지, 아니면 전통적 관습에 의한 형식인지를 분석할 필요가 있기 때문이다.

둘째, 만약 연구 분석 결과 이런 의식과 행사 등이 미신이나 우상숭배에 근간을 둔 의식인 경우에는 새로운 방식을 제안하여 보다 성경적인 방식으로 대체할 필요가 있다.

셋째, 종교적 의식이 아닌 주로 함께하는 재미와 즐거움을 위한 결혼식 등과 관련된 전통적 의식은 그냥 사용하도록 할 수 있다.

물론 결혼식에 대한 의식에서도 현지 종교의 승려 등이 주례하는 태국이나 미얀마 등의 불교식 결혼식이나, 인도와 네팔 등의 힌두교식의 결혼식을 하는 경우에는 다른 방식으로 바꿀 필요가 있을 것이다. 하지만 결혼식 등이 종교적이지 않은 순수한 축제와 기쁨의 의식인 곳에서는 그 문화 방식의 결혼식을 따르는 것이 크게 문제 될 것이 없을 것이다.

8. 상황화에 대한 C1~C6 스펙트럼[17]

상황화에 대한 C1~C6 스펙트럼은 존 트라비스(John Travis)에 의해 개발되었는데, 이슬람 세계의 "그리스도 중심적 공동체(Christ-Centered Communities), 곧 그리스도를 믿는 신자의 그룹"의 유형을 비교하는 것이다. 여기서 나타나는 스펙트럼의 여섯 가지 유형은 언어나 문화, 예배 형태 그리고 다른 사람과 함께 예배하는 자유의 정도와 종교적 정체성에 따라 구별된다. 여기에서 모든 사람이 예수 그리스도를 주님으로 예배하므로 복음의 핵심 요소는 모든 그룹이 동일하다.

---

[17] John Travis, "The C1 to C6 Spectrum", Evangelical Missions Quarterly, 34: 3, October 1998.

C1. 외부인 언어를 사용하는 전통 교회

이들은 정교회나 로마가톨릭 또는 개신교일 수 있다. 많은 사람이 서구 문화를 반영한다. C1 신자들은 스스로를 '기독교인'이라 부른다.

C2. 내부자 언어를 사용하는 전통적 교회

언어를 제외하고는 C1과 동일하다. 내부 언어가 사용되며 종교적 어휘는 비이슬람어(기독교)일 것이다. 무슬림과 C2 사이의 문화적 격차는 여전히 크다. 종종 C1보다 C2에서 무슬림 배경 신자가 더 많이 발견된다. 이슬람 세계 대부분의 교회는 C1 또는 C2이다. C2 신자들은 스스로를 '기독교인'이라 부른다.

C3. 내부자 언어 및 종교적으로 중립적인 내부자 문화 형식을 사용하는 상황화된 그리스도 중심 커뮤니티

종교적 중립 형식에는 음악, 민족 복장, 예술 작품 등이 포함될 수 있다. 목표는 성경적으로 허용되는 문화적 형태로 상황화함으로 복음과 교회의 이질성을 줄이는 것이다. 교회 건물이나 종교적 중립 장소에서 만날 수 있다. C3 교회는 대다수의 무슬림 배경 신자로 구성되어 있다. C3 신자들은 스스로를 '기독교인'이라 부른다.

C4. 내부자 언어와 성경적으로 허용되는 문화 및 이슬람 형식을 사용하는 상황에 맞는 그리스도 중심 공동체

C3와 유사하나 성경적으로 허용되는 이슬람 형식과 관행[18]도 활용된다. C1 및 C2 형태는 피한다. 교회 건물에서 모임을 갖지 않는다. C4 커

---

18 그 예로 손을 들어 기도하기, 금식 하기, 돼지고기나 술 금하기, 이슬람 용어 사용, 이슬람 복장 등이다.

뮤니티는 거의 전적으로 무슬림 배경 신자들로 구성되어 있다. C4 신자는 일반적으로 무슬림 공동체에서 무슬림으로 간주되지 않는다. C4 신자들은 자기를 '메시아의 추종자'로 식별한다.

C5. 예수를 구세주로 영접한 '메시아파 무슬림'의 그리스도 중심 공동체

C5 신자는 법적으로나 사회적으로 이슬람 공동체 안에 남아 있다. 메시아닉 유대인 운동과 유사하게 성경과 양립할 수 없는 이슬람 신학의 측면은 거부되거나 재해석된다. 이슬람 예배에 참석하는 것은 개인과 그룹에 따라 다르다. C5 신자들은 다른 C5 신자들과 정기적으로 만나 구원받지 못한 무슬림과 신앙을 나눈다.

무슬림은 C5 신자들을 신학적 일탈자로 볼 수 있으며 그들을 이슬람 공동체에서 추방할 수 있다. 마을 전체가 그리스도를 영접하는 곳에서 C5는 '메시아닉 모스크'를 초래할 수 있다. C5 신자들은 무슬림 공동체에 의해 무슬림으로 간주되며 스스로를 '메시아 이사를 따르는 무슬림'이라 칭한다.

C6. 비밀, 지하 신자의 작은 그리스도 중심 공동체

정부나 공동체의 극단적 법적 위협으로 인해 C6 신자들은 비밀리에 그리스도를 예배한다. C6 신자는 C5 신자와 다르게 일반적으로 자기 믿음에 대해 침묵한다. C6 신자는 이상적이지 않다. C6 신자는 그럼에도 그리스도안에서 형제 자매들이다.

현재까지도 C1~C6까지의 스펙트럼에 대해서는 여러 논쟁점이 있다. 특히, 이 스펙트럼에서 어떤 유형까지 그리스도인으로 인정할 것인지에 대한 논쟁은 지금도 계속 진행되고 있다.

9. 내부자운동, 어떻게 봐야 할까?

오랜 기간 동안 무슬림 사역자들은 무슬림을 대상으로 행해 왔던 전통적인 선교 전략이 커다란 한계에 직면함을 느껴왔다. 이런 새로운 선교적 접근 방식을 갈망하던 상황에서 새롭게 등장한 선교 전략이 '내부자운동'(Insider Movement)이다. 내부자운동은 랄프 윈터(Ralph Winter), 존 트라비스(John Travis), 케빈 히긴스(Kevin Higgins) 등에 의해 주창 되어온 선교 전략인데, 특히 선교의 최전선인 '전방개척선교'(Frontier Mission)의 새로운 패러다임으로 주장되고 있다.

내부자운동에 대해 레베카 루이스(Rebecca Lewis)는 "기독교로 개종한 자들이 원래 속해 있는 공동체 내에 머물면서 그리스도에 대한 믿음을 갖고자 하는 것"이라 정의했다. 즉, 내부자운동은 이슬람, 힌두교, 불교 등의 다양한 종교 그룹의 사람들이 자기 공통체에서 그 신앙 형태를 버리지 않고 그대로 머무른 상태에서 예수를 따르는 운동이라 할 수 있다.

내부자운동 주창자들에 의하면 이 운동의 강점은 무슬림의 복음화를 외부의 외국인 선교사가 주도하는 것이 아니라 회심한 무슬림들에 의해 자기들의 공동체에서 스스로 주도한다는 데 있다.

내부자운동에서는 두가지 핵심 요소가 있다.

첫째, 공동체가 계속되어야 한다는 것이다.
즉, 복음이 회심자가 속한 기존 사회 조직 내에 뿌리가 내려져야 한다는 것이다.
둘째, 회심자가 그리스도의 주되심과 성경의 권위 아래 살면서도 기존에 그들이 속한 사회와 종교적 공동체의 일원이라는 정체성을 계속해서 유지해야 한다는 것이다.

현재 내부자운동에 대한 선교계의 반응은 크게 갈린다. 내부자운동의 지지자들은 내부자운동의 필요성에 대해 두 가지를 강조한다.

첫째, 회심자를 보호하는 차원에서 필요하다.

이슬람 지역에서는 기독교로 회심하게 되면 사회나 가족들로부터 각종 불이익과 심각한 위험을 감수해야 한다. 그러므로 내부자운동은 회심자를 보호하기 위해 소속 공동체 내에서 기독교 정체성을 드러내지 않고 그리스도를 따르게 하는 방식이라는 것이다. 다시 말해, 복음의 내용은 불변하나 형식은 현지의 문화와 이슬람의 관행을 따를 수 있다는 주장이다.

둘째, 선교적 차원에서 필요하다.

즉, 이슬람 지역 내에서 내부자운동은 회심자들이 기독교와 이슬람 사이의 중립적인 태도를 보이면서 친족이나 지인들에게 복음을 전할 때 효과적일 수 있다는 것이다. 그들은 초대 교회에서도 이런 내부자적 성격의 운동이 있었는데 당시에 초기 성도는 카타콤 등에서 물고기 표시로 서로 소통했다는 것을 그 예로 든다.

이렇게 내부자운동을 지지하는 그룹들도 있지만, 반면에 다른 한쪽에서 내부자운동에 대해 날 선 비판을 하는 그룹들도 적지 않다. 그중 한사람인 조슈아 링겔(Joshua Lingel)은 그의 저서 『크리슬람, 성경적 관점에서 본 내부자운동』에서 이를 신랄하게 비판한다.[19]

내부자운동 반대 그룹의 주장은, 내부자운동 주창자들의 가장 큰 문제점이 성경을 의도적으로 오역한다는 것이다. 내부자운동 주창자들은 무슬림 선교를 한다는 명목 아래 성경을 무슬림의 선입견에 맞춰 번역하고

---

19 조슈아 링겔, 『크리슬람, 성경적 관점에서 본 내부자운동』, 전호진 역 (서울: 종교문화연구출판사, 2014).

적응시켜야 한다고 한다. 그 예로 '삼위일체 하나님'은 '알라'로, '아버지 하나님'은 '주님'으로, '하나님의 아들'은 '메시아'로 번역하고 주일 대신 금요일에 모스크에서 이슬람식으로 예배하게 한다. 이에 대해 내부자운동 지지자들은 무슬림들에게 선교의 접촉점을 만들기 위해 성경의 용어를 바꾸었다고 주장한다.

하지만 내부자운동 반대 그룹에서는 기독교가 마태복음 16:16의 "예수는 그리스도요 살아계신 하나님의 아들"이라는 신앙고백에 기초하고 있는데 내부자운동은 이런 믿음과 고백없이 기독교의 정체성을 잃어버린 '종교적 혼합주의'(Religious Syncretism)로 만들어 버렸다고 비판한다.

이에 대해 케빈 히긴스(Kevin Higgins)는 내부자운동은 사도행전에 나타난 예수운동의 특징들과 분리될 수 없는 성경적 운동이라고 반론하며, 내부자운동의 혼합주의에 대한 우려에 대해서도 "혼합주의는 복음주의자를 포함한 누구에게나 조금씩은 있고 내부자운동 역시 이와 다를 바 없으며, 어떤 운동이든 간에 성경으로 돌아가는 말씀 중심의 운동이 되면 된다"라고 주장했다.

이슬람 선교의 사도라 불리는 사무엘 즈웨머(Samuel M Zwemer)는 이렇게 말했다.

> 언제까지 두 의견 사이에서 머뭇거리고 있을 것인가?
> 만일 이슬람이 최후의 종교이고 인류의 소망이라면 이슬람의 모든 가르침과 요구사항을 문자 그대로 따르도록 하라. 그러나 만약 그리스도가 최후의 종교이고 인류의 소망이라면 그대의 모든 마음과 입술과 생명을 다해 그분을 따라가라. 그대의 신념에 용기를 가지라.

우리는 결코 복음을 타협할 수 없다. 왜냐하면, 복음은 곧 진리이기 때문이다. 하지만 진리가 아닌 비본질적인 것에는 현지 문화와 상황에 맞게 지혜롭게 상황화 할 수 있어야 한다. 만약 그렇지 않는다면 창의적 접근 지역에서의 선교는 거의 불가능 할지도 모른다. 내부자운동은 종교적으로 심각한 박해가 있는 곳에서 시도되고 있는 여러 선교 사역의 전략 중 하나다.

우리는 내부자운동에 대한 위와 같은 뜨거운 논쟁을 보면서 이같은 내부자운동이 현재의 긴박한 선교 상황을 대변하고 있음을 깨달을 수 있어야 한다. 아직도 철통같은 진과 같은 강력한 이슬람 지역의 복음화를 위해 내부자운동과 같은 급진적이고 도전적인 시도들은 우리에게 또 다른 도전과 과제를 준다. 분명 우리의 사역 전략이 획일화되는 것은 불가능하다.

특히, 창의적 접근 지역이라면 더욱 그렇다. 내부자운동은 분명 논쟁의 여지를 가지고 있으며 지속해서 혼합주의에 빠지지 않도록 경계해야 한다. 더불어 성경과 복음이 왜곡되지 않은 한도에서 앞으로 사역의 모양을 더욱 예리하게 다듬어 발전시켜야 할 것이다.

결국, 수많은 다른 선교 운동이 그러하듯 최종적인 판단은 우리 주님의 역할이지 않을까?

제8장

선교지와 파송지, 경계가 무너지다
재입국과 디아스포라(Re-entry & Diaspora)

선교가 다변화되고 선교에 대한 패러다임의 변화로 말미암아 이제는 선교 현지에 한 번 들어간 선교사가 정규적인 본국 사역의 기간 외에는 죽을 때까지 파송된 선교지에서 사역해야 한다는 전통적 사고는 중요하지 않는 시대가 되었다.

또한, 20세기 말을 지나면서 일반적으로 선교지라 생각되는 2/3세계뿐만 아니라 전통적인 선교 파송 국가들 안에서도 이민자와 난민 등에 대한 선교 사역이 본격적으로 추진, 시작되고 있다. 이러한 새로운 패러다임의 사역은 "모든 곳에서 모든 곳으로"(From everywhere to everywhere)라는 슬로건을 통해 새로운 시대 상황을 잘 보여 주고 있다.

1. 죽고 싶어도 죽을 수가 없다

30여 년 전, 필자가 선교지로 파송되는 파송식에서 필자의 파송 교회 담임목사께서 하셨던 설교가 잊혀지지 않는다. 당시 담임목사께서는 "정 선교사는 이제 파송된 선교지에서 평생을 사역하다가 그 땅에 묻힐 것입니다"라고 말씀하셨다.

'그게 내 맘대로 되는 건가?'

이런 생각이 들었지만 무언중에 그런 죽을 각오로 선교지를 향한 것도 사실이다. 이런 파송식의 설교는 그 당시에는 많은 선교사와 성도가 익히 들었던 내용이다.

하지만 실제는 어떤가?

현재의 선교 상황은 선교사가 선교지에 계속 있기를 원하고 뼈를 묻고 싶어도 있을 수 없는 변수의 상황이 너무도 많이 발생한다. 거기에다 선교지가 '창의적 접근 지역'이라면 정부 때문에 비자발적 철수나 외부의 물리적 상황으로 말미암아 선교지를 떠날 수밖에 없는 일이 얼마든지 일어날 수 있다.

현대 선교는 선교사가 원하지 않는 여러 상황으로 선교지를 단기나 장기로 떠날 수밖에 없는 경우들이 시도 때도 없이 발생할 수 있다. 그러므로 이런 경우 선교사와 파송 교회 그리고 선교단체 또는 교단 선교부가 서로의 책무를 확인하고 적극적인 소통을 통해 선교사가 본국으로 재입국하는 상황을 이해하고 적절히 준비할 필요가 있다.

선교사는 파송된 선교지에서 사역하다가 자의적, 타의적인 이유들로 본국으로 재입국하는 경우들이 있을 수 있다. 선교사가 속한 단체나 교단 등의 규정에 따라 수년에 한 번씩 정기적으로 가지는 '본국 사역'(Home

Assignment)[1]이나, 본국에서 열리는 회의 등의 참석으로 잠시 방문하는 경우, 혹은 갑작스런 재난이나 내전, 혹은 비자발적 철수 등의 피치 못할 사정으로 사역하던 선교지에서 떠나야 하는 경우 그리고 선교사로 사역하다가 치료나 가족 문제 등의 개인적 이유로 본국으로 영구 귀국하는 경우 등이 대부분이다.

이런 경우 선교사가 어떤 이유와 목적으로 본국으로 재입국하는지를 선교사가 속한 선교단체와 파송 교회는 선교사와 충분히 소통해 그 목적에 따라 선교사가 아무 문제 없이 무사 귀환하고 본국에 있는 동안 어려움이 없도록 보살필 책무가 있다.

선교사에 있어 '본국 사역'은 세 가지 정도로 나눌 수 있다.

첫째, 과거에 '안식년'(Furlough, Sabbatical year)으로 불렸던 일 년이나 수개월 동안 본국에서 쉼을 가지며 그동안의 사역을 보고하고 후원자들을 일으키는 시간이다.

둘째, 본국의 선교단체 본부나 교단의 선교부 등에서 행정업무를 보게 되어 본국에서 수년간 사역하는 경우다.

셋째, 최근에는 본국에서 이민자나 난민 등을 대상으로 섬기는 사역 등이다.

이렇게 어떠한 경우로든 본국으로 재입국하게 된 선교사들과 가족들은 파송 교회의 관심과 따뜻한 돌봄이 필수적이다. 선교사가 오랜만에 고국에 들어와서 느끼는 감정은 무엇보다도 모든 것이 낯설다는 것이다. 항상 시끄럽게 차량과 사람이 엉켜 있었던 대부분의 선교지의 도로와는 너

---

1 이전에는 '안식년'(Furlough, Sabbatical Year)으로 불렸던 선교사의 4~5년 주기의 고국 방문은, 현재는 '본국 사역'(Home Assignment)이란 용어로 대체해 많이 사용한다.

무 다른 잘 정돈된 교통 시스템, 획일적이지 않은 세련된 옷차림, 낯익은 것 같으면서도 낯선 건물들 … 고국을 다시 찾은 선교사에겐 익숙한 듯 낯선 광경들이 수없이 펼쳐지며 새로운 적응이 시작된다. 오랜만에 지인들이나 성도와 반갑게 만나 대화하면서도 그들이 이야기하는 주제가 자기와는 너무도 연결 고리가 없는 느낌을 받을 때 선교사는 당혹감을 느끼곤 한다.

그뿐이 아니다. 선교사를 당황하게 하는 또 다른 하나는 소속감이다.

고국을 떠난 이후 너무도 많이 변화된 이질적 상황과 환경은 선교사에게 '나는 어디에 소속되어 있는가?'

이런 의문이 자연스럽게 솟아나게 한다.

또한, 오랜만에 만난 성도가 그저 인사치레로 이렇게 질문한다고 하자.

"선교사님 언제 출국하세요?"

그러나 이런 인사치레 질문에도 대다수의 선교사는 당혹감과 더불어 '나는 고국에서도 이곳을 떠나야만 하는 이방인이 되었구나' 하는 고독감을 느낄 수 있다. 이럴 때 선교사는 선교지에서 외국인으로 겪었던 소외된 느낌과 고국에 와서도 또 다른 이방인이 된 것 같은 자기의 불분명한 소속감에서 오는 고독과 소외감 등의 감정으로 정체성의 혼란을 겪을 수 있다.

2. 선교사와 파송 교회의 책무

선교사가 파송 교회의 후원을 받고 선교지로 향할 때 선교사와 파송 교회는 다음과 같은 일반적인 서로에 대한 '책무'(Accountability)를 가진다.

1) 선교사의 책무

(1) 선교지에서 성실한 사역을 유지한다.
(2) 4분기마다 기도 편지로 교회 선교부와 소통한다.
(3) 매 1회 교회 선교부에 사역 보고서와 재정 통계서를 보고한다.
(4) 본국 사역(안식년) 기간에 교회를 방문하고 성도와 시간을 가진다.
(5) 모든 재정 청구는 교회 선교부로 보낸다.
(6) 선교지, 선교 기관, 결혼 관계, 중점 사역 등의 중요한 변동 등의 변화가 있을 시 교회 선교부에 보고한다.
(7) 파송 교회와 긴밀한 관계를 맺고 기도 요청을 항상 알린다.

2) 파송 교회의 책무

(1) 선교사와 가족들, 사역을 위해 기도한다.
(2) 선교사의 사역과 상황을 성도에게 알린다.
(3) 매월 성실하게 재정적으로 선교사를 후원한다.
(4) 선교사의 개인적, 정서적, 영적 필요들을 돌보며 교회의 선교 책임자로 선교 현지를 방문하게 한다.
(5) 본국 사역(안식년) 기간에 선교사에게 실질적 도움을 제공한다.

3. 선교사의 재입국에 대한 교회의 책무

이렇게 선교사들이 겪는 어려움들을 최소한으로 줄이기 위해 고국의 파송 교회는 자기들이 파송한 선교사가 재입국하기 전 준비해야 할 것들이 있다. 이러한 선교사 재입국에 대한 준비는 선교사를 파송한 교회의 당연한 책무이기도 하다.

그렇다면 파송 선교사가 고국에 재입국할 때 교회는 무엇을 어떻게 준비하는 것이 좋을까?

선교사가 파송 교회에 고국 방문의 일정을 알리면 교회의 선교위원회 등은 팀을 나누어 선교사가 재입국하여 필요한 것들을 준비하도록 하되, 선교위원회뿐만 아닌 전체 교회 안에서 선교사의 일정을 보고하고 필요한 것들을 성도와 함께 준비하는 것이 전체 성도를 선교에 참여하는 의미에서 더욱 바람직하다.

여기서 중요한 것은 모든 성도가 선교사의 재입국을 알고 함께 참여하여 돕는 것이다. 왜냐하면, 만약 파송 선교사의 재입국 과정에서 교회가 감당해야 할 선교의 구체적 책무들을 교회의 선교위원회 등에만 맡긴다면 선교가 교회 내에서 선출된 소수를 위한 사명이라는 메시지를 은연중에 일반 성도에게 전해 주게 된다. 선교는 예수 그리스도의 모든 제자가 참여해야 한다. 따라서 교회는 이런 세세한 선교의 사역과 참여를 전체 성도에게 알리고 모든 성도가 함께 참여할 수 있도록 격려하고 구체적인 참여의 방법들을 제안하는 것이 좋다.

그렇다면 선교사가 재입국 시 어떤 것들이 가장 필요할까?

1) 주택

오랜 기간 동안 타지에서 살아왔던 선교사가 고국을 방문해 단기간(일주일에서 두 달 이내)이나 혹은 중기간(일 년 이내)으로 머물게 된다면 교회는 그에 맞는 주택을 미리 준비하는 것이 좋다. 교회가 교회 자체의 선교관이나 게스트 하우스 등을 가지고 있다면 그곳에 머물 수 있겠지만, 그런 상황이 아니라면 적당한 곳에 저렴한 집을 대여해 선교사와 가족들이 사용하게 할 수 있다. 선교사들이 고국에 들어올 때는 좋은 집을 원하는 것이 아니라 적당히 머물 수 있으면 되기 때문에 적절한 가격의 집이면 큰 문제가 없다.

다만 한국 같은 경우엔 대중 교통수단을 사용하는 경우가 많으므로 지하철역이나 버스 정류장 근처에 숙소를 마련하는 것이 지혜로운 방법이다. 가끔 한국에서 도시와 먼 교외의 기도원 등에 숙소를 구하는 경우가 있는데, 이런 경우 대부분의 해야 할 일들이 도심에 있는 선교사의 경우 차량이 있다고 할지라도 여러모로 불편할 수 있다. 따라서 가능한 지하철이나 버스 등의 대중교통으로 쉽게 연결될 수 있는 도시에 숙소를 구하는 것이 선교사의 입장에서는 편리하다.

선교사의 본국 사역이 미국이나 캐나다, 호주 같은 지역이라면 대부분 자체 차량을 이용하게 되므로 대중교통에 대한 신경은 쓸 필요는 없다. 또한, 숙소의 위치도 심각한 우범 지역이 아니라면 큰 문제 없이 이용할 수 있다. 그리고 만약 선교사가 학업 등의 이유로 장기간(일 년 이상) 고국에 체류하게 되는 경우에는 단기로 머물 수 있는 주택을 알아보아 머물 수 있도록 해야 하고 이후 장기간 자기들이 거주할 주택을 찾도록 돕는 것이 필요하다. 주택은 교회의 선교위원회 등이 주도해 알아보는 것이 좋으나 성도 가운데서 여분의 주택이 있는 경우에는 교회가 격려해 선교사가 사용하도록 하는 방법도 있을 것이다.

2) 차량

한국 같은 곳에서도 가족이 함께 재입국하는 경우에는 차량이 유용하게 사용될 수 있다. 특히, 어린 자녀들이 있는 선교사 가족은 함께 움직이는 데 차량이 필요하다. 그렇기에 여러 국제 단체에서는 이런 경우를 위해 사용할 수 있는 차량이 여분으로 구비되어 있는 경우도 있으나 한정된 경우가 많으므로 가능하다면 교회에서 여분의 차량을 준비하는 것이 좋다.

미국 같은 곳에서는 저렴한 중고 차량을 교회에서 준비해 선교사가 사용하도록 하거나, 성도 가운데 사용하지 않는 여분의 차량이 있을 수 있으므로 교회에 광고해 여분의 차량이 있는 성도가 그 차량을 선교사가 머무는 기간에 사용하도록 하는 것도 성도를 선교에 참여하도록 격려하는 좋은 방법이다. 여기서 한가지 팁은, 자녀들이 셋 이상이거나 성장한 자녀들일 경우에는 차량이 너무 작지 않은 것으로 준비하는 것이 좋다. 그렇게 세심하게 배려해 주면 사용하는 선교사 입장에서 더욱 감사하고 나누는 교회나 성도 입장에서도 마음이 불편하지 않을 것이다.

3) 학교

부모는 누구나 똑같다. 자녀들의 교육 문제에 대해서는 선교사도 예외는 아니다. 자녀에 대한 교육 문제는 누구나 신경 쓰게 되어있고 모든 부모에게 중요한 문제다. 선교사의 입국일이 정해지면 선교사는 파송 교회에 연락을 한다. 그때 교회 선교위원회 위원 각자의 역할이 정해지면 학교에 대한 담당자는 한두 달 전부터 부인 선교사와 이메일이나 전화 등을 통해 아이들의 학교 문제를 소통하는 것이 필요하다.

한국이나 미국 등에서 학교에 입학하기 위해서는 그 학교에 들어갈 자리가 있는지를 미리 알아봐야 하는데, 이때 담당자는 교회에 광고해서 선교사가 주거할 지역에 사는 또래 자녀를 둔 성도에게 부탁해 그 지역 학교에 들어갈 자리가 있는지 미리 알아보는 것이 바람직하다. 그럴 경우, 선교사 가족이 재입국해 오랜 기간 기다리지 않고 자녀가 적절한 학교에 들어갈 수 있게 된다. 또한, 그렇게 될 때 선교사 부부는 커다란 부담을 덜 수 있으며 교회에 대한 감사가 더할 것이다.

4) 공항에서의 맞이함

선교사 개인이나 가족이 본국 공항으로 입국할 때는 모두가 오랜 여행 시간에 많이 지쳐 있는 상태다. 특히, 어린 자녀들이 있는 경우에는 아마도 부부는 거의 파김치가 되어 있을 것이다. 사실 이럴 경우 선교사 부부는 아무 생각도 나지 않고 그저 숙소에 빨리 들어가서 쉬고 싶을 뿐이다. 이런 상태에서 교회에서 성도가 공항에 나와서 환영하며 자기 차량으로 선교사를 픽업해 앞으로 머물 숙소까지 모셔 간다고 하면 선교사는 너무도 감사할 것이다.

선교사는 고국으로 돌아오는 비행기 안에서 즐거움보다는 이런 온갖 앞으로의 일에 대한 생각으로 머리가 터져 버릴 것 같다.

'저 많은 짐은 어떻게 다시 싣지?'
'버스는 어디서 타고, 숙소까지는 어떻게 가야지?'
만약 비행기가 연착이 되어 늦어졌다면, '버스는 아직 있을까?
없다면 택시를 타야 하는데 … 가격은 얼마나 나올까?'

그런데 그때 교회에서 공항으로 픽업을 나와 준다면 이 모든 걱정이 한 번에 정리된다.

위의 내용들은 필자가 선교사로 살면서 경험하며 또한 선교사들의 멤버 케어를 위해 생각했던 기본적인 내용들이다. 그 외에도 선교사가 필요한 것들은 교회가 선교사와 소통하며 채워질 수 있다면 감사할 것이다. 선교사가 선교지에서 가장 힘들어 하는 문제 중 한 가지는 파송 교회 등과의 매끄럽지 못한 소통으로 말미암아 갈등과 혼자가 되었다는 소외감과 외로움이다.

파송 교회가 파송한 선교사를 위와 같이 마음을 다해 섬길 수 있다면 파송된 선교사는 자기들이 선교지에서나 본국에서 혼자가 아님을 항상 감사할 수 있을 것이다.

그리고 아마도 다른 선교사들에게 이렇게 자랑하지 않을까?
"우리 교회가 세상에서 최고예요!"

4. 우리에게 찾아오는 무슬림, 두려움인가 기회인가?

한국 이슬람중앙회의에 의하면 2018년 기준으로 한국에 거주하는 무슬림은 한국인 무슬림을 합쳐서 약 26만 명으로 전체 인구의 0.4퍼센트를 차지한다. 그중, 한국인 무슬림은 6만 명이며, 전국의 이슬람 사원은 16개이고 작은 규모의 성원인 '무쌀라'는 80여 개에 이른다.[2]

이처럼 점점 늘어나는 무슬림 인구에 대해 우리는 무엇을 준비하고 어떻게 대처해야 할까?

이슬람 선교 세미나 이야기: 무슬림은 쫓아내야 해요

2015년, 인터서브 코리아 25주년을 맞아 몇몇 인터서브 파트너[3]들이 한국의 다섯 개 도시를 방문하며 선교 세미나를 진행하게 되었다. 그중 한 도시에서 선교 세미나를 진행하는 도중이었는데, 세미나 내용 가운데는 현재의 세계 상황은 이민과 이주의 시대가 되어 미전도 종족

---

2 한국이슬람교중앙회의 보고서.
3 인터서브에서 서로 간에 동료 선교사를 부르는 명칭.

뿐 아니라 수많은 무슬림도 더 나은 삶을 찾아 우리에게 찾아오고 있으며, 우리 성도에겐 우리가 직접 갈 수 없는 곳에서 무슬림이 우리에게 찾아오고 있으니 이는 우리에게 너무도 좋은 선교의 새로운 기회이며 교회가 적극적으로 이들을 섬겨야 된다는 내용이 있었다.

세미나를 모두 마치고 질의응답을 하는 시간을 가졌었는데 그 지역에서 선교를 많이 하신다는 장로님 한 분이 일어서더니 굳은 얼굴로 필자에게 이렇게 말씀하셨다.

"선교사님은 외국에 오래 계셔서 한국 상황에 대해 너무 모르십니다. 우리나라가 지금 얼마나 위험한 상황인지를 알고 계신다면 그런 소리를 못 하지요."

이런 상황은 아마도 한국 교회의 이슬람에 대한 깊은 저항감의 한 예라 할 수 있을 것이다. 아직도 한국 교회 내의 이슬람에 대한 뿌리 깊은 저항감과 두려움[4]은 특별히 보수 교회들 안에 만연되어 있다. 물론 이런 분위기는 한순간에 만들어진 것은 아니며 그동안 몇몇 선교사 등의 주도 아래 이런 분위기가 만들어졌다고 생각한다.

필자는 이슬람권에서 사역하는 선교사들이 무슬림에 대해서나 또는 무슬림이 이주 노동자나 난민 등으로 한국으로 들어오는 것에 대해 왜 이렇게 상반된 견해를 가질 수 있는지 생각해 보았다.

모두가 이슬람 지역에서 사역했다고 하는데 어떻게 이렇게 상이한 모습의 무슬림에 대해 주장하는 것일까?

이슬람권에서 사역하는 선교사는 대부분 두 가지 그룹으로 구분할 수 있다. 첫 번째 그룹은, 이슬람 국가에서 현지의 전통적 교회들이나 회심

---

4 이러한 이슬람에 대한 극도의 두려움과 증오심은 '이슬람 포비아'(Islamophobia)로 알려져 있다. 이슬람 포비아는 이슬람과 포보스의 합성어인데, 포보스는 그리스어로 '공포'라는 의미로, '이슬람 공포증', '이슬람 혐오증'으로 표현된다.

한 '무슬림 배경의 그리스도인들'(MBB)이 다니는 교회, 또는 한인 교회 중심으로 사역했던 선교사 그룹이다. 이들은 이슬람권 지역에서 장단기간에 걸쳐 머물러 있으면서 직접적으로 무슬림을 대상으로 사역했다기 보다는, 한인 교회를 중심으로 일했거나 그 지역의 전통적 교회들이나 회심한 무슬림 배경의 신자들이 다니는 교회 등에서 사역한 선교사들이다.

이들은 이미 조직된 교회를 중심으로 사역하며, 지역 교회 안의 무슬림 배경의 회심한 신자들이나 전통적 신자들이 얼마나 이슬람 사회에서 박해의 대상이 되어 고통받고 있는지를 잘 안다. 이런 경우, 선교사들은 어려움을 당하는 이슬람 지역의 성도와 감정적으로 연결되어 이들에 대해 공감과 연민을 느끼며 그 실상을 외부에 알리고 싶어한다. 따라서 고국에 돌아온 경우에도 박해 받는 이슬람 지역의 성도를 대신해 그들의 상황을 대변하다 보면 이들의 감정이 전이되어 무슬림에 대해 부정적인 이야기가 많을 수 밖에 없다. 충분히 이해가 되는 부분이다.

그러나 이와 비교되는 또 다른 그룹은, 무슬림들을 대상으로 직접 무슬림들과 살아가는 선교사들이다. 이들은 이슬람 지역에서 지역 현지 교회와 직접 관계를 맺기보다는 그 지역 현지 무슬림과 함께 살아가며 소통하며 그들에게 복음을 증거하는 것을 목표로 하고 있다. 그러다 보니 무슬림들에 대한 고운 정, 미운 정이 다 들게 되고 이들이 고국에 들어오면 대부분 그들이 경험한 무슬림에 대한 이해를 중심으로 본국 교회에 설명하게 된다.

이슬람 지역에서 복음을 증거하기가 얼마나 어려운지를 아는 이들은, 현지에서 자기 나라에 찾아온 무슬림에게는 복음을 전하는 모든 제약이 없어졌으므로 이 상황을 복음을 전할 수 있는 놀라운 기회라 생각하고 본국의 교회에 이러한 좋은 기회를 활용해 무슬림에게 복음을 전하자고 독려할 수 밖에 없다. 이들에게 본국에 온 무슬림은 이웃이고 친구며 가족이 될 수 있다.

이렇게 한국 교회 안에서 국내 체류 중인 무슬림과 그들의 국내 입국에 대한 이해와 사역 등에 대한 상반된 견해차는, 사역의 대상과 배경이 전혀 다른 무슬림 지역에서의 선교사 간 상이한 경험과 이해에서 기인하지 않았나 생각된다. 분명 한국 내 무슬림들의 수적 증가는 세계의 그것과는 비교될 수 없으나 그 증가율은 꾸준히 진행되고 있다.

그렇다면 한국 교회는 이런 상황에 대해 어떤 관점에서 준비하고 대처해야 할까?

지금의 많은 교회의 태도와 같이 "무슬림은 한국을 이슬람으로 정복하러 왔으며, 무슬림은 테러리스트이므로 다 쫓아내야 한다!"라는 '이슬람 포비아'(Islamophobia)를 외치며 국내 무슬림의 추방에 앞장서야 할까?

과연 무엇이 우리에게 찾아오는 무슬림에 대한 하나님의 백성인 교회와 성도의 올바른 태도와 모습일까?

5. 패러다임의 전환, 다방향 선교 시대

21세기에 있어 선교의 가장 큰 변화는 세계화로 말미암아 좀 더 나은 삶을 찾아 이민과 이주로, 또는 외국인 근로자나 난민 등으로 열방의 다양한 민족이 서구 사회를 비롯한 우리에게 찾아오고 있다는 사실이다. 우리나라도 예외가 아닌데, 우리나라에서 2021년 12월 21일의 대한민국 정책 브리핑에서 보고된 자료에 의하면, 2021년 5월 15일 기준으로 만 15세 이상 국내 상주 외국인은 1,332,000명이고, 그중 외국인 취업자는

855,000명이라고 한다.[5]

  이제는 우리가 이들의 국가로 가지 못해도 이들이 우리에게로 찾아와 우리가 사는 본국에서 이들에 대한 새로운 선교 사역이 가능하게 되었다. 더욱 놀라운 것은 이렇게 우리를 찾아오는 외국인 중에는 이전에 우리가 선교하기 위해 그토록 노력하던 '창의적 접근 지역'이나 '미전도 종족'에 속한 사람들, 혹은 비자를 받는다고 해도 복음을 증거하기 어려웠던 강력한 이슬람 지역에서 온 사람도 많다는 것이다.

  그동안 우리가 이런 지역들에 대해 "열매가 없다"느니 "비자를 받기 어렵다"든지 혹은 "너무 위험하다"라는 등의 수많은 이유를 대며 복음을 들고 찾아가지 않으니 이제는 하나님이 직접 이주 노동자와 난민 등으로 우리에게 보내시는 것이다. 분명히 말할 수 있는 것은 이 놀라운 상황은 하나님이 우리에게 허락하신 또 다른 선교의 기회라는 것이다.

  이러한 변화들 때문에 여러 국제 선교단체는 전통적으로 강력한 선교사 파송국이었던 미국이나 영국 그리고 한국 같은 나라들도 '선교 대상지'(Mission Field)로 지정하고 이들 나라에 입국한 이주민들이나 외국인 노동자, 유학생, 난민을 대상으로 사역하는 '선교팀'(Field Team)을 만들어 선교하고 있다. 이제는 선교사를 보내는 국가와 선교사를 받는 국가의 경계선이 점점 희미해지고 있다.

  즉, "가는 선교에서 가고 오는 다방향 선교"로 선교의 패러다임이 변화하고 있다. "모든 곳에서 모든 곳으로"(From everywhere to everywhere)라는 선교의 슬로건처럼 선교지의 그림이 점점 변하고 있다. 자국에서 이주민들이나 난민들을 대상으로 사역하면서 선교사로서는 마음대로 입국할 수 없었거나, 혹 입국한다 해도 현지인에게 복음을 전하기 극도로 어려웠던 소위 '창의적 접근 지역'의 아프가니스탄이나 이라크, 시리아나 예멘 등

---

5 2021년 이민자 체류 실태 및 고용 조사 결과. 대한민국 정책 브리핑.

의 무슬림에게 마음껏 복음을 전할 수 있는 기회가 열리게 된 것이다. 난민들은 뿌리가 뽑힌 나그네들이며 복음에 가장 열려있는 사람들이다.

나히드 이야기: 바라카 작은 도서관

나히드는 아프가니스탄에서 한국으로 난민으로 오게 된 소녀. 서울 이태원에 자리 잡게 된 나히드의 가족은 이태원에 세워진 '바라카 작은 도서관'에서 2018년부터 하킴과 누라를 만나게 되었다. 하킴과 누라는 이집트에서 무슬림을 대상으로 사역하던 선교사들로 이집트를 떠나게 된 뒤, 한국의 인터서브 본부에서 사역하다가 본격적으로 이태원의 무슬림을 대상으로 난민 센터를 설립하고 사역을 시작했다.

그렇게 시작한 사역 중에 무슬림 여성과 아이들을 위한 사역으로 아랍어로 '축복'이란 이름의 '바라카 작은 도서관'이 설립되었고, 그 후 무슬림 아이들을 대상으로도 사역이 확장되며 나히드를 만나게 된 것이었다. 이제 한국어에 능숙한 나히드는 나이에 비해 성숙하고 총명한 소녀였고 하킴과 누라의 진실된 사랑과 관심에 마음을 열기 시작했다. 나히드는 이 도서관의 크리스마스 모임에서 이렇게 말했다.

"우리를 향해 있는 바깥사람들의 시선은 늘 차가웠지만 누라 선생님과 하킴 선생님은 그 사람들과 다르게 늘 저희를 따뜻하고 너그러운 마음으로 품어 주셨습니다. 아무도 두드리지 않는 우리 집 문을 두드려 안부를 물어봐 주셨습니다. 단 한 번도 당연하게 생각해 본 적이 없습니다. 그래서 더 감사합니다. 길을 잃어버려 방황하는 우리를 잡아 주시고 배려해 주셔서 감사합니다. 느린 우리지만 늘 발맞추어 기다려 주셔서 감사합니다. 선생님들과 함께하는 시간 동안 저와 우리 가족이 안정을 찾아가고 있는 모습이 보였습니다. 두 분 선생님 덕분입니다. 선

> 생님이 우리 부모님에게 신뢰와 믿음을 주셨기에 저는 선생님들과 함께할 수가 있었습니다. 선생님 두 분의 그런 모습은 저에게 늘 큰 위로였습니다. 아마도 저뿐 아니라 도서관에 오는 친구들도 그런 마음일 것입니다. 늘 감사하고 사랑합니다. 메리 크리스마스!"

우리나라도 근래에 들어 나히드와 같은 외국인 가족이 많이 증가했다. 또한, 이제는 곳곳에 다문화 가정이 넘쳐나고 있다. 시골에 찾아가 보면 어느 지역에는 베트남 여성들이, 또 다른 지역에는 캄보디아 여성들이 한국인 남편들과 함께 모여 사는 보기 드문 일을 많이 찾아볼 수 있다. 아프가니스탄 소녀 나히드의 이야기와 같이 그녀와 그녀의 무슬림 가족을 바라보는 세상 사람들의 시선은 무척 차가웠지만, 하킴과 누라같은 선교사들의 사랑과 지속적인 관심으로 나히드는 한국 사회에 잘 적응할 수 있었다.

최근 '브릿지스 인터내셔널'(Bridges International)의 보고에 의하면 미국에서 공부하는 국제 유학생 중 약 80퍼센트는 미국에서 공부하는 기간에 미국인 가정을 한 번도 방문하지 못했다고 한다.[6]

그렇다면 미국의 상황에 비해 한국의 상황은 어떨까?

2021년 교육 기본 통계의 결과에 따르면 우리나라의 학위 과정 외국인 유학생 수는 120,018명(78.8퍼센트)이며, 비 학위 과정 외국인 유학생 수는 32,263명(21.2퍼센트)이다. 전체 유학생(학위, 비 학위 과정 포함) 중 가장 큰 비율을 차지하는 유학생은 중국 44.2퍼센트(67,348명), 다음으로는 베트남 23.5퍼센트(35,843명), 몽골 4.0퍼센트(6,028명), 일본 2.5퍼센트(3,818명), 미국 1.5퍼센트(2,218명) 순으로 주로 아시아 국가의 유학생 비율이 높았다.[7]

과연 15만 명이 넘는 한국에서 공부하는 유학생들 가운데 얼마나 많은

---

6   http://www.bridgesinternational.com/
7   한국유학저널(http://www.k-yuhak.com).

수가 한국에서 공부하는 동안 한국인 가정의 초청을 받으며 한국인들에게 환대를 받을까?

응우옌 이야기: 목사가 된 외국인 노동자

10여 년 전, 동북아시아와 동남아시아에서 사역하는 인터서브의 리더들이 방콕에서 모여 회의할 때였다. 당시 베트남과 필리핀에서 손님으로 참석한 30대 후반 정도의 사역자들이 함께 참석했는데, 베트남에서 온 응우옌은 준수한 외모에 영어를 능숙하게 구사했고, 자기가 베트남에서도 가장 종교적 핍박이 심한 중부 지역에서 사역하는 목사라고 자기를 소개했다. 그의 사역 프리젠테이션이 끝나고 개인적 관심이 있었던 필자는 그에게 몇 가지를 질문하며 친밀감을 표시했다.

"오늘 프리젠테이션을 잘 들었습니다. 앞으로 우리 단체와 파트너십을 가지고 사역하게 되시나요?"

"네, 그렇게 될 것 같습니다. 그런데 혹시 한국 분인가요?"

그의 갑작스러운 질문에 필자는 크게 웃으며 대답했다.

"아이쿠, 제 한국 억양을 들켜버렸네요. 맞습니다."

그러자 응우옌은 역시 미소를 지으며 놀라운 이야기를 들려주었다.

"역시 그러셨군요. 사실 제가 한국에서 생활했던 적이 있거든요."

"아 그래요? 어떻게 한국에 가시게 된 거지요?"

"사실은 제가 돈을 벌기 위해 외국인 노동자로 처음 한국에 갔어요. 대학을 나와도 베트남에선 일할 곳이 적당하지 않아 한국을 선택했죠. 한국에 가서 돈을 벌자 그런 생각으로요. 그러다가 저를 아껴 주시던 저희 회사 사장님을 따라 교회에 가게 되었는데 그 교회에서 예수님을 만나게 되었지요. 교회의 담임목사님과 성도님들이 저를 많이 사랑하

> 고 보살펴 주셨어요. 정말 그분들에게 사랑의 빚을 많이 지었지요. 그 후, 담임목사님의 권유에 따라 신학교에 들어갔고 결국 목사가 되어 베트남에 가서 이렇게 사역자의 길에 들어서게 되었답니다."

이 얼마나 놀라운 일인가?

돈을 벌기 위해 한국에 갔던 베트남의 한 청년이 그곳에서 예수님을 만나고 신학을 공부해 목사가 되었고, 결국 베트남에 선교사로 재입국해 탁월한 사역을 하고 있다는 사실을 말이다. 응우엔이 일했던 회사의 사장님, 그가 다녔던 교회의 목사님과 성도님들은 한국 교회와 성도에게 우리에게 찾아온 이방인들에게 어떻게 복음을 전해야 하는지에 대한 탁월한 선교의 본을 보여 준다. 그분들의 따뜻한 사랑과 관심이 아니었다면 응우엔이라는 귀한 사역자는 복음도, 또한 예수님도 결코 알 수 없었을 것이다.

하지만 과연 얼마나 많은 외국인 노동자들과 유학생들이 한국 교회와 성도에게서 응우엔과 같은 사랑과 관심을 받고 있을까?

하나님이 우리에게 보내시는 그분의 잃어버린 자녀들에 대해 우리는 아예 관심이 없는 것은 아닐까?

혹은 도리어 다른 아시아인에 대한 우리의 부끄러운 우월감으로 이들을 차별하거나 무시하고 있지는 않은가?

우리가 예수 그리스도의 제자가 되어 그분을 따른다는 말은 바로 우리 자신이 살고 있는 일터나 캠퍼스 그리고 도시에서도 "영문 밖으로"[8] 나간다는 말이다.

---

8 히브리서 13:13.

우리와 바로 지척에 있는 외국인들에게는 한 번도 다가가거나 말을 걸지도 않으면서, 많은 돈을 들여 수만 킬로나 떨어져 있는 외국인들에게는 복음을 전하기 위해 선교사를 보낸다니!
이런 모습은 정말 앞뒤가 맞지 않는 이상하고 기형적인 모습이 아닌가? 바로 집 앞의 길 하나도 건너려고 하지 않으면서 어떻게 저 거대한 바다를 건넌다는 말인가?

6. 선택의 시간, 우리는 결정해야 한다

이렇게 열방의 수많은 나라에서 더 나은 삶을 찾아 이민과 이주로, 또는 일자리를 찾아 외국인 노동자로, 혹은 유학생이나 난민 등의 신분으로 우리에게 찾아오는 수많은 이방인에게 우리는 이제 선택해야 한다.

이들을 눈엣가시같이 여기고 쫓아내려 노력할 것인가?
혹은 그저 무시할 것인가?
아니면 하나님이 우리에게 선교의 기회로 보내 주신 잃어버린 형제, 자매들로 생각하고 사랑과 관심으로 이들을 섬길 것인가?

다시 한번 생각해 보자. 우리는 지금 이전 역사에서 한 번도 경험한 적이 없는 하나님이 열방의 백성을 움직이시어 한데 섞고 계심을 볼 수 있다. 그런데 이런 현상은 유럽이나 미주 등의 서구권에서만 일어나는 현상이 아니다. 앞서 언급한 것 같이 우리나라에서도 만 15세 이상 국내 상주 외국인은 1,332,000명이나 되고 외국인 취업자는 855,000명이라고 한다. 중앙일보에 의하면 "우리나라는 외국인 근로자 없이 버틸 수 없는 나라가 됐다"고까지 말하고 있다.⁹ 다시 말하면 우리나라의 외국인 노동자들의 숫자는 점점 더 증가할 것이라는 말이다.

유학생은 어떤가!

국내 대학들과 정부의 주도로 우리나라의 대학마다 아시아 출신의 유학생뿐만 아니라 다양한 국가 출신의 유학생이 캠퍼스로 몰려들고 있다. 이 중에 이전에는 보지도 듣지도 못한 다양한 무슬림 국가 배경의 유학생들도 있다. 이 배경에는 각 대학이 국내 학생들의 부족으로 유학생 유치에 사활을 걸었기 때문이다. 이제 이러한 모습은 서구 국가들에서만 일어나는 현상이 아닌 현재 우리에게 닥친 너무도 흔한 모습이다.

그렇다면 우리 그리스도인들은 이런 상황을 어떤 관점으로 봐야 하는가?

하나님은 이제 우리에게 짐을 정리하고 여권을 챙겨 해외에 선교여행을 가지 않아도 쉽게 열방의 다양한 국가에서 우리에게 찾아온 이웃들에게 다가갈 수 있도록 만들어 주셨다. 이전에는 우리가 다가가고 싶어도 다가가기 어려웠던 수많은 무슬림을 비롯한 다양한 배경의 이웃들과 동료들이 생긴 것이다.

이 얼마나 놀랍고 신나는 일인가!

이젠 비자를 받기 위해 많은 돈을 쓰고 오랜 기간 동안 마음 졸이며 기다리지 않아도 된다. 바로 그들이 눈앞에 있다. 그 어렵고 어려운 그들의 언어를 꼭 배우지 않아도 된다. 많은 이가 한국어나 영어를 할 줄 아니까 말이다. 이제 우리는 그냥 그들에게 다가가서 친구가 되어 주면 된다.

이 얼마나 효율적이고 경제적인 선교의 방식인가!

---

9 "한국은 외국인 근로자 없이 버틸 수 없는 나라가 됐다." 중앙일보, 박영범의 이코노믹스, 2021. 5. 18.

물론 우리는 계속해서 아직 복음이 전해지지 않은 창의적 접근 지역이나 미전도 종족들에게 복음을 전하기 위해 최선을 다해 노력해야 한다. 교회들은 지속해서 해외 선교사를 파송하고 온 힘을 쏟아 그 지역의 복음화를 위해 노력해야 할 것이다. 하지만 그것에서 멈추지 않고 우리에게 찾아온 이방인들에게도 최선을 다해 그리스도의 사랑으로 섬겨야 한다는 것이다.

예수 그리스도께서는 우리를 찾아온, 바로 우리 눈앞의, 우리의 지역에, 우리의 직장과 캠퍼스에 함께 있는 다양한 배경의 이방인들을 위해서도 십자가에서 목숨을 버리셨다. 이들도 그리스도께서 죽기까지 사랑하신 하나님의 잃어버린 자녀들이요, 이들 중 수많은 이가 아직 복음을 들어 본 적이 없고 그리스도인의 집에 초대받아 본 적이 없다.

우리에게 찾아온 이방인 중에는 제2, 제3의 나히드와 응우옌이 우리의 관심을 기다리고 있다.

나히드와 응우옌을 사랑과 관심으로 섬겼던 교회와 성도가 없었다면 어떻게 그들이 예수 그리스도를 만날 수 있었을까?

이제 우리 교회와 성도에게는 선택의 시간만 남아 있다.

그리스도의 사랑과 관심으로 선한 사마리아인과 같이 우리를 찾아온 이방인들에게 손을 내밀 것인가?

아니면 애써 그들을 무시하거나 못 본체 할 것인가?

7. 홈그라운드의 이점을 사용하라!

많은 외국인 가운데도 가장 선교사가 들어가거나 사역하기 어려운 그룹은 무슬림 그룹이다. 지역적으로도 이슬람 지역에 들어가기 위해 비자를 받는 과정도 무척이나 까다롭고 많은 이슬람 지역에서는 선교사에게 비자를 내어 주는 것을 거부한다.

이뿐인가?

어렵게 비자를 받아 그 지역으로 들어간다고 할지라도 복음을 증거하기까지는 수많은 장애물이 놓여있다. 이런 상황은 무슬림을 대상으로 하는 사역의 현실이며 무슬림 사역자의 운명(?)과도 같다.

그렇기에 국가와 지역에 따라서 복음의 수용성에 대한 편차가 크긴 하지만 이슬람 지역에서 사역하는 선교사들의 큰 갈등 중 하나는 무슬림에게 복음을 직접적으로 전할 기회가 너무 적다는 것이고, 이런 상황이기에 수년에서 수십 년이 지나도 단 한 명의 회심자를 얻기 어려운 곳이 이슬람 지역이기도 하다. 하지만 앞에서 이미 언급했던 것 같이 한국에 거주하는 무슬림은 2018년 기준으로 약 26만 명으로 전체 인구의 0.4퍼센트를 차지한다.

그중, 한국인 무슬림은 6만 명 정도다. 이들 가운데는 비교적 온건한 무슬림들이 많은 중앙아시아 등을 비롯한 강력한 수니파 이슬람의 대표 국가인 사우디아라비아 출신의 무슬림 등 다양한 배경을 가지고 있다. 이런 배경의 무슬림이라곤 하지만 그들이 생활하고 있는 곳은 한국이라는 종교적 자유가 헌법에 보장되어 있는 국가이므로 우리나라에서는 이들이 아무리 보수적인 이슬람 배경의 무슬림이라 해도 복음을 전하는 데는 아무 문제가 되지 않는다. 바로 우리의 홈그라운드에 들어왔기 때문이다.

이슬람 이맘과 기독교 이맘 이야기: 이맘과 목사의 만남

이태원은 한국의 외국인 성지(?)이다. 그 이름부터 이태원은 다양성의 상징성을 가진다. 필자가 한국을 방문할 때마다 꼭 방문하는 곳이 이태원이기도 하다. 필자가 이태원을 방문하는 이유는 그곳에 특별한 추억 등이 있어서가 아니라 필자의 동료가 그곳에서 무슬림을 대상으로 수년간 사역하고 있기 때문이다. 수년 전 이태원을 방문했을 때는 한국, 예멘 협회가 시작된 지 얼마 되지 않았던 때였고 마침 사무실에서 예멘의 무슬림 형제들과 이야기를 나누고 있었다.

그때 무언가 예멘 형제들과는 전혀 다른 인상의 깨끗한 중동 복장에 길게 수염을 기른 30대 후반 정도의 무슬림이 그곳을 방문했다. 날카로운 눈매였지만 이목구비가 뚜렷한 전형적인 잘생긴 아랍인이었다. 아랍어로 예멘 형제들과 인사한 그 무슬림에게 필자의 동료는 서로 간에 소개해 주며 인사할 수 있도록 도왔다.

"이분은 사우디아라비아에서 온 이맘인 이스마일입니다. 지금 이슬람 서울중앙성원[10]에서 일하고 있습니다."

'아 역시, 이슬람 이맘이구나 … 내 생각이 빗나가지 않았군!'

사우디 이맘을 소개한 동료는 필자도 그에게 소개해 주었다.

"그리고 이분은 제 동료인 프란시스입니다. 기독교 이맘으로 지금 중국에서 일하고 있답니다."

그 순간 필자는 목사를 기독교 이맘이라 통역한 동료의 재치에 감탄하며 동시에 문득 또 하나의 생각이 머리를 스쳐갔다.

'만약 여기가 사우디아라비아였다면 날 기독교 성직자로 소개할 수 있었을까?'

'물론 이런 소개 자체가 불가능했겠지만, 만약 내가 기독교 성직자로 선교의 목적을 가지고 사우디아라비아에 들어왔다는 것을 알게 된다면?'

사우디아라비아는 자국민을 위한 선교는커녕 외국인 본인을 위한 성경 외에 다수의 성경을 소지하거나 기도 모임을 하다가 적발되면 종교 경찰 무타와에 체포되어 수개월간 심문을 당하며 그 과정에서 상당한

---

10 이태원에 위치한 우리나라 최초의 이슬람 사원(Mosque)으로 한국 이슬람의 상징적 건물이다.

> 가혹행위를 당할 수 있다.
> 　그렇다면 선교는?
> 　목숨을 버리는 것까지 각오해야 한다. 하지만 대한민국의 수도 서울의 한가운데 위치한 이태원에서, 그것도 사우디아라비아 이맘과 서로 인사하고 한동안 서로의 종교 상황에 대해 아무 문제 없이 이야기할 수 있다니!
> 　대화를 끝내며 슬쩍 이야기를 건네 보았다.
> 　"전 서울중앙서원뿐 아니라 세계의 많은 이슬람 사원을 방문해 보았는데, 혹시 한국에서 교회에 가 보신 적이 있나요?
> 　아직 경험이 없으시다면 제가 안내해 드리지요."

　무슬림 국가에서는 상상할 수 없는 일들이 우리에게 찾아온 무슬림에게는 가능하다.
　이 얼마나 놀랍고 가슴 뛰는 일들인가?
　이렇게 한국이든 미국이든 우리가 사는 종교의 자유가 보장된 국가에 찾아온 무슬림이나 그 누구에게도 우리는 한 걸음의 용기만 있다면 쉽게 다가서서 친구가 될 수 있고 더 나아가 복음을 나눌 수도 있는 것이다.
　그런데 여기서 한 가지 주의할 점이 있다. 이슬람 문화에서는 지역에 따라 역시 편차가 있지만 일반적으로 남성에겐 남성이, 여성에겐 여성이 다가가는 게 좋다. 이슬람 문화에서는 동성끼리 친구가 되는 것이 일반적이고 미래에 더 깊은 관계를 맺는 데 도움이 된다.
　특히, 교회에 다니는 사람들 안에도 경건하지 못한 사람이 있듯이 무슬림 안에도 비자나 다른 목적으로 여성들을 찾는 남성 무슬림이 존재하기에 아무리 자국이라 해도 동성끼리 친구가 되는 것이 그들의 문화를 존중하고 또한 인간관계에서의 여러 문제와 위험 부담을 미리 없애는데 지혜로운 방법이라 할 수 있다.

8. 무슬림 회심자에겐 어떤 도움이 필요할까?

오랜 기간 무슬림과 진실한 관계를 쌓고 마침내 무슬림이 복음을 받고 회심을 했다면 그것으로 우리의 책임이 끝난 걸까?

사실 무슬림 친구를 섬기며 오랜 기간 동안 수고한 그리스도인들의 노력은 칭찬받아 마땅하다. 그만큼 한 명의 무슬림이 주께 돌아오는 일은 절대 쉬운 일이 아니기 때문이다. 하지만 문제는 무슬림이 주님을 만났다고 그들을 섬기는 사역이 다 끝난 것이 아니라는데 있다.

알리의 이야기: 무슬림에서 그리스도인으로

알리는 파키스탄 펀자브 출신의 무슬림이다. 사실 그는 영국에서 태어난 2세대 무슬림이기도 하다. 다른 펀자브 무슬림과 같이 독실한 무슬림이었던 그의 부모는 알리를 진실하고 예의 바른 무슬림으로 양육했다. 어릴 적 영국에서 자랐던 알리는 청소년기에 가족과 함께 미국으로 이주했고 부모의 보호 아래 좋은 교육을 받으며 자라났다.

그런 알리에게 변화가 생긴 것은 그의 청소년기부터 오랜 친구 크리스를 통해서였다. 미국의 신실한 그리스도인 가정에서 자란 크리스는 알리와는 가장 친한 단짝 친구였다. 둘은 그리스도인과 무슬림이라는 서로 다른 배경에서 자란 친구였지만, 항상 서로의 종교에 진지했고 종교에 대한 토론도 마다하지 않았다.

알리가 크리스에 대해 더욱 관심을 가진 것은 다른 대부분의 미국인은 그들의 종교가 기독교인데도 일요일에 교회에 가는 정도의 명목상의 그리스도인이거나 지극히 종교적이지 못하다고 느껴지는 것에 반해, 크리스는 그의 삶을 통해 진실된 그리스도인이라는 것이 느껴진다는 것이었다. 그는 알리에게 기독교의 복음을 전하려고 노력했고 서로의 방식으로 함께 기도하기도 했다. 이런 크리스 자신의 종교에 대한 확신과 삶으로 따르려는 모습 그리고 자기는 무슬림인데도 그와 진정한 우정을 나누는 크리스의 모습은 신실한 무슬림인 알리에 도리어 신선한 충격으로 다가왔다.

고등학교를 졸업하고 대학에 들어간 알리는 더욱 무슬림으로서 자기 신앙에 매달렸다. 그러다가 어느 날 아침, 그는 자기가 불안해하고 있는 것을 느낄 수 있었다.

"전 이해할 수 없었어요. 그토록 열심히 신앙을 연단하고 무슬림으로서 열심히 살아왔는데도 삶에 대한 불안이 찾아왔어요. 그것은 제 신앙에 대한 불확실성이었어요. 정말 제가 죽어서 천국에 들어갈 수 있을지 하는 불안이었어요. 우리 무슬림은 이슬람 율법을 지키며 선한 행위를 통해 천국에 갈 수 있다고 믿어요. 그런데 그 누구도 천국에 갈 수 있음을 확신할 수 없답니다. 그저 이슬람 율법을 계속해서 지키는 수밖에요."

알리는 더욱 금식하며 알라에게 확신의 믿음을 달라고 기도했다. 하지만 그뿐이었다. 그런 알리의 변화를 느낀 건 같은 대학에 다니고 있던 크리스였다. 크리스는 알리에 다시 진지하게 복음을 나누었다.

"이전에도 크리스는 제게 복음을 전한 적이 있어요. 그런데 이번에는 달랐죠. 무언가 마음이 활짝 열린 느낌이었답니다."

결국, 알리는 복음을 받아들였다. 하나님의 아들 예수, 예수님의 십자가, 삼위일체 등 무슬림으로는 이해하기 어려운 수많은 교리는 일단 접어두고 성경을 무조건 읽기 시작했다. 성경의 내용 중 이해가 되지 않는 부분은 크리스에게 질문했다. 알리의 질문이 점점 구체적이고 교리적인 부분까지 접근하게 되자 크리스는 자기 교회로 알리를 초대했고 알리는 처음으로 교회의 예배에 참석했다. 예배 후 크리스의 소개로

> 신학교 교수인 마크를 만난 알리에게 마크는 알리를 집으로 초대해 그의 질문에 답하기도 하고 질문도 하며 함께 시간을 보냈다.
> 　알리의 가족 중 알리의 변화를 제일 먼저 눈치챈 사람은 알리의 어머니였다. 그녀는 알리를 붙들고 눈물지으며 간절히 알리를 설득했다. 그런 어머니의 모습은 알리에게 너무도 큰 슬픔이자 고통이었다. 알리는 그의 어머니가 자기를 얼마나 사랑하며 지극한 모습으로 보살펴 왔는지를 너무도 잘 알았다.
> 　"너무 고통스러웠어요. 어머니가 저를 얼마나 사랑하는지를 잘 알고 있었거든요. 아버지는 제가 그리스도인이 된 것을 아시고 아예 저를 외면하셨어요. 그리고 하루는 저를 부르시고 조용히 너는 이제 내 아들이 아니니 내 집에서 나가라고 말씀하시더군요."

알리와 같이 무슬림이 그리스도인이 되면 종종 자기 가족에게 버림받으며 다수는 심각한 물리적 위험에 노출될 수 있다. 더불어 대부분의 '무슬림 배경의 그리스도인'들인 MBB들은 회심에 따른 정체성 문제를 가질 수 있다. 이슬람은 공동체의 종교다. 무슬림들은 그들의 가족이나 친척, 친구들 안에서의 친밀한 결속뿐만 아니라 '움마'(ummah)[11]라고 하는 특별한 이슬람 공동체로 철저하게 묶여있다.

그렇기에 우리가 반드시 기억해야 할 첫 번째 문제는, 이런 이슬람 본래의 공동체에서 이탈된 MBB들에겐 이들을 대체할 새로운 공동체와 새로운 소속감이 필요하다는 것이다. 즉, 누군가 그들의 가족과 친구들을 대신해서 함께 식사하고, 함께 생일을 축하해 주며, 휴일을 같이 보낼 사람들이 필요한 것이다.

11　'움마'(Ummah, أمة)는 이슬람의 교단(敎團)이나 종교적 공동체를 뜻한다. 이슬람 이전과 같은 종족적 결합이 아니고 이슬람의 유대감을 성립하게 하는 결합이다.

또한, 많은 MBB는 자기들이 가족과 공동체를 배신했다는 죄책감으로 고통받는다. 실제로 회심한 MBB로 말미암아 그의 가족들이 수치를 당하며 형제나 자매가 결혼하기 어렵거나 심지어 파혼당하는 경우도 생긴다. 그러므로 이런 MBB들의 상처와 고독을 진심으로 싸매 주고 함께 웃어 주고 울어 줄 진실한 새로운 가족이 이들에게 필요한 것이다. 가족이 된다는 것은 짧은 시간 동안에 될 수 없다. MBB들은 새로운 삶에서의 새로운 가족이 필요하다.

또 다른 문제는 무슬림에서 그리스도인이 된 후 어떤 기준으로 삶을 살고 모든 일을 결정할 것인지 하는 문제다. MBB는 이제 막 태어난 갓난 아이와도 같다. 그런데 아예 갓난 아이처럼 아무것도 그려지지 않은 백지와 같다면 이들에게 그리스도인으로 사는 것을 가르치는 것이 더 쉬울 텐데, 이슬람은 율법과 행위의 종교이기에 모든 삶과 종교 행위가 율법으로 정해져 있다. 다시 말하면, 무슬림이 회심한다 해도 그들의 머리 속에는 이슬람의 율법들과 같은 규칙이 가득 적혀져 있는 도화지를 가지고 있다.

무슬림으로 살았을 때는 모든 것이 율법으로 정해져 있기에 삶에 있어서 무엇을 먹을지, 무엇을 입을지, 무엇을 해야 하고 하지 않아야 할지 등에 대해 명확했고, 종교적으로도 언제 기도하고, 몇 번 기도하고, 어떻게 예배해야 하는지 등에 대한 모든 것이 정해져 있었다. 그런데 그리스도인이 된 상태에서 MBB는 많은 혼란을 느낄 수밖에 없다.

도대체 기도는 언제, 어디서 해야 하는 것이고, 경건한 삶은 어디서부터 어떻게 해야 하는 것인가?

따라서 MBB를 위해서는 혼자가 아닌 몇 명의 헌신된 지체가 함께 장기간 교제하며 제자훈련을 시키는 과정이 필요하다. 즉, 가족이며 친구 그리고 영적 스승으로 함께 돌보는 것이다.

9. 다방향 선교 시대의 디아스포라와 난민 사역

최근까지의 선교는 항상 한 방향으로 진행되는 것이 일반적이었다. 다시 말해, 기독교 배경의 서구에서 비서구 세계, 즉 2/3세계로 선교사를 보내는 것이 최근까지의 일반적인 선교의 개념이었다. 하지만 20세기 중후반부터 비서구 세계에서 시작된 선교 운동은 지금까지 서구 세계를 중심으로 한 선교 파송국의 개념을 새롭게 정리하게 하였다.

20세기 후반부터 더욱 거대해진 이주와 이민 그리고 난민 등의 거대한 파고는 "선교지는 비서구 세계다"에서 "모든 곳이 선교지다"라는 개념으로 선교지에 대한 개념을 새롭게 확립하게 하였다. 이에 여러 선교단체는 유럽이나 미국, 한국 등의 전통적 선교 파송국 안에 필드 팀을 만들고 새롭게 이주하는 이주민들과 난민 등을 대상으로 사역을 점차 확대하고 있다.

이제는 진정 '해외로 가는 선교'에서 '해외로 가는 동시에 국내로 오는 사람들을 대상으로 한 다방향 선교'로 선교의 개념이 전환되었고 진정한 의미의 '타문화권 선교'가 이루어지고 있다. 이런 상황 속에서 국내에서의 디아스포라[12]와 난민들을 위한 선교의 중요성은 점차 부각되고 있다.

시라큐스한인교회 이야기: 우리는 지역 선교사

뉴욕 업스테이트에 위치한 시라큐스한인교회의 담임목사인 지 목사와 스탭들을 만난 것은 미 동부에서 진행된 어느 선교 대회에서였다.

---

[12] '디아스포라'(Diaspora)란 특정 민족이 자의나 타의로 본토를 떠나 다른 지역으로 이동해 집단을 형성하는 것이나 형성된 집단을 가리키는 말이다. 이 말은 그리스어 단어인 디아스포라 (διασπορά)에서 유래하였는데 그 의미는 '흩뿌리거나 퍼트리는 것'이다. 디아스포라란 말은 본토를 떠나 항구적으로 나라 밖에 자리 잡은 집단에 사용하는데 노동자, 상인, 관료 등으로 이주한 경우에도 디아스포라에 포함된다.

"시라큐스는 10여 개의 대학이 들어서 있어 흔히 교육 도시로 생각하곤 합니다. 하지만 시라큐스의 인구 중 10퍼센트 정도가 난민입니다. 사실 시라큐스는 미국 내에서 대표적인 난민 정착 도시입니다."

그는 계속해서 진한 경상도 억양으로 말을 이어갔다.

우리 교회는 전체 교인이 120여 명 되는 작은 교회입니다. 그중 유학생들이 절반입니다. 그래도 재정이 부족하거나 일꾼이 부족해서 사역하지 못한 적은 없었습니다. 비록 작은 교회이지만, 우리 교회의 모든 성도는 지역 선교사로 사역하고 있습니다.

시라큐스한인교회에서도 '보아즈 프로젝트'를 통해 난민들이 시라큐스 지역에 정착할 수 있도록 도왔다. 봄, 가을 10주 과정의 컴퓨터 수업과 영어 수업을 운영하고 첫 학기에는 '창조주 하나님'(창 1:1), 둘째 학기에는 '구세주 예수 그리스도'(요 3:16)를 주제로 성경을 배운다.

또한, '로다이 미션'이라는 이름으로 지역 난민 가정을 방문하며 선물 전달과 함께 찬양과 기도로 축복하며 사역하고 있다.

얼마전부터 시라큐스한인교회는 새로운 비전을 추진하고 있다. '다리놓기'(Building the Bridge)로 명명된 이 프로젝트는 지역 난민들을 위한 도서관의 건립이 그중심에 있다.

"앞으로 '꿈동이 도서관 프로젝트'로 불리는 지역 난민들을 위한 도서관 건립은 이 지역 난민들과의 지속적인 관계를 위한 핵심적인 연결 역할을 하게 될 것입니다."

시라큐스한인교회의 이야기를 통해 가장 먼저 이야기하고 싶은 것은 난민 사역에는 교회 규모나 크기가 그리 중요하지 않다는 것이다. 물론 교회의 규모가 크다면 사역에 있어 재정적인 넉넉함이 있을 수 있겠으나, 교회가 아무리 재정적으로 넉넉하다 해도 교회의 지역 사회에 대한 관심과 섬김에 대한 의지가 없다면 아무 의미 없음을 우리는 너무도 잘 알고 있다.

따라서 지역 교회의 난민 사역에 있어 무엇보다 중요한 것은 교회의 규모가 아닌 우리에게 찾아온 이방인들에 대한 긍휼히 여기는 마음과 그런 그들을 섬기고자 하는 깊은 헌신이 가장 중요하다.

지역 이방인들을 섬기고자 하는 마음이 있는가?

일단 주변에서 이들을 위해 섬기는 교회나 단체와 함께하라. 먼저, 그들의 사역에 동참하면서 배우며 경험을 쌓으라. 경험하면서 우리 교회가 더욱 지역의 난민들과 함께하기를 원한다면 아래 글을 읽고 시도해 보라.

10. 핵심, 지속적인 신뢰의 관계 쌓기

시라큐스한인교회의 난민 사역은 지역 교회의 지역 난민 섬김에 대한 훌륭한 시도이며 지금도 현재 진행형이다. 하지만 그렇다고 그 사역이 완벽하다고 말하는 것은 아니다. 특별히 난민 사역에 있어 그 핵심은 지속적인 돌봄과 깊은 관계 형성에서 그 성패가 갈린다. 그렇기에 난민들과 이런 지속적인 관계 형성을 위해 시라큐스한인교회에서도 꿈동이 도서관의 건립을 준비한다고 생각된다.

실제로 한국이나 미국 등의 여러 교회가 섬기는 난민 사역의 방식은 방학 등의 휴일에 난민 지역을 방문하여 준비한 선물들을 나누며 한국어나 영어를 가르치거나 성경학교 등을 진행하는 것이 일반적이다. 하지만 이런 방식의 지속성이 결여된 사역은 나눔의 측면에서 본다면 의미가 있으나, 정말 난민들에게 개인적으로 복음을 나누고 그들이 진정으로 그리스도 안에서 변화되는 모습을 보기를 원한다면 이런 사역의 접근 방법으론 거의 불가능하다.

왜냐하면, 이들이 복음을 듣고 진정한 복음의 열매를 맺기 위해서는 개인과의 지속적이고 깊은 신뢰와 돌봄의 관계가 필요하기 때문이다. 특히,

그 난민들의 배경이 무슬림이라면 더욱 그렇다. 따라서 교회가 난민 사역을 준비할 경우 방학 등의 휴일뿐만이 아니고 지속해서 난민들을 방문하고 만날 수 있는 헌신된 사역자들과 난민 누구도 쉽고 편한 마음으로 찾아올 수 있는 공공장소는 그들과 지속적인 관계 쌓기에 큰 도움이 될 것이다.

다른 한 가지는, 난민 사역이나 이주민 사역에 있어 사역 대상을 선정, 분류하는 것이 중요하다. 우리는 편하게 난민 사역이라고 하지만 난민들 안에는 다양한 배경의 사람들이 속해 있다. 마치 무슬림 사역, 힌두 사역, 불교 사역 등과 같이 난민 사역도 하나의 카테고리로 묶어 진행하는 것보다는 구분해 다르게 접근하는 것이 필요하다.

이태원 교회 이야기: 흑인 교회인가, 무슬림 교회인가?

수년 전에 동료 선교사가 이태원에서 무슬림 사역을 진행하는 단계에서 역시 이태원에서 사역하는 미국 흑인 선교사와 함께 이주민 교회를 시작했다. 그 후 몇 년을 지나 다시 한국 방문 시 이태원에서 그 교회를 다시 찾았는데 동료 선교사는 미국 선교사와 따로 사역하고 있었다.

"하킴, 이젠 그곳에서 예배드리지 않아요?

무슨 문제가 있었나요?"

"아 네, 한동안 같이 예배를 드리면서 설교를 미국 선교사가 했는데 그러다 보니 같은 흑인 목사가 설교해서 편했는지 아프리카 출신의 흑인 성도가 교회에 많이 오더라고요. 그렇게 흑인 성도가 교회의 다수를 차지하니까 문화적으로나 인종적으로 많이 다른 무슬림은 점점 줄어들어서 그 장소는 미국 목사님이 사용하도록 드리고 전 무슬림 중심으로 따로 사역하게 되었어요."

난민이나 디아스포라 등으로 이주한 무슬림도 특유의 강한 공동체성과 종교성을 가지고 있다. 이제는 이주해 다른 나라에 왔으니 그 특성이 변할 것이라는 생각은 우리의 문화적 무지함에 기인한 순진한 착각이다. 따라서 무슬림 난민들을 일반 난민들이 함께 어울려 사역하는 것은 무슬림에 대한 사역은 포기한다는 말과 크게 다르지 않다. 특히, 무슬림 방식의 종교 교육은 학교나 모스크뿐 아니라 가정에서도 자연스럽게 이루어지므로 어린 아이들이 예수님을 영접하고 신앙이 자라나는 것은 참으로 어렵고 어려운 일이다.

실제로 여러 사례를 연구해 보면 무슬림 사역에 있어서는 부모가 예수님을 만나 전체 집안이 구원받는 것이 더 가능성이 있는 일이지만, 청소년부터 복음을 듣고 믿음의 싹이 자란 실례들도 있는 것을 볼 때 성령 하나님이 일하실 것을 믿으며 주신 사명을 인내하며 이루어 나가는 것이 필요하다.

또 다른 한 가지는, 난민이나 이주민 사역에 헌신한 교회들이 이들이 모일 수 있는 장소를 선정할 때 자주 하는 실수를 언급하고 싶다. 지역 교회는 어떻게든 이들을 교회로 끌어 당겨보려고 이들이 모이거나 섬길 수 있는 장소를 교회 건물 내에 마련하는 경우가 있다.

한번 생각해 보라!

이슬람 모스크 내에 찻집을 마련해 놓고 그리스도인들에게 마음껏 찾아오라고 한다면 얼마나 많은 그리스도인이 즐겁게 찾아갈까?

우리가 자주 하는 커다란 실수 중 한 가지는, 우리가 생각하는 대로 이주민들이나 난민들이 생각할 것이라는 착각이다. 만약 우리가 이주민이나 난민들을 섬기려 한다면 우리가 아닌 그들이 좋아하는 방식과 문화로 접근해야 한다. 따라서 이들을 위한 장소는 교회가 아닌 그들이 사는 공간의 한 지역에 위치하는 것이 좋다. 또한, 공간 안의 장식이나 음악 등도 그들 문화 방식에 맞는 장식과 그들의 음악을 켜 놓는 것이 그들에게 고향과 같이 친밀하고 진한 향수를 불러 일으킬 수 있는 방법이다.

더 나아가 특히 난민 사역의 마지막 목표는 그들의 지역에 그들이 함께 모여 예배하고 만날 수 있는 교회 공동체가 세워지는 것이어야 한다. 결국, 우리의 섬김은 그들에게 복음을 전하는 것이 목표이고, 복음을 받은 이들이 함께할 교회 공동체는 난민 사회 속에 중심을 잡아 주는 기둥의 역할을 할 수 있다.

난민들을 위한 교회는 초기 과정에서는 외부인이 리더로 섬길 수 있겠으나, 난민 중에 복음을 받고 헌신된 자들이 결국 교회의 리더들로서 섬길 수 있도록 난민 사역의 초기부터 그들 가운데 미래의 리더가 될 수 있는 사람들을 적극적으로 발굴하고 키우는 것이 미래 사역을 위한 핵심이 될 것이다. 그래서 난민 중에서 난민 교회의 담임목사와 리더들이 나오고 그들을 통해 난민들이 지속해서 섬겨질 수 있다면 난민 사역은 그 지역에서 지속적인 사역이 이루어질 수 있을 것이다.

그런데도 앞서 언급한 것과 같이 난민이나 디아스포라 사역에 있어 가장 중요한 핵심은 누군가 지속해서 가족과 같이 그들의 옆에 있어 주며, 그들의 이야기를 들어 주고, 함께 식사하고 "웃고 울 수 있는"(롬 12:15) 헌신된 사역자들이 있느냐 하는 것이다. 정말 진정으로 그들을 사랑하고 인내하며 자기 고향을 등진 그들에게 새로운 가족이 되어 줄 수 있는 사람이 있을 때 이 귀한 섬김의 사역은 그 빛을 세상에 발할 수 있을 것이다.

기억하자!

우리 민족도 한때는 난민이었던 시간이 있었다. 그리고 하나님의 아들 예수께서도 난민이셨다.

제9장

나는 선교사입니다
삶으로서의 선교(Life as Mission)

　우리가 그리스도를 따르기로 결정하는 순간, 우리는 선교의 대상에서 선교사로 우리의 정체성이 변화한다. 마치 죄인에서 의인으로, 세상의 자녀에서 하나님의 자녀로 변화됨과 같이 말이다. 모든 그리스도인은 세상 가운데 선교사로 부름을 받았다. 선교의 부르심은 이제는 더 이상 어느 특별한 사람들만을 위한 신화가 아니다.
　이제 우리가 확인할 유일한 한 가지는 우리가 선교사로 부르심을 받았는지 아닌지가 아닌, 세상의 어느 곳으로 그리고 어떤 모습으로 부름을 받았는가 하는 것이다.

1. 소명, 부르심에 대한 신화

영국의 위대한 침례교 설교가였던 찰스 스펄전(Charles Spurgeon)은 1873년 3월, 그가 창간한 저널인 「검과 흙손」(Sword and Trowel)에 기고한 "설교와 회상"이란 설교에서 다음과 같이 선포했다.

"모든 그리스도인은 선교사가 아니면 그리스도인 체하는 사기꾼이다."[1]

사대째 엄격한 예수쟁이 집안에서 자란 필자는 어릴 적부터 조부모님 등으로부터 평안북도 선천이란 조그마한 지역에서 일어났던 초기 그리스도인들과 그 땅을 섬겼던 외국 선교사들에 대한 생생한 이야기들을 들을 수 있었다. 선천 읍으로 들어가는 길가의 코스모스와 함께 시작된 이야기는 당시 서양 선교사들의 희생적인 삶과 영웅적인 사역들, 그로 말미암아 변화된 그 지역의 모습들로 항상 끝나곤 했다.

광복 이전에는 동방의 예루살렘 평양 이상으로 개신교의 예루살렘으로 불렸던 선천의 변화된 모습은 현대 선교 방식으로 말한다면 그야말로 '변혁 모델'(Transformation Model)의 좋은 실례였다. 그분들께서 경험하셨던 이야기들은 어린 시절 필자에게 항상 도전되었고 선교에 직접적으로 관심을 두게 된 중요한 원인 중 하나가 되었다.

이후 유년기를 뒤로하고 나이가 점점 들어가며 선교에 본격적으로 헌신하게 되었고, 선교사들이 인도하는 집회와 선교 대회 등에 참석할 때마다 항상 듣는 단골(?) 단어가 있었는데 바로 '소명'(Calling)이나 '부르심' 같은 단어들이었다. 항상 집회의 강사들은 참석한 우리 가운데 선교사로 소명 받은 사람들이 있다고 했다. 그리고 그 소명을 이 시간에 확인하고 선교에 헌신하라고 도전하였다. 그럴 때마다 필자는 손을 들고 그 자리에 일어서곤 했다.

---

1   Charles Spurgeon, *"A Sermon and a Reminiscence,"* Sword and Trowel, March 1873.

그 이유는 간단했다. 마음에 어떤 소명이라 말할 수 있는 특별한 그 무엇을 경험했다기보다는 그냥 일어나고 싶었다. '하나님의 독생자께서 날 위해 죽으셨다면 나도 그분을 위해 그분이 가장 기뻐하시는 것을 하고 싶다'는 지극히 단순한 생각이었다.

그냥 최소한 그분의 말씀을 비슷하게나마 따르고 싶었다고 할까?

그게 다였다. 선교 집회 등에 함께 참석한 친구들 가운데는 집회가 끝난 후 꼭 이런 말을 하는 이들이 있었다. "난 하나님이 선교에 대한 소명을 주시지 않아서 정말 다행이야"라고 말이다. 이런 친구들의 이야기를 들을 때마다 항상 드는 어떤 의구심이 있었다.

'하나님은 왜 내게는 그런 부담을 주시고 저 친구들에게는 그런 맘을 주시지 않았을까?'

이런 궁금증이었다.

더불어 '우리 모두를 선교에 부르신다면 더 좋지 않을까?'

이런 생각과 함께 말이다. 물론 당시의 선교라는 의미는 해외에서 사역하는 것을 이야기했으니 그 의미에 대해 제한적인 것은 있었다. 그럼에도 선교에 대한 소명은 아주 특별한 사람들에게만 임하는 어떤 이들에게는 큰 축복이자 또 다른 이들에게는 커다란 부담이었다.

그 후, 선교를 온몸으로 경험하고 선교학을 공부하면서 우리가 지금까지 배웠던 선교에 대한 하나님의 부르심, 즉 소명이란 말이 많은 이에게 잘못 이해되고 있었음을 깨닫게 되었다. 그것은 목회자나 일반성도 그리고 심지어 선교사 모두에게 마찬가지였다.

성경은 세상에는 두 가지 사람만이 존재한다고 말하고 있다. 선교사와 선교의 대상자가 바로 그것이다. 우리가 그리스도를 따르기로 하는 순간, 우리는 선교의 대상에서 선교사로 우리의 정체성이 변화한다. 마치 죄인에서 의인으로, 세상의 자녀에서 하나님의 자녀로 변화됨과 같이 말이다.

모든 그리스도인은 세상 가운데 선교사로 부름 받았다. 선교의 부르심은 이제는 더 이상 어느 특별한 사람들만을 위한 신화가 아니다. 성경은 우리 모두가 부르심을 받아 보내심을 받은 선교사라고 말씀하신다. 그렇기에 이제는 더 이상 선교의 소명을 기다리지 않아도, 더 이상 난 아니어서 다행이라고 합리화하거나 도망갈 구실도 없다.

소명, 부르심에 대한 이전의 신화는 깨어졌다!

2. 선교에 대한 균형과 풍성함의 회복

2020년부터 새로운 사역지인 미국의 아시안 디아스포라 공동체들을 대상으로 한 사역으로 사역지와 역할을 옮기게 되면서 한인 교회를 섬기는 목회자들을 만날 기회가 점차 늘어나게 되었다. 필자가 사역했던 이전의 선교지들은 한인 교회가 아예 없거나 사역의 대상이 현지인이었기에 일부러 한인 교회를 찾거나 찾아가지 않았지만, 미국에서는 사역의 대상 자체가 아시안 디아스포라 공동체들로 바뀌면서 한인 교회 목회자들을 만나 이야기를 나누며, 이민 목회자로서의 어려움들도 듣고 또한 그분들을 통해 새로운 것들을 배우곤 한다.

그래서 한인 교회 목회자들을 만날 때마다 일반 성도에게 성경에서 말하는 선교의 의미를 가르치고 성도가 지역의 선교사로서 삶으로서의 선교를 지역 가운데 실천하도록 도와야 한다고 격려하곤 한다. 말씀을 나누던 분 중 한 목회자께서 진지하게 말씀하셨다.

"그런 것보다도 선교사님 같은 분들이 성도가 더 해외 선교지로 나갈 수 있도록 강하게 말씀해 주셔야 합니다."

한 사람의 선교사나 선교 동원가로서 그 목회자의 이야기가 어떤 의미인지는 충분히 이해한다. 필자의 또 다른 역할이 그분이 말씀한 그런 사역이기 때문이다. 다만 필자가 한국이나 미국에서 각 지역 교회의 선교를 바라보면서 안타까웠던 점은, 성경에서 말씀하는 선교의 총체적 의미가 축소되고, 일반 성도는 선교에 동참한다는 의미는 단지 선교 헌금을 보내거나, 가끔 선교지를 방문하는 것으로 제한되는 것 같은 뉘앙스가 너무 많이 풍긴다는 것이었다.

 물론 그렇지 않은 교회도 많을 것이다. 하지만 그럼에도 아직 대다수 교회의 일반 성도는 교회가 하는 선교 사역에 대해 전혀 관심이 없거나 아예 모르고 있고 그저 전담 부서인 선교위원회 또는 선교부의 소관이라고 생각하는 경우가 많다. 이런 경우, 전임 목회자나 선교사 같은 전임 사역자만이 선교에 부름을 받은 사역자들로 격상시키다 보니 교회의 일반 성도는 그저 전임 사역자들을 따르고 후원하는 정도, 즉 소위 '평신도'로서 선교에 관해 지극히 수동적 모습을 갖도록 만들 수 있다.

 필자는 이런 기형적인 교회의 선교 구조가 선교에 대한 잘못된 이해에서 나온다고 생각한다. 교회의 선교가 선교위원회의 주관 아래 성도와 소통하고 공감하며 선교에 함께하기보다는, 선교에 대해 관심있는 일단의 교회 중직자들이 선교위원회에 자원하거나 임명받고 그 위원회에 속한 구성원만 선교에 대해 관심을 가지고 있는 듯한 모습이다. 하지만 우리는 모든 성도가 전임 사역자이며 성도 모두가 선교사로 부르심을 받았음을 잊으면 안 된다.

 우리는 우리의 사역의 창끝, 곧 선교의 최전방이 교회 안이 아닌 세상 속에서 일하고 생활하는 바로 그 현장에 있음을 항상 기억해야 한다. 선교는 예수 그리스도의 제자들, 즉 그분을 예배하는 모든 성도의 사명이며 모두가 함께 실천해야 할 그분의 명령이다. 예수 그리스도께서는 자기 제자들을 세상에 보내신 것 같이 오늘도 그분의 제자들인 모든 성도를 세상에 보내신다. 즉, 우리 모든 성도는 모두가 선교사로서 우리가 살아가는 세상 가운데서 선교사로 살아야 한다는 것이다. 이것이 그동안 축소되어

왔던 선교에 관한 바른 의미다.

교회의 선교에 대한 생각이 한쪽으로만 치우쳐 선교는 해외 선교사들만의 역할이며 우리는 후원자 정도만 하면 된다고 생각하는 지극히 비성경적이며 불균형적인 선교에 관한 생각들을 이제 성경 본래 선교의 의미로 균형 있고 총체적으로 이해되어야 한다. 그러므로 교회는 성도가 선교 그 본래적 의미의 풍성함을 누릴 수 있도록 선교에 대해 올바로 가르치고 성도 한 사람 한 사람이 삶의 현장에서 선교사로 살 수 있도록 도와야 한다.

3. 삼위일체 하나님은 보내시는 하나님

아직도 많은 성도가 선교사는 우리 그리스도인 중에 특별히 구별된, 혹은 소명 받은 해외에서 사역하는 전임 사역자라는 생각을 하고 있지만, 사실 그리스도인과 선교사는 구별할 수 없는 동의어다. 그리스도인은 누구든지 복음을 받고 예수 그리스도를 주라 고백하는 순간 선교사로 세상 가운데 파송된다.

왜냐하면, 우리가 믿는 삼위일체 하나님은 세상에 그분의 종들을 보내시는 하나님이기 때문이다. 하나님은 먼저 갈대아 우르에서 아브라함을 선택하셔서 부르시고 그에게 복을 주시며 세상 가운데 축복의 통로가 되라고 말씀하시며 그와 언약을 맺으신다.

> 여호와께서 아브람에게 이르시되 너는 너의 고향과 친척과 아버지의 집을 떠나 내가 네게 보여 줄 땅으로 가라. 내가 너로 큰 민족을 이루고 네게 복을 주어 네 이름을 창대하게 하리니 너는 복이 될지라. 너를 축복하는 자에게는 내가 복을 내리고 너를 저주하는 자에게는 내가 저주하리니 땅의 모든 족속이 너로 말미암아 복을 얻을 것이라 하신지라 (창 12:1-3).

이 아브라함의 언약은 하나님이 아브라함을 세상 가운데 보내시고 그를 통해 한 민족을 택하셔서 세상을 구원하시고 회복하시길 원하시는 하나님의 목적이 있었다. 그 후 이스라엘 민족에게 모세를 보내시고 그를 통해 이스라엘과 시내산에서 언약[2]을 맺으시고 이렇게 언약을 맺은 이스라엘 민족을 통해 세계 만민이 여호와 하나님 앞에 돌아오길 원하셨다. 그럼에도 계속 불순종하는 이스라엘 민족에게 하나님은 계속해서 그의 선지자들을 보내시고 세상 만민에게 하나님 자신을 알리길 원하셨다.

하지만 이스라엘 민족의 교만과 불순종으로 하나님은 결국 그의 독생자 예수 그리스도를 세상에 보내셨고 그를 통해 하나님 나라의 도래를 세상 가운데 알리셨다. 성부 하나님에게서 이 세상에 보내심을 받으시고 십자가에서 죽으심과 부활의 복음을 완성하신 성자 예수께서는 신약에서 44번이나 '보냄 받은 분'으로 소개되고 있다. 이렇게 아버지 하나님에게서 보냄 받은 예수께서는 그분의 제자들을 세상 가운데 보내셨다.

아버지께서 나를 보내신 것 같이 나도 너희를 보내노라(요 20:21).

예수 그리스도께서 그의 제자들을 세상에 보내셨던 것 같이 그분께서는 역시 자기 제자들인 모든 성도, 곧 우리를 세상 가운데 보내신다. 하나님 아버지께서 독생자이신 예수 그리스도를 세상 가운데 보내셨던 것과 동일하게 예수께서는 우리를 포함한 그분의 제자라고 불리는 세상의 모든 성도를 이 세상 속으로 보내시는 것이다.

그뿐인가?

예수 그리스도께서는 아버지 하나님 앞에 돌아가시면서 성령을 제자들에게 보내겠다고 말씀하셨고, 성부 하나님과 성자 예수 그리스도께서는

---

2 출애굽기 19장의 이스라엘 언약.

성령 하나님을 우리에게 보내셨다.

결국, 최초의 선교는 "하나님의 선교"인 것이다. 그러므로 우리 그리스도인 모두도 주님으로부터 세상에 보내심을 받은 것이다. 바로 아브라함을 부르시며 말씀하셨듯이 우리는 세상 가운데 하나님의 구원의 복, 즉 복음을 전하라고 세상 가운데 보냄을 받는 것이다.

4. 선교, 그 용어의 유래

크리스토퍼 라이트는 그의 저서 '하나님의 백성의 선교'에서 우리는 "보내고 보내심을 받은 백성"이라고 말한다.[3] 아마도 우리 모두가 해외의 어느 지역으로 가지는 않겠지만 각자에게 맡겨진 그 어느 곳으로 우리는 가야 한다. 우리 각자의 자신의 삶의 현장으로 우리는 담대히 가야하는 것이다. 그리고 우리의 일상의 삶 속에서 '선교적 삶'을 살아내야 한다. 왜냐하면, 하나님이 우리를 세상 속으로 보내신 목적은 우리를 통해 세상 속에 그분이 누구인지를 증거 하시길 원하시기 때문이다.

본래 '선교'(mission, 宣敎)라는 용어의 어원은 히브리어와 헬라어에서 나왔다. 히브리어 '샬라흐'(שלח)는 '보내다'는 의미인데, 헬라어 '아포스텔로'(ἀποστέλλω)와 '펨포'(πέμπω) 역시 '보내다', '파송하다'는 의미의 동사이다. 헬라어 '아포스텔로'(ἀποστέλλω)와 '펨포'(πέμπω)는 신약성경에 135회와 80회가 사용되었다. 이렇게 동사 '아포스텔로'(ἀποστέλλω)에서 파생된 명사 '아포스톨로스'(ἀπόστολος)는 신약 성경 전체에 79번 나오는데, 본래 이 단어는 당시의 그레코-로만 세계에서는 '항해자'라는 뜻으로

---

[3] 크리스토퍼 라이트, 『하나님 백성의 선교』, 한화룡 역 (서울: IVP, 2010), 12장. 보내고 보냄 받은 백성.

'왕 등의 보냄을 받아 특히 군사적 목적의 항해를 하다'라는 의미를 가지고 있었다.

그런데 바울과 누가는 신약 성경에서 '아포스톨로스'(ἀπόστολος)의 의미를 사도, 즉 소명을 받은 복음의 전파자로서 예수 그리스도의 열두 제자와 자기들에게 그리고 교회 말씀의 일꾼들에게 확장해 사용한다.

그 후, 헬라어 '아포스텔로'(ἀποστέλλω)는 16세기에 라틴어로 '보내다, 파견하다'는 의미의 동사 '미테레'(mittere), 또는 '미토'(mitto)로 번역되었고, 여기서 명사인 '미시오'(missio)가 파생되었다. 라틴어 명사 '미시오'는 후에 영어로 '미션'(mission)으로 번역되었다. 그러므로 선교사를 의미하는 영어의 명사 '미셔너리'(missionary)는 사도와 동의어로 '사명을 가지고 세상에 보냄을 받는 사람'을 의미한다. 따라서 모든 성도는 본질적으로 선교사일 수밖에 없는 것이다.

이렇게 선교는 특별한 목적을 위해 누군가를 보내는 것을 말한다. 즉, 하나님이 그의 백성을 세상에 보내시는 것을 의미한다. 그러므로 선교는 하면 좋은 것이고 하지 않아도 괜찮은 것이 아닌 그리스도인의 본질에 속하는 활동이다. 즉, 교회의 본질적 존재 이유가 바로 선교에 있기 때문이다.

5. 초대 교회 300년의 교훈

일반적으로 우리가 '초대 교회'(Early Church)라고 말할 때의 의미는 기독교 역사의 첫 500년 정도를 말한다. 이 시기는 예수께서 승천하신 이후 오순절에 예루살렘에서 교회가 시작된 후부터 로마 제국의 마지막 시기까지를 지칭한다. 물론 초대 교회 시대라 불리는 500년 정도의 시간을 몇 가지 사건을 통해 구분할 수 있는데, 그 첫 번째 기간이 A.D. 313년, 서로마 황제였던 콘스탄티누스와 동로마 황제 리키니우스에 의해 공포된 '밀라노 칙령'(Edict of Milan)까지의 기간이다.

당시 초대 교회는 3세기 동안 로마 제국의 심한 박해 속에서 신앙생활을 해야 했었다. 예를 들어, 초대 교회 그리스도인들이 3년 정도의 오랜 시간을 준비하고 세례를 받는 일은 곧 언제 그들에게 닥칠지 모르는 순교를 준비하도록 하는 과정이었다. 따라서 초대 교회 그리스도인들에게 있어 세례는 예수 그리스도 안에서 온전한 삶을 살며 죽음을 적극적으로 준비하는 행사였다. 그럼에도 초대 교회의 그리스도인들은 나날이 성장하여 A.D. 250년에는 로마 시민 전체 인구의 2퍼센트가 되었고, 3세기를 지나 4세기에 콘스탄티누스 황제 당시는 로마 시민의 거의 10퍼센트에 육박할 정도로 교회가 부흥되었다.

그렇다면 그토록 엄청난 박해 속에서 초대 교회는 어떻게 이런 놀라운 성장을 이룰 수 있었을까?

참으로 흥미로운 것은 초대 교회의 예배는 외부인들을 교회로 끌어당기기 위한 모임이 아니었다는 것이다. 도리어 당시의 예배는 그리스도인들이 예배를 통해 세상에 나아가 하나님의 일을 하며 다른 사람들에게 흥미를 유발하는 사람으로 훈련받는 것이었다. 외부인에게 매력적이어야 하는 것은 교회의 예배 모습이 아니라 그리스도인 자신이었다. 즉, 초대 교회는 초신자 중심의 예배를 드렸기 때문이 아니라 당시 그리스도인들이 사람들에게 매력적이었기 때문에 성장했다.[4]

이렇게 초대 교회 그리스도인들은 세상의 외부인들에게 굉장히 흥미롭고 매력적인 사람들이었다. 그들의 삶과 행동은 당시 세상 사람들과는 무척 달랐다. A.D. 3세기 초 북아프리카에서 기록된 터툴리안(Tertullian)의 문서를 보면 초대 교회 그리스도인들이 왜 세상 사람들의 관심을 끌고 매력적으로 보였는지를 쉽게 이해할 수 있다.

---

[4] 알랜 크라이더, 『초대 교회에 길을 묻다』, 홍현민 역 (서울: 하늘씨앗, 2021), 34.

부유한 집안의 아내가 가난한 그리스도인들을 방문하고 감옥을 방문했다. 주의 만찬과 관련된 소문이 무성했으며 그리스도인들은 서로에게 거룩한 입맞춤을 했다. 그들은 발을 씻기며 여행자들을 먹였고 환대했다. 불신자와 결혼한 그리스도인인 아내들은 남편들에게 경외심을 유발했으며 아내의 모습으로 남편들이 신앙을 갖게 되었다.[5]

어떻게 초대 교회는 최악의 상황에서도 놀랍게 성장할 수 있었을까? A.D. 200년 북아프리카에 거주했던 한 그리스도인은 다음과 같이 말하고 있다.

우리의 숫자가 날마다 증가하는 것은 실수가 아니라 좋은 증거다. 삶의 아름다움이 교인들을 인내하게 하고 낯선 이들이 참여하게 한다. 우리는 위대한 것을 설교하는 것이 아니라, 위대한 것을 살아가고 있다.[6]

이렇게 세상의 약자로서 핍박 가운데 있으면서도 능력 있었던 초대 그리스도인의 삶과 모습은 그 자체가 세상 사람들에게 매력적이었고 경외심을 불러온 선교적 삶이었다. 그런 그들의 경이로운 삶을 지켜본 많은 이가 그리스도인들과 같은 삶을 살기 위해 핍박 받는 그리스도인이 되었다.

3세기까지 세상 사람들에게 흥미롭고 매력적이었던 초대 교회 그리스도인들의 모습은 4세기에 들어 콘스탄티누스 황제가 기독교를 합법화한 이후 전혀 다른 모습으로 흘러가게 된다. 기독교에 대한 박해가 없어지고 정부의 권력을 뒤에 업은 교회는 늘어난 사람들을 수용하기 위해 교회 건물을 크게 지어 아름답게 치장하고 그 속에서 드리는 예배는 사람들에게

---

5   Tertullian, To His Wife 4, 7.
6   Minucius Felix, Octavius 31.6-8; 38.6(North Africa, ca 200).

경외심을 일으키는데 초점을 맞추게 되었다.

하지만 더 이상 그리스도인들이 살아가는 모습은 세상과 구별되지 않았기에 이제는 교회 건물과 예배 의식 그리고 설교가 선교의 주요 수단이 되었다.[7] 점차 많은 그리스도인의 행동은 관습으로 변했고, 그리스도인은 점점 위선적인 사람들이 되었으며, 결국 현재와 같이 사람들이 그리스도인이 되는 것을 거부하는 일반적 이유가 그리스도인의 말과 행동이 전혀 다른 위선적 모습때문이었다. 교회는 거대해졌으나 사람들은 그리스도인들에게서 더 이상 경외감과 매력을 느낄 수 없었고 그 대신 화려하게 치장된 교회의 건물이나 예식이 그리스도인의 매력을 대신하게 된 것이다.

6. 삶으로서의 선교와 선교적 삶

마틴 루터는 1520년 "교회의 바벨론 포로생활"이라는 소논문을 발표했는데 그는 이 소논문에서 다음과 같이 말했다.

> 하나님 앞에서 모든 일은 오직 믿음으로만 평가된다. 하인이나 하녀의 허드렛일이 수도사나 사제의 금식과 다른 모든 사역보다 하나님이 받기에 더 합당한 일인 경우가 많다. 수도사와 사제가 믿음 없이 행했기 때문이다.[8]

마틴 루터의 소논문은 당시의 유럽 사람들의 삶과 일에 대한 기존의 사고방식을 뒤흔들어 놓았고 그들의 생각에 커다란 영향을 미쳤다.
무슨 말인가?

---

[7] 크라이더, op.cit., 110.
[8] Martin Luther, *The Babylonian Captivity of the Church* (1520: Project Online Electronic Study Edition, 2002).

우리가 어떤 일을 하느냐가 중요한 게 아니라, 어떤 일이든지 그 일을 믿음으로 하는 것이 중요하다는 말이다. 목회자나 선교사 등의 전임 사역자로 사역하는 것이나 가정과 직장 그리고 사업장에서 혹은 논과 밭에서 농부로 혹은 바닷가에서 어부로 일을 해도 하나님 앞에서 일하는 것과 같이 믿음으로 한다면 그 모든 일은 거룩하다는 것이다. 또한, 맡겨 주신 그 일을 통해 하나님께 영광 돌릴 수 있으며 세상 가운데 복음의 증인으로 살아갈 수 있다는 것이다. 이렇게 종교 개혁자들은 수도사나 사제 등의 성직이든 세속적인 직업이든 모든 직업을 하나님 사역으로의 거룩한 부르심, 즉 소명으로 보았다.

하나님은 우리의 직업 자체에 목적을 갖고 계신다. 우리가 일하는 현장도 창끝과 같은 복음의 최전선이다. 우리의 각자의 직업과 역할 안에서 우리가 하나님 앞에 서 있는 것과 같이 정직하고 신실하게 일할 수 있다면 우리의 삶과 모습을 통해 하나님이 증거될 수 있다. 그리스도인은 하나님의 거울이며 작은 예수이기도 하다. 우리의 직업은 하나님이 세상 가운데 그분의 복을 주시기 위한 하나님의 수단이며 우리가 최선을 다해 신실하게 우리에게 맡겨진 일을 해 나갈 때 우리는 우리의 직업을 통해 복음을 전할 기회를 가질 수 있다.

이렇게 모든 그리스도인은 우리가 일하는 그 자리에서 하나님의 사역, 즉 선교를 위해 부름을 받은 것이다. 오늘도 하나님은 우리의 직장과 비즈니스 가운데 거룩한 예배의 처소를 원하고 계신다. 바로 우리의 일터가 선교의 최일선이며 우리가 복음의 씨앗을 뿌려야 할 선교의 현장이다. 따라서 선교사들을 우리가 단지 후원하고 기도한다고 해서 나는 선교를 다 했다고 만족하면 안 된다. 우리가 바로 이 땅에서 선교사기 때문이다.

영웅적인 이야기를 한다고 영웅이 되는 것은 아니다. 영웅적으로 사는 사람이 진정한 영웅이다. 선교는 선교하자고 외친다고 되는 것이 아니다. 우리는 자기 삶으로 선교적 삶을 살아내야 한다. 성경에서는 믿음과 순종이 절대 분리되지 않는다. 우리의 믿음은 필연적으로 우리의 순종을 통해 그 실체와 진정성을 나타낸다.

다시 말하면 복음은 선포로 끝나는 것이 아니라 그에 합당한 삶의 행위가 필요하다는 것이다. 즉, 우리 삶의 모습을 통해 복음을 증명해 내는 것이 필요하다. 거룩함과 선함을 기준으로 사는 성도의 삶에는 커다란 선교적 능력이 있다.

> 너희는 세상의 빛이라 … 이같이 너희 빛이 사람 앞에 비치게 하여 그들로 너희 착한 행실을 보고 하늘에 계신 너희 아버지께 영광을 돌리게 하라(마 5:14-16).

우리의 가정, 이웃, 직장, 학교, 사업에서 행하는 선한 일들이 바로 우리의 선교의 행위다. 우리가 행하는 착한 일들과 세상과 구별된 우리의 삶을 보고 사람들은 우리가 그리스도의 제자라는 것을 알게 된다. 세상에서 선한 삶을 살며 선한 일들로 우리의 주변을 돕고 섬길 때 우리는 그 자리에서 빛을 발하게 된다. 예수 그리스도의 모습이 우리를 통해 투영되게 되는 것이다.

"메신저를 믿지 않으면, 메시지를 믿지 않을 것이다."[9]

이 말과 같이 복음을 전하는 우리는 복음의 내용대로 세상에서 살아야 한다. 하나님은 우리 한 사람 한 사람의 삶에 관심이 있으시며 우리의 삶 속에서 일하시는 하나님이시다.

---

9   James M. Kouzes and Barry Z. Posner, *The Leadership Challenge* (San Francisco: Jossey-Bass, 2002), 33.

7. 우리의 사역 대상은 세상의 모든 영역

앞에서 언급했던 것 같이 필자가 대학에 다니고 있을 즈음 한국 기독교 사회에서 크게 유행했던 것이 소위 '고지론'이란 것이었다. 고지론이란 쉽게 말해서 전투에서 고지를 점령해야 전투에 이길수 있고 영토를 장악할 수 있다는 논리였다. 그렇기에 특히 청년 그리스도인들은 세상을 변화시키기 위해서 고지로 생각되는 사회의 최고 집단에 들어가 그 집단을 장악하는 것이 가장 중요하다는 것이었다.

필자는 고지론의 이론 자체가 모두 비성경적이라고는 말할 수 없다고 생각한다. 분명 그리스도인 중 어떤 이들은 그들의 역량에 따라 우리 사회의 최고 지도층에 들어가 그리스도인으로서 그들이 속한 영역 안에서 선한 영향력을 발휘해야 하는 것은 지극히 성경적이며 도리어 우리 모두가 강조해야 할 부분이라고 생각한다.

하지만 한국 사회의 현재 모습이 지도층에 그리스도인들이 부족해서 이런 참담한 모습이 되었을까?

몇 년 전의 통계를 보면 한국 사회 지도층 안의 소위 그리스도인은 30~40퍼센트에 이른다고 한다. 서울의 대표적 부촌인 강남과 분당은 40퍼센트 정도가 그리스도인이라는 통계도 있다. 이러한 통계는 우리 사회 사회 지도층 가운데 그리스도인이 부족해서 현재의 암울한 모습이 되었다는 말은 전혀 합리적이지 않다는 것을 말하고 있다.

결국, 무슨 말인가?

그리스도인이라고 하는 사람은 많은데 그저 그리스도인 행세만 하는 가짜 그리스도인이 너무 많다는 증거다. 가장 교회가 많이 밀집 되어있고 대표적 대형 교회들이 많으며, 교회 다니는 사회 지도층의 교인들이 가장 많다고 하는 강남을 보라.

도대체 무슨 이유로 그 많은 그리스도인은 그 지역 사회에 영향을 미치지 못하고 있는가?

교회는 다니기에 교회 교인이긴 하지만 말씀대로 살지 않는 가짜 그리스도인들이 너무 많다는 증거다. 교회는 이제 부흥의 명목 아래 교회 건물 안에 사람들을 모으는 것만 강조하는 것이 아닌 참된 그리스도의 제자를 양성하는 것에 온 힘을 다해야 할 것이다.

또 다른 문제는 하나님이 우리 각자에게 다양하고 다른 은사들과 역할들을 주셨다는 데 있다. 성경에 기록된 다양한 은사들과 같이 우리 각 개인에게는 우리가 사는 사회 속에서 다양한 그룹 가운데 다양한 역할을 할 수 있도록 은사를 주셨는데, 그 역할은 사회의 최고위층에서부터 가장 어렵고 낮은 역할까지 주셨다는 것이다.

다시 말하면, 최고위층에서부터 가장 밑바닥까지의 여러 영역에서 하나님이 세상 가운데 복음을 전파하시고 선한 영향력을 베풀기를 원하신다는 것이다. 그러므로 우리 그리스도인들에게 더욱 중요한 목표는 그리스도인으로서의 세상 가운데 선한 삶과 진리와 정의를 추구하는 거룩한 삶이여야 한다. 그런 그리스도인의 양육을 위해서는 세상이 말하는 가치들에 저항하여 싸울 수 있는 성경적 세계관과 교육이 필연적이다.

8. 세상의 가치와 맞서 싸우라!

6.25 전쟁으로 초토화되었던 한국 사회가 부활할 수 있었던 가장 큰 근본 원인은 한국 사회의 높은 교육열이었다고 많은 이가 말한다. 동의가 되는 이야기다. 우리 사회는 너무 심하다고 할 정도로 교육에 집착하는 사회다. 특히, 교육에 있어 최고의 대학에 들어가는 것은 부모의 목표이자 자녀에게 주어진 사명(?)이기도 하다. 이런 교육열은 한국뿐만이 아닌

미국 등 서구 국가로 이민 온 한인들의 남다른 교육열에서도 잘 보인다. 사실 영미권으로 생활 터전을 바꾼 많은 사람의 이민 이유 중 첫 번째가 자녀 교육이다.

필자는 이런 우리 민족의 교육열을 무조건 비판하려고 하는 것은 아니다. 다만 우리가 그리스도인으로서 자녀에 대한 교육이 하나님보다 앞서 있을 때 그것은 우상이 되고 우리 마음속의 맘몬이 될 수 있다. 세상 사람들은 우리 자녀들의 교육을 위해 학원은 몇 개를 보내고 어떻게 공부를 시켜야 한다고 말한다. 문제는 우리의 자녀 교육에 대한 과도한 집착과 열심이 자녀의 신앙생활에 어떤 영향을 미쳤는지를 살펴볼 필요가 있다는 것이다.

최근의 CBS 노컷 뉴스에 의하면 현재 한국 교회의 주일학교 학생 수가 지난 10년 동안 40퍼센트가 줄었다고 한다. 영아부가 없는 교회는 78퍼센트에 달하고, 중고등부가 없는 교회도 47퍼센트에 달한다고 한다.[10] 통계에 따르면 주일학교는 점점 줄어들어 교회가 유럽과 같이 고령화되고 있다고 한다.

어떻게 한국 교회가 이런 상황에까지 오게 되었을까?

결국, 그리스도인 부모들의 자녀 교육에 대한 세상과 다르지 않은 가치관에 그 원인이 있다. 세상 부모들이 이렇게 자녀들을 교육해야 좋은 대학에 들어갈 수 있고 성공할 수 있다고 말할 때, 대부분의 그리스도인 부모는 그저 세상의 교육 방식과 가치관에 편승해 그 어떤 의문이나 반론없이 따라가기만 하고 있다. 자기들은 그리스도인이라고 하면서도 자녀들은 주일에도 주일학교는 간단히 뛰어넘고 학원으로 보내는 우리 부모가 바로 이런 사람들이다.

---

[10] "(기획)1. 주일학교 학생수 40퍼센트 줄어 … 영아부 없는 교회도 절반 이상", CBS 노컷뉴스, 2021. 4. 1.

교회에서 직분자로 섬기고 있음에도 자기들은 교회에 꼬박꼬박 출석하면서도 자녀들에 대해서는 학원으로의 직행을 강요하는 우리 부모가 문제의 원인이다. 자기들은 구원받은 백성이라고 말하면서도 자녀들에게는 하나님 나라에서의 영원한 생명보다도 좋은 대학이 앞선다.

이 얼마나 무지하고 어리석은 생각인가!
정말 그렇게 자라서 좋은 대학과 좋은 직장에 들어간 자녀들로 말미암아 이 사회가 변화하고 있는가?
그렇게 자란 자녀들이 부모에게 감사하며 지금 열심히 신앙생활하는가?
아니면 그런 모습은 아예 기대도 하지 않고 그저 자녀들이 세상에서 잘 먹고 잘 살면 만족하고 있는가?
과연 우리 그리스도인 부모는 자녀들이 무엇을 위해 어떻게 살아가는 것을 원하고 있는가?

그 결과, 교회의 주일학교는 텅텅 비어가고 어른들만 모이는 고령화된 교회로 한국 교회는 점차 변화되고 있다.
자녀의 신앙교육에서 가장 중요한 요인은 부모다. 부모의 자녀 학업에 대한 교육관이 자녀의 신앙교육을 결정하는 것이다. 심지어 교회의 중직자라 해도 세상의 세속적 교육관에 잠식되어 자녀에게 교회보다 학원을 더 중요시하고 있다면 다음 세대의 한국 교회는 유럽 교회의 전철을 밟을 것은 너무도 뻔하다.
그렇기에 주일학교가 다시 일어나기 위해서는 그리스도인 부모에게 성경적 가치관을 가르치고, 그리스도인 부모는 자기들이 세상의 가치를 따라 지금까지 자녀 교육이 자기들의 우상이 되었던 것을 하나님 앞에 철저히 회개하고, 무엇보다도 자녀가 하나님의 자녀로 바르게 자라날 수 있도록 기도하며 신앙교육에 힘을 다해야 할 것이다. 우리가 자녀들에게 물려 줄 유산은 값비싼 아파트나 사업체, 세상 속에서 잘 먹고 잘사는 방법이 아닌 하나님을 경외하고 그분이 삶의 중심이 되는 신앙의 유산이다.

그렇다면 교회는 아무 책임이 없을까?
그저 유행하는 하나의 슬로건과 같이 다음 세대를 키워야만 한다고 외치기만 하면 아이들과 청년들이 교회로 돌아올까?
교회 교육의 질이 세상의 것과는 확연한 차이가 있다면 많은 부모가 교회의 주일학교 교육에 대해 어떻게 신뢰할 수 있을까?

교회 교육이 중요하다고 하면서도 전문적인 교회 교육의 전문가를 양성하고 고용하기보다는, 주일학교의 담당 교역자들은 아직 사역 준비도 덜 된 이제 신학을 공부하는 전도사들에게만 맡겨놓고 주일학교에 보내지 않는다고 성도만 탓할 수는 없을 것이다.
다음 세대가 중요하다고 아무리 외쳐도 장년들이 예배를 드리는 곳은 항상 교회당의 중심이 되고 교회 리모델링의 우선순위가 되면서도, 청년 모임과 주일학교는 교회당 구석의 창도 없는 허름한 곳에서 모임을 갖도록 홀대받는다면 그 교회 역시 미래가 없을 것이다.

그런즉 누구든지 그리스도 안에 있으면 새로운 피조물이라 이전 것은 지나갔으니 보라 새 것이 되었도다(고후 5:17).

사도 바울은 그리스도를 영접한 사람은 '새로운 피조물'이 되었다고 선언한다. 즉 당시의 상황으로 봤을 때 유대인도 이방인도 아닌 그리스도인이라는 '새사람' 혹은 '신인류'가 되었다는 것이다. 이들 '새사람' 혹은 '신인류'인 그리스도인은 세상에 존재하는 사람들과는 전혀 다른 사람들이다. 그들은 당시 유대인이나 이방인의 관습이나 가치관과는 전혀 다른 그리스도의 말씀과 삶을 순종하며 따르는 새로운 사람들이었다.

그리스도인은 이렇게 세상과는 전혀 다른 가치관을 가지고 삶을 사는 사람들이다. 그러므로 세상의 가치관과 삶의 방식을 유지하면서 겉으로는 그리스도인으로 살아간다는 것은 그리스도인이란 가면을 쓰고 살아가는 사람과 같다. 하지만 세상의 가치관에 과감하게 저항하며 싸우는 그리스도인은 우리의 스승이신 예수 그리스도의 삶과 그 모범을 따르는 삶에 최선을 다한다.

자기만 아는 이기적 삶에서 타인을 돌보는 이타적 삶으로 삶의 중심이 옮겨지고, 소유함으로 만족을 얻는 삶에서 나눔으로 함께 살아가는 기쁨을 얻는 삶으로, 높아지고 명예를 얻기를 바라는 욕망에서 낮아짐으로 겸손하게 섬김의 도를 실천한다.

이처럼 그리스도인은 세상에 머물고 있으나 이 세상에 속하지 않은 새로운 사람들로 우리의 구원을 미래에 다가올 구원에만 머무는 것이 아닌 하나님의 샬롬(평화)이 우리 이웃과 지역 사회 그리고 세상에 널리 퍼질 수 있도록 우리의 삶을 통해 실천하는 사람들이다.

폴의 이야기: 빈민가에서 일하려고 하버드를 졸업했다?

필자가 코네티컷의 뉴헤이븐에 위치한 OMSC에서 안식년을 갖는 동안 만났던 폴은 안경 너머로 반짝이는 눈망울이 매력적인 형제였다. 그와 가깝게 된 계기는 OMSC에서 외부인들을 초청한 모임에서 폴의 자선적 피아노와 바이올린 연주를 보고 난 직후였다. 능숙하게 악기들을 연주한 폴과 가끔 만나 그의 이야기를 들을 때마다 참 특별한 형제구나 하는 것을 느꼈다. 그는 하버드대학교에서 학부를 다니면서 성경에 관심을 두기 시작했다.

"성경을 혼자 읽다가 이해가 가지 않는 부분이 있어서 학교 교목을 찾아가 물었어요. 이 말이 무슨 뜻이냐고요. 그런데 교목이 그러더라고요. 넌 학생이니까 이런데 관심을 두지 말고 공부나 열심히 하라고요."

그는 어이가 없었단 듯이 실소를 터트리며 말을 이어갔다.

"난 성경을 알고 싶었거든요. 그래서 교목을 찾아갔던 건데 … 어쨌든 그렇게 지내다가 어떤 로마가톨릭 수도회를 알게 되었지요. 그래서 그곳에 가서 수도사들과 어울리고 말씀도 배우고 지역에서 하는 수도회의 봉사도 함께했어요. 그러다가 생각했지요. 난 이렇게 좋은 환경에서 공부할 수 있지만 미국의 많은 곳에서는 어려운 사람이 많잖아요. 이들을 나의 방식으로 도와야겠다고 생각했지요."

폴은 하버드대학교를 졸업하고 대학원을 미 서부의 칼텍으로 옮겼다. 로스앤젤레스에서 새로운 삶은 시작한 폴은 시내의 빈민가에서 중남미에서 들어온 불법 체류자들을 만나게 되었고 곧 이들을 대상으로 영어를 가르치기 시작했다.

"중남미에서 들어온 불법 체류자들은 미국에서 사람 대우를 못 받아요. 특히, 영어를 못하기 때문에 항상 어려움을 당하지요. 내가 돈도 없고 가진 게 없기 때문에 내가 할 수 있는 것으로 이들과 자녀들을 돕자고 생각했어요."

이렇게 하버드대학교를 졸업하고 빈민가에서 불법 체류자들에게 영어를 가르치는 폴을 향해 그의 어머니는 이렇게 말했다고 한다.

"넌 빈민가의 불법 체류자들에게 영어를 가르치기 위해 하버드에서 공부했냐?"

그는 칼텍에서 석사를 마친 후 다시 동부의 뉴헤이븐으로 이주했다. 그는 지역 중등학교에서 교사로 일하면서 역시 지역의 난민들 자녀에게 여전히 영어 등을 가르친다.

> "하나님은 나에게 돈을 많이 주시지는 않으셨어요. 하지만 지혜를 주시고 공부할 기회를 주셨죠. 그 지혜로 세상을 섬기고 싶어요. 다른 친구들 같이 대기업에서 일하면서 돈을 많이 버는 것보다는 내가 하고 싶은 것을 하면서 내가 할 수 있는 것으로 하나님 나라를 섬기는 것이 난 너무 좋답니다."

폴의 삶은 우리에게 많은 것을 시사해 준다. 이 글을 읽는 어떤 이들은 하버드대학교와 칼텍(캘리포니아공과대학교)까지 졸업한 미국 사회의 최상위권 엘리트가 난민들에게 영어를 가르쳤던 그의 결정에 대해 많은 의구심이 있을 것이다. 아마도 세상적인 가치관으로 본다면 이보다는 훨씬 나은 여러 선택권이 폴에게 있었을 것이다.

하지만 하나님은 그에게 세상의 관심에서 멀어져 있는 소외되고 가난한 이웃들을 볼 수 있게 하셨고 그는 순종하여 그 일을 선택했다. 그리스도인의 '급진적'(Radical)인 삶의 방식은 일상의 평범한 일에 비범하게 섬기고 헌신하는 데서 시작한다.

9. 내 삶의 무엇으로 섬길 수 있을까?

우리는 하나님이 주신 축복과 재능을 받으면 그에 따른 책무를 감당해야 한다. 세상의 모든 사람은 하나님에게서 다양하고 특별한 은사와 재능을 부여받았다.

나에게 주신 은사와 재능은 무엇인가?
나는 무엇을 잘하는가?
어떤 일을 할 때 열정과 행복감을 느끼는가?

누가복음 19:11-27에는 므나의 비유에 대한 이야기가 나온다. 어떤 귀인이 왕위를 받으려 먼 나라로 갈 때 종들을 불러 각각 므나를 나누어 주는 이야기다.

> 그 종 열을 불러 은 열 므나를 주며 이르되 내가 돌아오기까지 장사하라 하니라(눅 19:13).

하나님은 자기 자녀들에게 아브라함에게 주셨던 복뿐만 아니라 재능과 능력, 영적 은사(고전 12장)들을 주신다. 우리에게 이것들을 주신 이유는 우리 자신의 욕망을 채우기 위하거나 낭비하거나 쌓아 두라는 것이 아니라 하나님의 나라를 확장하는 데 사용하라고 주시는 자원이다.

하나님은 이렇게 므나를 주신 후에 "장사하라"고 명령하셨다. 장사하라는 말은 헬라어로 '프라그마테우오마이'(πραγματεύομαι)[11]인데 이 단어의 의미는 '거래하다', '점령하다', '교역' 등의 뜻을 갖고 있다. 다양한 번역의 영어 성경에서는 이 단어를 "장사하라"(NKJV), "이 돈을 굴리라"(NIV), "이것으로 사업하라"(NASB), "이것으로 거래하라"(RSV) 혹은 "점령하라"(KJV) 등으로 번역했다.[12]

하나님은 우리에게 자연적으로 또한 영적으로 주신 자원을 하나님 나라를 위해 사용해 세상 가운데 관여하고 공헌하라고 명령하신다. 스티븐 닐(Stephen Neill)은 이에 대해 그의 저서에서 흥미로운 이야기를 한다.

> 가장 특별한 것은 첫 번째 선교사들의 익명성이다. 위대한 교회 중에는 사도들이 세운 교회가 거의 없다.[13]

---

11 영어 단어 'pragmatic'이 여기에서 파생하였다.
12 대로우 밀러, 『라이프워크』, 이혜림 역 (서울: 예수전도단, 2012), 109.
13 Stephen Neill, *A History of Christian Missions* (Harmondsworth, UK: Penguin Books, 1986), 22.

초대 이방인 지역에 교회를 개척한 사람들은 사도들이 아니었다. 이런 초기의 교회 개척자들의 특징을 말한다면 아마도 '익명성'과 '평범성'이라 말 할 수 있을 것이다. 그들은 일반 성도로서 그저 평범했던 무명의 형제, 자매들이었다. 그들은 공적인 선교 사역을 통해 교회들을 세운 것이 아니라 일반적인 삶과 직업을 따라 이주하게 되었고 그곳에서 제자들을 양육하고 교회를 시작했다.

이는 너무도 자연스러운 초기 그리스도인들의 삶으로서의 선교였다. "너희는 가서 모든 민족을 제자로 삼아"(마 28:19)라는 예수 그리스도의 대위임령은 소수의 해외 선교사들에게만 주어진 명령이 아닌 그리스도인 모두를 향한 명령이다.

초대 교회의 성도는 예수 그리스도의 명령을 정확히 이해하고 있었고, 그들은 어디로 가든지 그들의 직업이 무엇이었든지 자기 삶을 통해 복음을 전했다. 그리고 하나님의 복음은 이러한 성도의 순종으로 말미암아 온 세계로 왕성하게 퍼져 나갔다.

케빈의 이야기: 빚을 갚고 싶어요

1990년도 이후의 코소보에서의 모든 행정은 내전 이후 유엔에서 관할하고 통제하는 상황이었기에 유엔 안에서의 코소보에서 사역하는 여러 국제 기구나 구호 단체와의 미팅 등은 통상적이었다. 그런 덕에 여러 유엔 직원이나 다양한 국제 기구에서 일하는 직원과는 가깝게 지낼 수 있었는데, 어느 날 이메일을 보내기 위해 프리슈티나[14] 중심에 위치

---

14 '프리슈티나'(Prishtina)는 코소보의 수도로 영어로는 프리스티나(Pristina)라고 불린다.

한 유엔 본부에 들른 필자에게 토니라는 유엔 직원이 말을 걸었다.

"프란시스, 얼마 전에 한국계 미국 친구가 프리슈티나에 온 걸 혹시 알아요?"

워낙 아시아인이 없었던 당시에는 잠시 촬영을 위해 코소보에 왔다 간 유엔 소속의 카메라맨이 한국계인 것은 알았지만 그런 일까지 관심을 가질 여유가 없을 때였다.

"그래요? 잘됐네요."

조금은 무심한 투의 대답이었지만 토니는 기다렸다는 듯이 한마디를 덧붙였다.

"그 친구가 하버드대학교 출신이라는데 한번 만나 보겠어요?"

묻지도 않았는데 하버드대학교 출신이란다.

'역시 하버드대학교 출신은 아시아계라 해도 인정 받는군 …'

이런 생각을 잠시 마음에 품다 어떻게 이 전쟁터까지 들어오게 되었는지 궁금해졌다.

"토니, 그럼 이틀 후에 유엔 본부 옆의 이탈리안 카페에서 만나자고 전해 줄래요?"

이틀 후, 카페에서 만난 케빈은 20대 중반의 키가 큰 청년이었다.

'한국계 2세니 당연히 영어가 편하겠지'라는 생각으로 영어로 인사를 한 필자에게 케빈은 또렷한 한국어로 공손히 인사했다.

"한국 분이 코소보에서 일하신다는 말을 듣고 많이 놀랐습니다. 전 케빈이라고 합니다."

인사하는 케빈의 한국어 발음이 너무 완벽해서 영어로 말을 시작한 내가 머쓱하기까지 했다.

'흠, 교육은 잘 받았군.'

이렇게 혼자 생각하며 말을 이었다.

"반갑습니다. 한국말을 쓸 일이 없는 이곳에서 한국말을 들으니 더

반갑네요.

그런데 어떻게 이런 전쟁터에 오게 되었어요?

부모님도 많이 반대하셨을 것 같은데요?"

미국의 50~60대 한인들의 생각을 어느 정도는 알고 있다고 생각하고 한 질문이었다.

"네. 사실 저의 부모님은 크게 반대 하지 않았습니다. 저의 아버님은 미국 동부에서 성공한 건축가였는데 그 덕에 저도 유복하게 자랐습니다. 결국, 하버드대학교까지 졸업하게 되었고 보스턴에서 좋은 직장에서 일하고 있었습니다. 그런데 어느 주일, 예배를 드리고 있는데 이런 생각이 들었습니다.

'나는 이렇게 유복한 집안에 태어나서 비싼 학비의 대학까지 졸업하고 좋은 직장 생활을 하고 있지만, 세상의 많은 사람은 나와 같은 혜택을 누리지 못하고 살고 있는데 …'

그러면서 제가 그들에게 빚을 졌다는 생각이 들었습니다. 그리고 어떻게 하면 조금이라도 그 빚을 갚을 수 있을지 생각했지요. 그러다가 미국에서 '월드 릴리프'(World Relief)를 알게 되었고 저는 이 단체를 통해 앞으로 서부 아프리카의 시에라리온에서 3년 동안 일하려 합니다. 지금 코소보에 온 것은 이곳에서 3개월 동안 인턴으로 교육받기 위해 들어온 거고요. 3년은 제 인생 가운데 너무 짧은 시간이겠지만 그래도 가장 젊은 나이일 때 조금이나마 세상에 진 빚을 갚고 싶습니다."

하버드대학교 출신이라는 말에 잠시나마 편견을 가지고 그를 생각했던 내 자신이 부끄러워졌다. 케빈은 예수 그리스도를 따른다는 의미를 잘 이해하고 실천하고 있는 청년이었다.

20대 중반의 케빈은 자기에게 주어진 황금기의 시간 가운데 일정한 시기를 떼어 하나님께 드리기를 원했다. 아마도 지금은 중년으로서 세상 어디선가에서 지난 일을 기억하며 열심히 살고 있으리라 생각한다. 케빈은 이렇게 시간을 떼어 드렸지만 다음의 이야기는 자기 재능과 달란트를 드린 한 권사님의 평범하지만 특별한 이야기다.

이 권사님 이야기: 한식당은 자신 있어요

경기도 화성은 외국인 노동자들이 일하는 공장이 꽤 많이 분포되어 있는 지역이다. 화성의 한 교회를 섬기시는 이 권사님은 화성에서 한식당을 오랫동안 운영했다. 어느 날 권사님의 식당에 네팔 청년들이 손님으로 왔는데, 된장찌개를 맛있게 먹는 모습을 바라보며 이들을 위해 자기가 무언가 도울 수 있겠다고 생각하셨다고 한다. 그리고 출석하는 교회에서 지역 중등학교 교사로 일하고 있는 김 집사와 박 집사에게 도움을 요청했다.

"식당에서 우리 애들보다도 어린 외국 젊은이들이 한국말로 겨우 음식을 주문하는 모습을 보면서 내가 무언가 도울 수 있을 거라 생각했어요. 이역만리 외국 땅에서 얼마나 외롭고 힘들지 하는 생각도 했지요.

우리도 옛날에 … 아마 70년대인가?

서독에 광부와 간호사로 돈 벌러 가고 그랬던 적이 있었잖아요. 성경에서도 나그네를 섬기라고 말씀하셨고 … 그래서 우리 교회 식구들에게 도움을 청하고 같이 외국 젊은이들을 돕자고 했지요."

이들을 어떻게 도울 수 있을까 고민하시던 이 권사님은 김 집사와 박 집사와 함께 네팔 청년들을 위한 한글 교실을 만들었다. 처음 시작할 때는 세 사람이 시작했지만, 이 소식을 들은 교회 몇몇 권사님과 집사님도 간식을 제공하는 등 사역에 동참하기 시작했다. 한글 학교가 순조로이 진행되면서 이 권사님은 자기와 함께한 교회의 동역자들에게 이런 파격적인 제안을 했다.

"우리가 이들 네팔 청년들의 한국 가족이 되어 줍시다 …"

"한글 학교 후에는 우리 식당에 와서 밥을 먹이고 그랬어요. 그런데 한글 학교를 하다 보니 네팔 젊은이들이 한글을 배우는 것만 필요한 게 아니라 외지에서 함께 보살펴 줄 가족이 필요하지 않을지 생각되더라고요. 그래서 함께 한글 학교를 하는 교회 식구들에게 우리가 이들의 엄마 아빠가 되어 주자고 했지요. 한 달에 한 번씩은 교회 식구들과 함께 네팔 아들들을 데리고 여기저기 놀러 다녔어요. 새로운 가족을 갖게 된 것 같아서 참 좋았습니다."

이렇게 시작된 이들 네팔 청년과의 인연은 이후 교회 성도의 큰 지지를 받게 되었고 이십여 명의 네팔 청년은 한국 가족들을 갖게 되었다. 이들은 주말에 한국 가족들과 시간을 보내기도 하는 등 결국 교회 내에 네팔인 모임이 만들어지는 계기가 되었고, 몇몇 네팔 청년은 세례를 받기도 하였다. 그 후, 한국에서의 취업 기간이 만료되어 청년들이 네팔로 돌아가자 이들이 어떻게 살고 있는지 궁금해진 이 권사님과 몇몇 권사님은 이들이 살고 있는 네팔의 포카라에 방문하기로 했다.

"그동안 정이 많이 붙어서 그런지 네팔 아들들이 많이 보고 싶었어요. 잘살고 있는지도 모르겠고요. 그래서 내가 다른 권사님들께 이야기해서 한번 찾아가자고 했어요. 그 나라 말을 못 해서 좀 걱정이 되었지만 예전에도 선교 여행을 다녀왔었고 … 뭐 그깟 여행 하나님을 의지하고 한번 가보자고 했지요."

네팔의 포카라에 도착한 이 권사님은 네팔 청년들의 수많은 가족 친지를 보고 놀랐다. 아무리 그동안 한국에서 돈을 벌었다고 했지만, 이 많은 사람들을 책임지고 있는 네팔 청년들 삶의 커다란 무게를 느낄 수 있었다.

'어떻게 하면 지속해서 이들을 도울 수 있을까?'

이렇게 생각하며 포카라의 이곳저곳을 다녀보던 이 권사님은 포카라에 한식당을 한번 차려 보기로 하였다.

"내가 듣기론 포카라가 네팔에서 유명한 관광지라고 들었는데 당시만 해도 한식당이 거의 없더라고요. 한국 사람들도 많이 방문한다고 하니 한식당을 한번 차려보면 어떨지 생각했어요. 내가 할 줄 아는 게 한식당이니까요."

한식당을 포카라에 아담하게 차리신 이 권사님은 네팔 청년들 가족들과 3개월 동안 직접 식당을 운영하며 음식을 조리하는 법과 식당 운영을 일일이 수첩에 적어가며 네팔 청년들과 그 가족들에게 가르치셨다. 그리고 한식당을 네팔 청년들에게 인계하시고 돌아오셨다.

"요즘은 포카라에 한국 관광객들이 더 많이 온다고 하더라고요. 최근엔 한식당에 한국인들뿐 아니라 외국인들이나 네팔 사람들도 온다고 해요. 내가 준 선물은 조그마한 것이지만 그것을 통해 네팔 아들들이 행복했으면 좋겠어요."

우리가 살고 있는 세상 속에서 우리의 삶을 통해 사람들을 섬기는 일에는 그 시간과 범위에 제한이 없다. 다만 각자에게 주신 그분의 은혜를 기억하고 내가 무엇을 통해 세상을 섬길 수 있을지를 질문하는 사람에게 하나님은 우리의 일상에서 평범하지만 비범한 우리에게 주신 은사들과 재능 등을 통해 각자에게 보여 주신 세상을 섬길 수 있게 하신다.

10. 재정 사용 방식, 영적인 바로미터

돈, 곧 재정을 사용하는 방식은 영적 현주소를 가늠하는 바로미터다.[15] 우리는 하나님과 재물 중 어느 쪽을 선택하고 있는가?
혹시 하나님과 재물을 함께 섬기려고 하고 있지는 않은가?
그렇다면 그리스도인들은 어떤 관점으로 돈을 바라봐야 할까?
더 나아가 성경에서 돈은 어떤 의미를 지니고 있으며, 그리스도인에게 돈을 어떻게 사용하라고 말하고 있을까?

그리스도인들의 돈에 대한 관점은 일반적으로 다음과 같은 두 가지로 나뉜다. 그중 하나는, 예수를 잘 믿으면 복을 받는데 특히 물질적 복을 받아 부자가 될 수 있다는 생각이고, 또 다른 하나는 돈은 악의 근원으로 가난한 것이 더 영적이고 경건한 것이라는 것이다.

그러나 첫 번째의 관점은 샤머니즘적인 기복주의 신앙, 번영 신학의 모습이고, 두 번째 관점은 급진적인 금욕주의적 관점으로 성경의 선한 청지기의 역할과는 동떨어진 관점이라 할 수 있다. 그러므로 위의 관점들은 모두 성경에서 말하는 돈에 관한 관점에서 벗어나 있다.

그렇다면 성경은 돈에 대해 무엇이라고 말하고 있을까?
거룩한 하나님의 말씀이기에 돈과 같은 지극히 세속적 주제에 대해 아예 언급을 하지 않은 것은 아닐까?

하지만 사실 성경에는 돈에 관한 언급이 우리가 생각하는 것보다 훨씬 많다. 복음서에서는 예수께서 비유로 말씀하신 예화의 38개 중 16가지가 돈에 대한 이야기고, 신약 성경 전체를 살펴봐도 돈과 재정에 대한 청지기로서의 책무에 대해 말하고 있는 구절이 2,084개나 기록되어 있다. 그

---

15   데이비드 플랫,『래디컬』, 최종훈 역 (서울: 두란노, 2011), 186.

러므로 돈을 이야기하는 것은 성경과 동떨어진 지극히 세속적인 이야기가 아닌 세상을 살아가는 그리스도인에게 지극히 실제적이고 중요한 사명의 이야기다.

그리스도인들에게는 돈을 어떻게 사용하느냐에 앞서 돈을 어떻게 버느냐는 것도 무척 중요하다. 우리 말에 "개같이 벌어서 정승같이 쓴다"라는 말이 있다. 하지만 돈을 버는 과정에 있어 어떤 방법을 쓰든지 돈을 사용만 잘하면 된다는 말은 성경의 가르침과 부합하지 않는다. 성경은 돈을 버는 과정 역시 중요시한다. 정직하고 정당한 방법으로 벌어 올바르게 사용해야 한다. 그렇기에 돈을 버는 것과 사용하는 것은 나뉠 수 없다.

돈을 어떤 방식으로 사용하느냐 하는 문제는 우리 마음의 내적 상태를 그대로 보여 주는 지표가 된다. 돈을 올바로 번 후에는 돈을 바르게 사용하는 것이 필요하다. 여기서 사용한다는 것은 '나누는 것'이라 표현하는 것이 더 성경적이다. 왜냐하면, 하나님이 우리에게 청지기의 사명을 주셨기 때문이다. 곧 우리가 주인이 아닌 주인이신 하나님을 대신하는 관리인의 역할이 바로 세상 속에서의 우리의 역할이다. 내가 벌었다고 생각하는 돈을 올바로 나누는 것도 청지기의 역할이다.

따라서 우리는 우리가 번 돈, 곧 재정을 하나님의 것으로 나누고, 자기와 가족의 것으로, 내가 속한 이웃의 것과 국가의 것 등으로 돈이 필요한 곳에 충분히 나누어야 한다. 돈을 이렇게 필요한 곳에 나누는 것은 그리스도의 행실로 하나님을 드러내는 청지기의 사명이다. 그러므로 하나님이 주신 우리의 사명을 위해 세상 속에서 정직하고 바른 방법으로 돈을 벌고 그 사명을 위해 바른 곳에 넉넉히 나누어야 하는 것이다.

우리는 돈에 대해 온전한 하나님의 청지기가 되어야 한다. 우리가 그런 청지기의 역할을 온전히 감당할 때 하나님은 우리를 통해 사람들을 축복하시고 하나님 나라를 온전히 섬길 수 있도록 큰 은혜를 베푸실 것이다.

11. 우리가 잊고 잊었던 또 다른 선교, 창조 세계

필자가 강의를 위해 교회나 단체 등을 방문할 때마다 담당자들에게 부탁하는 것이 한 가지 있다. 그것은 휴식 시간 등에 참석자들을 위해 음료수나 간식 등을 주최 측에서 준비할 때 일회용품을 사용하지 말자는 제안이다. 물론 좀 번거롭고 불편하겠지만 일회용 컵 등을 사용하는 대신 참석자 각자가 개인 머그잔이나 텀블러 등을 준비해 오도록 부탁을 한다.

강의안 등도 되도록 종이를 사용하지 않고 파일로 나누도록 부탁한다. 왜 이렇게 번거롭고 불편하게 하냐고 질문할 수 있겠지만, 우리 모임만이라도 자연환경을 생각하고 조그마한 것이지만 그것 하나라도 한번 실천해 보자는 교육적 차원의 작은 도전이다. 우리가 조금 더 불편하면 자연은 조금 더 보호될 수 있을 테니까 말이다.

아직도 우리 복음주의 진영에서는 창조 세계를 돌보는 자연환경이나 생태계에 대한 그리스도인의 책임에 대해 진지하게 고민하는 교회들은 많지 않은 것 같다. 특히, 사역지가 미주로 바뀌며 미국으로 들어와서 생활하며 더욱 안타까움을 느꼈다. 쓰레기 분리수거는 거의 없고 모든 슈퍼마켓에서 쏟아지는 일회용 플라스틱 백들, 거기에다 더욱 마음이 답답했던 것은 교회마다 일회용품은 왜 그렇게 많이 사용하는지 … 바로 이전 사역지가 중국이었던 필자에게는 중국을 향해 자연환경 파괴의 원흉으로 비난했던 미국이 도리어 환경 파괴의 원흉이라는 생각이 들 정도였다.

미주 사역을 위해 텍사스에 자리 잡은 필자는 미국의 한 대표적 교단의 신학교를 방문한 적이 있었는데, 그때의 충격은 미국의 많은 복음주의 교단이나 교회 안에서 왜 아직도 창조 세계에 대한 신학적 공감대가 깊이 형성되지 못하는지를 보여 준 단적인 한 예로 이해되었다. 당시 그 신학교의 총장실 옆에는 거대한 유리관 안에 수많은 야생 동물의 박제가 전시되어 있었다.

'일반 학교였다면 학생들에게 자연사 교육을 위해 전시될 수도 있지 않

을지 생각할 수도 있겠지만 신학교가 무슨 박제관인지 …'

그런데 안내를 해 주시던 목사님의 이야기가 인상적이었다.

"우리 학교 총장님은 사냥을 좋아하시는데 이곳에는 직접 잡으신 동물도 있고 학교 후원자들 가운데 자기들이 사냥한 동물을 박제해서 학교에 기증한 것을 여기에 전시해 놓은 것입니다."

개인 총기 휴대가 자연스러운 텍사스에서 사냥을 좋아하는 신학교 총장의 취미까지는 개인의 취미라고 이해는 할 수 있겠지만, 꼭 이렇게 수많은 동물의 박제를 신학교에 전시까지 할 필요가 있었을까?

먹고 살기 위한 직업이 사냥이라면 생존을 위해선 어쩔 수 없겠지만, 개인적 즐거움의 취미로 야생 동물을 죽이고 그 동물들의 박제들을 이토록 자랑스럽게 신학교에 전시를 할 수 있는 그런 신학적 사고는 아무리 생각해도 공감이 되지 않았다. 하나님이 인간에게 그분의 왕적 권위를 주시고 그분께서 창조하신 창조 세계를 돌보고 다스리라고 명령하신 이유는 우리 인간의 유익을 위함이 아니라 땅의 유익을 위함이었다.

데이브 북리스(Dave Bookless)의 "우리가 왜 여기에 있는가?"라는 질문에 대한 대답은 "하나님을 예배하고 섬기기 위하여"이며, 바로 "그 예배와 섬김의 첫 요소가 창조 세계를 돌보는 것이다"[16] 라고 이야기 한다.

오늘날 교회와 그리스도인들은 하나님이 창조한 창조 세계를 돌보는 일에도 힘을 써야 한다. 창조 세계를 돌보는 일은 하나님에 대한 사랑과 순종에서 나오는 행위다. 왜냐하면, 세상의 모든 피조물은 하나님이 창조하시고 하나님께 속한 것이기 때문이다. 창조주 하나님을 사랑할 때 우리는 그분께 속한 세상의 모든 피조물을 충성스럽게 돌보며 섬기게 된다. 예수 그리스도의 십자가의 능력은 세상을 하나님과 화목하게 만드셨다. 그리스도의 복음은 하나님이 창조하신 모든 피조물에 대한 복된 소식인 것이다.

---

16 Dave Bookless, *Planetwise: Dare to Care for God's World* (Nottingham: IVP, 2008), 136.

제10장

경계를 허무는 그리스도인
선교적 교회(Missional Church)

교회의 존재 이유는 무엇일까?

바로 교회를 통해 복음이 열방 가운데 전파되고 죄와 사망 가운데 있는 인간과 모든 피조 세계가 구원받고 하나님을 예배하게 하기 위함이다. 교회는 그 탄생부터 철저하게 선교적이었다.

따라서 지상 교회가 최종적으로 성취해야 할 목적은 하나님의 세상에 대한 최종 목적을 이루는 것이다. 그러므로 교회의 새로운 변화를 위해서는 성경적으로 바르게 재 정립된 새로운 교회론이 필요하다.

과연 크리스텐덤 시대를 지나 포스트-크리스텐덤 시대의 교회는 선교를 어떻게 받아들이고 성경적 교회론은 어떻게 변화되어야 할까?

1. 신화 하나, 구별인가, 분리인가?

하나님이 친히 시작하신 교회는 세상에 속하지 않은 하늘에 속한 구별된 성도의 공동체인 동시에, 세상 속에서 함께 살아가며 그리스도의 복음을 증거하는 성도의 모임이기도 하다. 그럼에도 세상의 많은 교회는, 세상에서는 구별되지만 바로 그 세상 속에서 성도의 구별된 삶을 통해 선한 영향력을 미치기보다는, 세상과 완전히 분리되어 교회 안에서만 자기들끼리 살아가는 기형적인 모습을 보이고 있다. 이런 기형적 구조의 교회들이 공통적으로 갖는 몇가지 잘못된 신화가 있다.

우리는 성경에서 '대위임령'(Great Commission)을 이야기할 때 보통 마태복음 28:18-20을 이야기한다. 하지만 대위임령은 또 다른 복음서인 요한복음에서도 기록되어 있다. 요한복음의 대위임령은 요한복음 20:21에 기록되어 있는데 '보내시는 삼위일체 하나님'이 그 아들 예수 그리스도를 세상에 보내신 것 같이 예수께서도 그분의 제자들을 세상 가운데 보내신다는 내용이다.

> 예수께서 또 이르시되 너희에게 평강이 있을지어다 아버지께서 나를 보내신 것 같이 나도 너희를 보내노라(요 20:21).

20세기 중반인 1960년대부터 시작된 '포스트모더니즘'(Postmodernism)[1]이 서구 세계를 지배하게 되면서 서구 문화권에서 교회의 영향력은 급감

---

[1] 포스트모더니즘(Postmodernism, 탈근대주의)은 근대주의로부터 벗어난 서구 세계의 사회, 문화, 예술의 총체적 운동이다. 근대주의의 이성 중심주의에 대한 근본적인 회의를 내포하는 사상적 경향의 총칭으로 제2차 세계대전 및 여성운동, 학생운동, 흑인민권운동과 구조주의 이후 일어난 해체주의의 영향을 받았다. 데리다가 주장한 해체(deconstruction)는 탈중심적 다원적 사고, 탈이성적 사고가 포스트모더니즘의 가장 큰 특징이다.

하게 되었다. 서구 교회의 지대한 영향을 받은 한국 교회 역시 근래에 들어 한국 사회 속에서 그 영향력이 급격히 줄어들며 점차 고립되어 교회는 세상과는 분리된 그룹으로 점차 속한 지역 사회 속에서 게토화되고 있다.

그뿐인가?

근래에 일어난 수많은 대형 교회 안에서의 여러 문제로 세상 사람들이 교회를 바라보는 시각은 지극히 부정적으로 변했다.

그 이유가 무엇일까?

역사를 보면 항상 게토화된 그룹들은 부패하였다. 필자는 종종 "한국 교회가 세상을 왕따시켰기에 이제는 세상이 교회를 왕따시키고 있다"라는 표현을 쓴다. 즉, 개교회주의가 강한 한국 교회는 교회 안에서만 함께 모이기를 힘쓰고 사람들을 모으는 것을 유난히 강조하는 교회였다. 성경에 기록된 다양한 말씀 가운데서도 유독 "와 보라"는 말씀만 강조하며 '총동원 주일' 등과 같은 행사를 통해 교회에 사람들을 끌어오는 데 모든 힘을 동원했다.

전도하든 선교하든 모든 교회의 프로그램이 교회에 사람을 많이 끌어들이는 것이 목적이었고 교회는 이를 '부흥'이라 불렀다. 지역 가운데 거대한 교회 건물이 지어져서 주변에 있는 수십 개의 힘없는 개척 교회들이 문을 닫아도 자기들이 속한 교회만 거대해지면 그것이 곧 부흥이라 불리고 축복이라고 불렀다.

이렇게 교회 안에서 열심히 여러 모임에 참석하며 교회 생활을 하는 것이 그리스도인의 의무요 이 세상 삶의 목적이라 생각했다. 대부분 교회의 가르침이 이렇다 보니 그리스도인은 교회 안에서 서로가 편한 그리스도인끼리만 모여 있게 되었고, 교회 역시 수많은 프로그램을 정신없이 돌리며 가정이나 직장에서는 어떤 모습이든 교회 일에 열심이면 그런 교인들이 교회 안에서 좋은 성도로 칭송받는 것도 사실이다.

하지만 이제 솔직히 질문해 보자.

과연 이런 교회의 모습이 성경적인 교회의 모습일까?

도대체 어디서부터 무엇이 잘못되었을까?

예수께서 제자들을 세상 가운데 보내신 것 같이 우리 모든 성도를 세상 가운데 보내신다고 하셨는데, 정작 우리가 가정과 직장 그리고 사업체와 캠퍼스 등에서 세상 사람들과 함께 보내며 삶으로 복음을 증거해야 할 대부분의 시간을 교회 안에서 그리스도인들끼리만 교제의 명목으로 대부분 보내고 있는 것은 아닌가?

정작 세상의 각각 다른 삶의 영역 안에서 그리스도의 선한 영향력을 발휘해야 할 성도에게, 일상의 삶 속에서 어떻게 하면 신실한 그리스도의 제자로 살아갈 수 있는지에 대한 가르침보다는, 교회 안에서 열심히 일하는 것이 최고의 성도인 것 같이 가르치지는 않았는지 반성해야 하지 않을까?

2. 신화 둘, 최고의 교인이 최고의 성도인가?

교회가 사람들을 교회당 안에 모으는 것에 사활을 걸다 보니 어느 순간부터인지 교회는 수많은 프로그램의 전시장이 되어 버렸다. 심지어 이런 프로그램들을 통해 교인들을 열심히 돌려야(?) 교인들이 딴생각을 안 한다는 말을 심심하지 않게 듣는다. 그렇기에 대다수의 교인은 그런 프로그램에 참여하도록 도전받으며 교회는 교인들이 교회 건물 안을 떠날 수 없도록 만들기도 한다.

이러한 교회의 다양한 프로그램에 충실히 참석한 교인들은 목회자들에 의해 칭찬을 받으며 소위 훌륭한 성도로 칭송받게 된다.

정말 개교회에만 열심인 교인이 하나님 나라에도 충성스러운 성도일까?

문제는 대부분의 교회가 강조하는 신실한 그리스도인에 대한 강조점이 교회 안에서의 충성만을 강조하고 세상 속에서 그리스도의 제자로서 사는 삶에 대해서는 너무 관심이 없다는 것이다.

정말 필자의 생각이 너무도 단편적이며 비판적일까?

사도행전에서 성령 하나님은 성도를 교회 안으로 모으기보다는 교회 밖으로 내보내셨다. 하나님이 교회를 세우신 목적은 우리끼리 교회 속에서 모여 있기 위해서가 아닌, 세상에 들어가 그리스도를 증거하기 위해 교회라는 같은 정체성을 가진 신앙 공동체를 주신 것이다. 그러므로 성도는 교회 안에서의 성도끼리 모임에 참석하는 시간보다, 도리어 세상에서 세상 사람들과 깊은 관계를 맺기 위해 노력하는 시간이 훨씬 더 많아야 한다. 바빠도 교회 안에서가 아닌 세상 사람들과 함께 바빠야 한다. 그들과 더 깊은 신뢰의 관계를 쌓고 복음을 나누기 위해 바빠야 한다.

사도행전에는 하나님이 당시 부흥하고 세상과의 관계도 좋았던 예루살렘교회를 스데반의 순교 사건을 통해 그리고 그 후 로마의 침략을 통해 세상 가운데 흩으신 사건을 보여 준다. 아마도 당시 예루살렘교회에 속했던 성도 가운데는 이런 절망적인 상황 가운데서 '우리 교회도 이젠 끝이구나'라고 생각했던 사람들이 있었겠지만, 역사의 주관자이신 하나님은 그분의 뜻과 계획이 있으셨다.

그렇게 세상 가운데 흩어진 익명의 성도는 당시 로마 제국의 여러 지역 안에 복음을 전하고 교회를 개척했다. 즉, 하나님이 교회를 흩으신 이유는 세상 곳곳에 복음을 전하라는 그분의 의도이자 계획이었다. 흩어져야 전할 수 있다.

세상과는 높은 담을 쌓아놓고 세상으로 흩어지지 않고 우리끼리만 똘똘 뭉쳐 있다면 언제 어떻게 복음을 널리 전할 수 있겠는가?

그렇게 세상 곳곳에 흩어진 초대 교회의 성도는 온갖 박해와 고초를 겪었지만, 그들이 전한 복음은 3세기 만에 당시 세계를 지배했던 로마 제국을 점령해 버렸다. 바로 그것이 복음의 능력이요, 참된 성도의 헌신의 결과였다.

교회에서는 온갖 직분으로 충성스럽게 섬기지만, 만약 가정이나 직장, 혹은 사업이나 지역 사회 속에서는 세상 사람들과 전혀 다르지 않은 모범적이지 못한 부모나 자녀요, 불성실한 직장인이요, 공의롭지 못한 사장이요, 정의롭지 못한 정치인으로 그리고 무엇보다 세상 가운데서 앞서가신 예수 그리스도의 제자의 삶을 살지 못한다면 우리는 절대 온전한 성도라 말할 수 없을 것이다. 하나님은 지금, 이 순간에도 최고의 교인을 찾으시는 것이 아니라 최고의 성도를 찾고 계신다.

3. 신화 셋, 주일은 거룩하고 주중은 덜 거룩하다?

아마도 어릴 적부터 나름 독실하다는 기독교 집안에서 자란 사람이라면 주일을 성수해야 한다는 것은 귀에 못이 박히도록 들었을 것이다. 또한, 한 교회에 등록해 출석하다 보면 담임목사나 다른 목회자들을 통해 자주 듣는 이야기가 주일 성수다. 물론 주일을 성수해 예배에 참석하는 것은 그리스도인으로서 무척 중요한 의무이자 특권이다. 그런데, 여기에 질문이 생긴다.

일주일 동안에 주일이 가장 중요하고 거룩한 날이라면 주일을 제외한 일주일의 다른 날들은 주일만큼 중요하지 않다는 말인가?

주일만 열심히 교회의 예배에 참석하면 나머지 날은 세상 사람들과 똑같이 살아도 문제가 없다는 것인가?

물론 그렇게 생각하는 그리스도인은 거의 없겠지만 말이다. 그럼에도 은연중에 그리스도인들 가운데는 주일은 교회에서 거룩하게(?) 보냈으니 나머지 주중의 시간은 주일보다는 좀 느슨하게 살고 싶어 하는 마음이 많은 듯하다. 교회 역시 주일성수를 잘하면 주중 세상 속에서의 삶에 대해서 별로 관심을 두지 않는 듯하다. 이런 이분법적 생각이 그리스도인들이 세상에서 세상 사람들과 구별됨 없이 살아도, 또한 그리스도인이라면 마땅히 감당해야 할 일들을 하지 않아도 그에 대해 면죄부를 주는 듯한 모양새다. 주일에는 누구보다도 교회 일에 열심인 거룩한 성도의 모습인데 주중의 가정이나 직장, 사업 등에서의 모습은 세상 사람들과 전혀 다름이 없다면 그 사람은 이런 이분법적 사고 방식에 철저히 오염되어 스스로 무엇이 문제인지도 자각하지 못하는 사람이다.

앞서 언급했던 것 같이 그동안 많은 교회 지도자는 '교회 생활'에 열심인 사람들을 훌륭한 성도라고 치켜주곤 하였다. 그 의미는 교회 예배에 잘 참석하고, 헌금과 십일조 생활을 잘하며, 교회의 여러 행사에 꼬박꼬박 참석하는 사람이 훌륭한 성도라는 이야기였다. 그러다 보니 세상 속에서의 그리스도의 제자로서의 삶에 대한 가르침은 교회 안에서 무척 부족했다.

다시 말해, 그리스도인의 교회 생활만 강조하고 세상 생활에 대한 가르침이 거의 없었다는 말이다. 이렇게 교회의 모든 관심이 교회 건물에 사람을 채우는 교회 안의 행사에만 집중되다 보니 성도 역시 주중에 교회 건물 밖에서의 세상 사람들과 관계를 맺고 선한 영향력을 발휘할 시간과 기회가 점점 줄어들 수밖에 없었다.

이제 포스트모더니즘의 시대를 넘어 포스트코로나 시대가 되었다. 시대가 급변하고 있다. 요즘은 교인들끼리의 수평 이동이 아닌 불신자가 교회를 찾아오는 경우는 점차 줄어들고 있다.

이 시대에 교회가 살길은 무엇일까?

그것은 성경이 가르치는 교회의 본질로 돌아가야 한다. 그저 교회 안의 의자들을 채우려고만 노력하는 것이 아닌 성경적 교회로 다시 돌아가야 한다.

어떻게 가능할까?

말씀대로 바로 가르쳐야 한다. 교회의 역할은 성도를 그리스도의 제자로 재무장시켜 교회 안이 아닌 교회 건물 밖의 그들이 속한 지역 사회로, 그들이 속한 일상의 삶의 모범을 통해 복음을 증거할 수 있도록 선교사로 파송하는 것이다. 이제 우리 모두는 주일이 가장 거룩하고, 중요하다는 그리고 주일만 잘 지키면 좋은 성도라는 거짓된 신화를 과감히 버려야 한다. 주중의 모든 날은 주일만큼 중요하다.

4. 20세기 북미 교회의 갱신 운동들

우리가 고민하는 성경적 교회에 대한 이러한 논쟁들은 미국 등의 북미에서는 20세기 중반부터 여러 가지 방식의 교회갱신운동으로 일어났다. 이런 교회갱신운동들은 선교적 이유에서 출발했다고 볼 수 있다. 그렇다면 20세기 중반, 1960년대 이후의 북미의 대표적인 교회갱신운동에는 어떤 것들이 있었는지 한번 살펴보도록 하자.

1) 1960년대 후반부터 1970년대 전반: 예수운동(Jesus Movement)

'갈보리 채플'(Calvary Chapel)의 척 스미스(Chuck Smith) 목사는 당시 사회적 문제였던 히피들에게 관심이 많았다. 그는 히피들과 함께 살면서 그들에게 복음을 전했다. 척 스미스 목사의 주도로 밤에는 성경공부를 하고 낮에는 해변에 나가 전도를 하는 '예수운동'이 시작되었다.

이는 성과 속의 이원론을 극복하고 형식과 틀을 과감히 탈피한 탈전통 문화 주의의 목회 철학과 본질을 버리지 않은 예수운동은 시대에 따른 예배 스타일과 찬양, 새로운 방식의 성경 강해 설교, 열정적 전도 등으로 당시의 혼란한 사회변화를 이끌었다는 평가를 받는다.

또한, 예수운동은 '마라나타 뮤직'이란 이름으로 복음성가를 만들어 워십 예배 등을 통해 현대 기독교 음악에 커다란 영향을 주었다.

2) 1970년대부터 1980년대: 교회성장운동(Church Growth Movement)

도널드 맥가브란(Donald A. McGavran)은 인도 선교사 출신의 미국의 선교학자로 '교회성장운동'의 선구자였다. 모든 족속을 제자 삼는 '대 사명'에 초점이 맞춰진 '교회성장학'은 일반 성도를 제자로 삼아 높은 수용성과 동질 집단의 사람을 찾아 전도하고 그들로 주변 사람들에게 복음을 전하는 전도 전략이었다. 이렇게 당시의 북미 등지에서 엄청난 센세이션을 일으켰던 교회성장학 이론은 맥가브란 이후, 그 본래의 본질보다도 서구적 성공주의와 실용주의로 기울면서 그 정신과 의미가 약화하였다.

그럼에도 교회성장운동은 당시 약화하여 가던 북미 교회에 새로운 동력을 공급하고 이를 적용한 한국 교회의 중흥기를 일으켰다고 평가받고 있다.

3) 1980년대부터 1990년대: 구도자예배운동(Seeker Sensitive Worship Movement)

한국에서는 '열린 예배' 등으로 불리기도 한 '구도자 예배'는 빌 하이벨스(Bill Hybels) 목사의 윌로우크릭교회나 릭 워렌(Rick Warren) 목사의 새들백교회 등의 교회에서 전문적 뮤지션들을 중심으로 한 음악과 스킷 드라마, 신앙 간증 등과 융합된 간결하며 확신 있는 설교의 회중 중심 예배를 말한다.

구도자운동은 창조적이고 모험적 사역의 토대가 되었고, 사역의 유연성을 확보할 수 있었으며, 북미 지역에서 제2의 종교개혁이라고 불리며 큰 파장을 일으켰지만, 예배의 회중 참여의 결여와 죄, 회개, 심판 등의 메시지보다는 사람들의 필요와 상황을 채우는 쇼핑몰 같은 인간 중심의 예배가 되었다는 비판을 받았다.

특히, 한국 교회에서는 구도자운동의 정신과 본질의 이해에 앞서 교회의 수적 성장을 위해 사용되는 경향이 많았다.

4) 1990년대부터 2010년대: 이머징교회운동(Emerging Church Movement)

"기존 교회는 더 이상 포스트모더니즘 시대에 해답이 될 수 없다"라는 이머징교회운동의 가장 큰 특징은 수도원적 영성의 상징과 의식 그리고 교회의 전통적인 예전이라 할 수 있다. 이머징 교회의 지도자들은 베이비붐 세대 이후에 등장한 세대를 '이머징 세대'로 규정하며, 이에 대해 미국 이머징 교회의 지도자 댄 킴볼(Dan Kimball)은 이머징 세대가 "영적이지만 종교적이지는 않은 세대"라고 말한다.

이머징교회운동은 세상 속에서 성과 속을 분리하지 않으려 애쓰며 제도가 아닌 가족 같은 공동체가 되려 노력한다. 이들은 복음을 가로막는 관습과 제도, 전통과 신학에 저항하여 모든 삶과 장소에 거하시는 하나님의 내재적 편재와 그것을 실천하고자 하는 열망을 가진 공동체다.

5) 1990년대부터 현재: 선교적교회운동(Missional Church Movement)

'선교적교회운동' 역시 이 시대 교회의 진정한 갱신과 변혁을 고민하며 시작되었다. 선교적교회운동은 '교회의 본질'에 집중해 본질을 회복하자는 운동인데, 교회의 본질은 '보내시는 삼위일체 하나님'이 기원이 되며, 교회의 본질은 세상에 보냄 받은 존재로 정의한다.

5. 선교적 교회 개념의 생성 배경

선교적교회운동을 이야기하기 위해선 그중심에 언급해야 할 사람이 있는데, 바로 레슬리 뉴비긴(Lesslie Newbigin, 1909-1998)이다. 뉴비긴은 스코틀랜드 장로교회에서 목사 안수를 받은 후 인도 선교사로 사역했다. 남인도에서 35년간 사역하고 1974년 영국으로 돌아온 뉴비긴은 달라진 영국의 모습 때문에 매우 놀라게 된다.

뉴비긴은 자기가 선교사로 파송될 즈음 영국의 기독교적 문화가 선교지에서 귀국한 1970년대의 영국에서는 거의 사라져 버렸다는 사실 때문에 충격을 받게 되었는데, 이러한 영향으로 영국을 비롯한 유럽인들은 서구 세계의 전통적 기독교적 문화 안에서 그리스도인으로서의 정체성을 완전히 상실해 버렸음을 깨닫게 되었다.

거기에다가 당시의 영국 교회는 이전 '서구 사회의 중심이었던 기독교'의 시대에서 '포스트모더니즘의 시대'에 들어서며 기독교가 그동안의 '크리스텐덤'(Christendom, A.D. 313[2]~20세기 후반)[3] 시대에서 어느 순간 사회의 변방으로 밀려난 '후기 기독교 사회' 즉, '포스트-크리스텐덤'(Post-Christendom)[4] 시대에 이르렀음에도 여전히 교회는 이런 상황을 심각하게 여기지 못하고 무기력하고 변화 없이 이전의 모습 그대로를 유지하고 있었다. 이에 문제의 심각성을 깨달은 뉴비긴은 기독교 선교의 최대의 도전이 이제는 서구 세계 국가들 안에 있다는 사실을 알게 되었다.

---

2 '밀라노 칙령'(313년, Edict of Milan)은 서로마 황제였던 콘스탄티누스와 동로마 황제 리키니우스가 기독교를 공인한 칙령이다.
3 '크리스텐덤'은 기독교가 지배하는 국가나 사회를 의미한다. 기독교 세계(Christian World)와 동의어다.
4 '포스트-크리스텐덤'(Post-Christendom: 20세기 후반 이후)은 크리스텐덤이 해체된 후, 서구 세계에서 기독교가 변방으로 밀려난 국가나 사회를 의미한다.

뉴비긴은 영국을 비롯한 서구 사회에서 기독교의 위기는 성경적이지 못한 잘못된 교회론이 그 원인이라고 생각했다. 그에 따르면 교회가 신앙의 최종 목적이 된 결과로 말미암아 교회와 성직자들이 부패하고 타락하게 되었고, 이는 결국 교회의 몰락으로 이어지게 되었다는 것이었다. 뉴비긴은 이 문제를 해결하고 서구 교회가 다시 살아날 수 있는 유일한 방법은 교회의 본질 회복에 있다고 생각했다.

교회의 본질은 '보내시는 삼위일체 하나님'에게서 기원하며 교회의 본질은 세상으로 보냄 받은 존재다. 그는 교회는 하나님의 선교 수단이며 또한 세상의 문화 속으로 침투해 들어가는 교회론의 변화가 교회 생존의 길이라고 주장했다.

이에 1980년대에 이르러 뉴비긴을 중심으로 'GOCN'(The Gospel and Our Culture Network)이라는 단체가 결성되었는데, GOCN은 선교적 교회의 출발을 성경에 나타난 성삼위 하나님에게서 시작되었다고 보고, 세상 속에서 하나님은 '보내시는 하나님'이시며 그 보내시는 하나님을 '선교사 하나님'(Missionary God)으로 이해했다.

결국, 성부 하나님과 성자 예수 그리스도에 의해 보내심을 받은 성령 하나님은 세상에 교회를 시작하게 하시고 그 교회를 통해 일하신다는 것이다. 이들은 신칼빈주의같이 세상의 모든 피조 세계를 총체적인 하나님의 구속 영역으로 보는 '하나님의 선교'(Missio Dei) 개념을 '세상의 문화 속으로 침투하는 교회 개념'의 방법론으로 윤곽을 잡고 연구를 시작하게 되였고, 그 결과로 세상에 나오게 된 개념이 바로 '선교적 교회'(Missional Church) 개념이다.

뉴비긴은 '선교적'(Missional)이란 용어를 사용하지는 않았으나 "모든 성도는 성령의 기름 부음을 받은 정식 선교사"[5]라고 말했고, 교회를 "선

---

5 Lesslie Newbigin, *One Body, One Gospel, One World: The Christian Mission Today* (London:

교사"로 지칭하거나 "교회는 곧 선교다"라는 표현으로 설명했다. 그 후, 1998년에 당시 GOCN의 대럴 구더(Darrell L. Guder)가 편집한 『선교적 교회』(Missional Church: A Vision for the Sending of the Church in North America)[6]라는 책이 출판되면서 교회를 하나님의 선교를 위한 도구로 이해하는 선교적 교회운동이 본격적으로 시작하게 되었다.

6. 선교적교회운동의 두 가지 흐름

레슬리 뉴비긴에서 시작되어 대럴 구더 등에 의해 세상에 알려지기 시작한 선교적교회운동은 지금도 현재 진행형이다. 이에 대해 토니 존스(Tony Jones)는 그의 저서 『교회는 평평하다』(The Church Is Flat: The Relational Ecclesiology of the Emerging Church Movement)[7]에서 현재 진행되고 있는 선교적교회운동의 흐름에 대해 다음과 같이 설명하고 있다.

토니 존스에 의하면 선교적교회운동의 첫 번째 그룹은, 1990년대 중반에 GOCN 중심으로 모였던 신학자와 선교학자들이 중심으로 된 그룹이었다. 이들 가운데에는 대럴 구더, 앨런 록스버그, 조지 헌스버거, 로이스 바렛, 크레이그 반 겔더, 팻 카이퍼트 등이 있으며 대표적인 연구서로는 대럴 구더와 앨런 록스버그가 편집한 『선교적 교회』와 『질그릇 속의 보화』가 있다.

이들은 복음주의적 성향의 주류 신학계에 속한 학자들로, 주로 레슬리 뉴비긴과 데이비드 보쉬로부터 신학적 영향을 받았으며, 대부분 칼 바르

Wm. Carling & Co. Ltd, 1958), 17-27.

6   Darrel L. Guder, *Missional Church: A Vision for the Sending of the Church in North America* (Wm. B. Eerdmans Publishing Co, 1998).

7   Tony Jones, *The Church Is Flat: The Relational Ecclesiology of the Emerging Church Movement* (JoPa Productions, LLC, 2011).

트 계열의 신학적 입장을 가지고 있다는 공통점이 있다. 이 그룹의 주된 주장은 교회가 세속적 문화 속에 잠식되면서 선교적 추진력을 잃어버렸으므로 교회의 변혁이 필요하다는 것이다.

또 다른 선교적교회운동 그룹은, '선교적 친구들'(Friends of Missional)이라는 그룹인데, 이들은 복음주의에 기반을 두고 있으며 자유주의적 신학에 대해서도 다소 온건한 입장을 가진 그룹이다. 이들은 2000년대 초, '이머전트 빌리지'(The Emergent Village)[8]로 대표되는 이머징교회운동이 조금씩 자유주의 신학으로 기울게 되자 그들과 일정한 거리를 두기 시작했는데, 이들 역시 복음주의 교회가 점차 지나치게 상업주의화 되어 가고 복음의 예언자적 모습을 잃었다는 이머징교회운동의 비판에는 같은 문제의식을 가지고 공감했다.

이 그룹은 주로 재침례파 신학자인 존 하워드 요더와 스탠리 하우어스에게 영향을 받았다. 특별히 이 그룹은 GOCN이 학자 중심인 데 반해 목회자들인 데이비드 피치, 앨런 허쉬, 밥 하이야트, 에드 스테처 등과 같은 교회 개척자나 교회 컨설턴트 등 주로 현장 사역자 중심으로 구성됐다. 이들은 2000년대 중반 결성된 '에클레시아 네트워크'(Ecclesia Network)를 통해 활발하게 사역하고 있다. 이렇게 선교적교회운동의 대표적 두 그룹은 다음과 같이 처음부터 상이한 인적, 신학적 배경을 가지고 있었다.

첫째, 주류 교단 출신들로 이들은 신학자나 선교학자 배경의 이론가들이며 신학적으로는 칼 바르트 신학에 속해 있었다.

둘째, 복음주의자들과 초교파 교회 개척자들로 이루어진 이들은 현장 사역자들로 신학적으로는 스탠리 하우어스에 속했다고 할 수 있다.

---

8 '이머전트 빌리지'(The Emergent Village)와 '이머징 교회'(Emerging Church)는 구별이 필요하다. 이머전트 빌리지는 미국과 영국 내의 이머징교회운동의 하나의 공식적 조직이지만, 이머징은 포괄적이고 비공식적이며 세계적인 교회 운동을 말한다.

이렇게 다른 배경에서 서로의 차이가 있는데도 이 두 그룹은 동일한 동기를 가지고 있는데, 바로 그것은 교회가 세상으로 향해 예언자적으로 나아가서 세상과 문화를 변화시키는 세력이 되어 하나님의 선교를 이루자는 것이다.

7. 선교적 교회는 어떤 교회인가?

선교적 교회에 관해 이야기할 때 다수의 사람이 잘못 이해하고 있는 것이 있다. 그것은 선교적 교회라는 것은 단순히 많은 선교사를 파송하고 후원하거나 단기선교 여행을 자주 가는 등의 선교에 열심 있는 교회의 의미가 아니라는 것이다.

이에 대해 대럴 구더와 함께 '선교적 교회'의 공저자였던 앨런 록스버그(Alan J. Roxburgh)는 선교적교회운동에 대해 선교적 교회가 해외선교를 강조하는 교회나 단기선교 프로그램을 운용하는 교회, 또는 교회성장의 또 다른 방편이나 효과적으로 복음을 전하는 교회 등을 표현하는 것이 아니라고 말한다.[9] 아마도 이런 교회는 선교에 열심 있는 교회나 선교 중심적인 교회라 불리는 것이 옳을 것이다.

그렇다면 선교적 교회란 어떤 교회를 말하는 것일까?

선교적 교회의 정의에 대해서 한마디로 정의하기는 쉽지 않겠지만 그럼에도 정의를 내려 본다면 선교적 교회란 "교회가 위치한 지역 사회에서 선교사로 존재하는 교회"라고 정의할 수 있을 것이다. 선교적 교회는 교회를 구성하고 있는 성도가 각자의 삶에서 선교적인 삶을 살 때 선교적

---

[9] Alan J. Roxburgh & M. Scott Boren, *Introducing Missional Church: What it is, Why it matters, How to become one*, (Baker Book, 2009).

교회가 될 수 있다. 따라서 선교적 교회란 선교적 삶을 사는 성도로 구성된 공동체라 말할 수 있다.

그러므로 여기서 선교적이라고 하는 것은 어떤 행위가 아닌 삶의 방식을 의미한다. 선교적교회운동은 교회를 프로그램 중심에서 사람 중심의 교회로 변화시키는 운동이다. 이에 대해 대럴 구더는 "선교는 단순히 교회의 프로그램이 아니다. 교회는 하나님이 보내신 사람들로 정의되며, 오늘날 우리에게 주어진 도전은 '선교를 하는 교회'에서 '선교적 교회'로 옮겨가는 것"이라고 말하고 있다.

또한, 록스버그에 따르면 선교적 교회는 "서구 사회 자체가 선교지라는 인식"에 동의하며, "선교는 하나님의 선교(Missio Dei)에 대한 것"을 믿으며, "교회가 대조 사회(Contrast Society)가 되는 일에 관한 것"이라고 설명하고 있다.[10]

앞에서도 언급한 것 같이 선교적교회운동은 교회의 본질에 집중하고 그 본질을 회복하고자 하는 운동이다. 그렇기에 선교적교회운동은 교회의 성경적 회복을 위한 동기에서 출발하지만, 다른 교회갱신운동들이 했던 것 같이 더 효과적인 전도나 교회성장을 위한 교회의 외적 변화를 찾지 않는다. 도리어 교회의 본질을 회복하는 데 목적이 있는 선교적교회운동에서는 교회의 본질이 무엇이냐는 무척 중요한데, 선교적교회운동에 있어 교회의 본질은 보내시는 삼위일체 하나님에게서 시작한다.

즉, 교회의 본질은 하나님으로부터 세상에 보냄을 받은 존재, 곧 교회가 선교사라는 것이다. 따라서 교회는 교회 자체를 위해 존재하는 것이 아니라 하나님이 그 지역 사회를 통해 영광을 받으시기 위해 교회가 그곳에 선교사로 존재하는 것이라고 주장한다. 그렇기에 교회의 예배가 아무리 좋고, 신앙 교육을 잘하며, 수적으로 성장한다 해도, 그 교회가 존재하

---

10 Ibid.

는 지역 사회에서 존재 가치가 없거나 지역 사회의 비난을 받는다면 그 교회는 교회의 본질이 훼손된 교회라는 것이다. 뉴비긴은 선교의 사명을 잃은 교회는 신약의 교회가 아니라고 강하게 강조한다. 그러므로 선교적 교회란 교회를 구성하는 성도가 각자의 삶에서 선교적 삶을 사는 성도로 구성된 공동체라 말할 수 있다.

선교적 삶을 사는 선교적 교회는 교회의 존재하는 목적이 선교에 있음을 고백하며 그렇게 행동하는 교회다. 그러므로 선교적 교회에 있어 선교는 교회의 여러 기능 중 하나가 아닌 교회의 본질이며 교회가 존재하는 이유다.

8. 선교적 교회의 특징

무엇보다도 선교적 교회에 대해 이야기할 때 반드시 언급하고 넘어가야 할 것이 있다. 바로 선교적교회운동은 과거 일단의 교회갱신운동들과 같이 교회성장이 그 목적이 아니라는 것이다. 만약 선교적교회운동을 또 다른 교회성장의 도구가 나왔다고 생각하고 지역 교회에 적용한다면 분명 큰 실망을 느끼게 될 것이다. 오히려 선교적 교회란 "세상 가운데서 하나님 나라의 확장 개념"이라고 말하는 것이 옳다.

그러므로 선교적교회운동을 지역 교회의 성장을 위해 사용하려는 시도는 그러한 시도 자체가 선교적교회운동을 잘못 이해한 것에서 시작된 것이라 할 수 있다. 선교적교회운동이란 개개인의 성도가 자기의 삶을 통해 하나님의 선교에 동참하고 이들의 삶과 일터 그리고 가정에 하나님 나라의 임재하심을 그 목적으로 한다.

특별히 여기서 하나님 나라의 개념은 이 땅의 창조된 모든 피조물이 예수 그리스도로 말미암아 구속 받음으로 하나님 나라가 이 땅에 실현되었다는 '실현된 종말론'의 입장을 취하고 있다.

따라서 그 관심이 우리가 어떻게 하나님 나라에 들어갈 것인지 보다는, 어떻게 하나님 나라의 백성으로 살 것인지에 집중되며 하나님 나라 백성으로서의 윤리가 강조된다.

이렇게 선교적 교회는 예수 그리스도의 구속 사역을 믿는 믿음에서 한 발짝 더 나아가 그리스도의 삶의 모습을 본받아 그리스도의 제자로서 실천적 삶을 강조한다. 이는 예수 그리스도의 구속 사역을 믿는 믿음을 강조하는 기존 교회의 가르침에 머무는 것이 아닌, 하나님의 아들 구속자 예수 그리스도를 믿는 믿음에서 하나님 아들의 삶을 본받고 동일하게 제자로 살아가는 실천을 요구한다.

그러므로 선교적 교회의 사역은 철저하게 각자의 삶의 현장, 곧 가정이나 일터 그리고 생활 공간 등이 그 중심이 된다. 기존 교회가 건물 중심의 교회에서 목사나 전문 사역자의 말씀을 중심으로 모임이 형성되었던 것과는 달리, 선교적 교회는 삶의 현장에서 하나님의 말씀이 개인의 삶 가운데 적용되어 실천되고 경험되는 것을 강조한다.

따라서 선교적 교회에 속한 성도는 이웃 사랑에 대한 하나님의 말씀을 듣고 그렇게 살기로 다짐하는 데서 끝나는 것이 아닌, 가정이나 그 밖의 장소에서 이웃을 초청해 그들을 섬기므로 하나님의 말씀이 나의 삶 속에 들어오도록 적용한다. 그러므로 교회는 선교적교회운동에 동참하는 성도에게 교회와 성도 개인의 정체성과 역할에 대한 교육과 훈련이 필요할 것이다.

선교적 교회는 공동체를 개인보다 강조하는데, 교회의 머리 되신 예수 그리스도를 믿는 믿음과 하나님의 나라를 세우는 선교에 사명을 가진 교회가 하나의 공동체임을 강조한다. 따라서 선교적 교회에서 교회의 타락과 부패는 교회 공동체에 속한 성도의 문제로서 함께 회개하며 회복해야 하는 일이다. 선교적 교회 개념의 핵심은 선교가 교회의 여러 기능 중 하나의 사역이 아니라 교회의 존재 이유, 즉 본질이라고 생각하는 것이다.

그러므로 선교적 교회를 지향하는 교회들은 기존 교회들과 달리 교회 안에서의 모임만을 강조하지 않는다. 선교적 교회는 기존 교회들이 교회당이라는 건물을 중심으로 모임을 가지는 것과 달리, 주일 모임뿐만 아니라 평일에도 교회당이라는 건물이나 장소에 제한되지 않고 다양한 장소에서 모임을 하는데 이는 비신자들이 신앙 공동체에 들어오게 하는 데 그 목적이 있다.

선교적 교회에서는 교회가 지역 사회의 중심이 되었던 교회 건물 중심의 교회 시기인 크리스텐덤은 벌써 끝난 것으로 생각하고 현재의 시대를 포스트-크리스텐덤으로 봄으로써, 앞으로 새롭게 등장하여야 할 교회는 교회 건물에 얽매이지 않고 세상을 향해 적극적으로 들어갈 수 있도록 하나님의 선교 개념으로 선교하는 '성육신적'(Incarnational)인 교회가 되어야 한다고 주장한다.

9. 오는 교회인가, 가는 교회인가?

20세기 말에 앨런 허쉬와 에드 스테처 등이 뉴비긴의 개념을 전하면서 이 과정에서 비신자들을 교회의 모임이나 행사 등으로 교회로 끌어들이는 교회 모델과, 일반 성도를 교회 밖으로 복음을 전하도록 훈련하는 교회 모델을 구분하기 위해 '흡인적 교회'(Attractional Church)와 '선교적 교회'(Missional Church)라는 용어가 생기게 되었다.

이 두 가지 용어를 쉽게 설명한다면 흡인적 교회는 비신자들이 교회에 와서 복음을 듣도록 교회 안으로 끌어들이는 사역이고, 선교적 교회는 성도가 복음과 선행으로 교회 밖의 비신자들을 찾아가는 사역이라 정의할 수 있을 것이다. 지난 반세기 동안 교회들은 흡인적 교회 방식과 선교적 교회 방식 가운데 어떤 방식이 더욱 세상에 접근하는 데 효과적인 교회 모델인지를 논쟁해 왔다.

그렇다면 좀 더 구체적으로 흡인적 교회와 선교적 교회는 어떤 점들이 다를까?

첫째, 흡인적 교회가 기존의 전통적 교회와 같이 교회 건물을 중심으로 모이는 것을 강조했다면, 선교적 교회는 교회당 밖으로 흩어지는 쪽에 강조점이 있다.

즉, 흡인적 교회는 '와서 보라' 는 방식의 교회를 형성했던 틀과 패러다임을 강조하며 교회 건물을 중심으로 한 예배와 행사들을 중심으로 사역한다. 그러므로 흡인적 교회의 목적은 교회에 사람을 모으는 데 있다. 흡인적 교회 방식을 따르는 대부분의 기존 전통적 교회는 사람들에게 매력적인 건물과 환경 그리고 프로그램 등으로 사람들이 교회에 찾아오게 하는 구조를 갖는다.

이런 패러다임은 교회가 지역 사회의 중심이 되었던 '건물 중심의 교회'[11] 즉, 기독교 사회였던 크리스텐덤의 시대에는 효과적인 사역 방식이 될 수 있었다.

반면에 선교적 교회는 현재와 같은 후기 기독교 사회인 포스트-크리스텐덤의 시대에서는 교회 건물 밖의 지역 사회를 향해 적극적으로 다가가는 '성육신적 교회'(Incarnational Church)의 모습으로의 변화가 필요하다고 생각하며 그렇게 행동한다. 선교적 교회는 교회가 지역의 선교사이며 교회의 구성원인 성도가 선교사라는 정체성 아래 세상에 '가서 전하라'는 패러다임을 가지고 삶 속에서의 깊은 관계와 섬김을 통해 사역한다.

---

11 힐라어 '큐리아코스'(κυριακός)는 '주님의 집'이라는 의미로 '건물적인 교회'를 뜻하는데, 교회를 뜻하는 영어 단어인 Church가 여기서 파생되었다.

그러므로 이들의 모임 장소는 교회 건물뿐만 아닌 이들의 삶의 장소, 즉 가정과 직장 등 지역 곳곳에서 '모임'[12]을 가진다. 우리가 반드시 기억할 것은 교회는 건물이 아니고 교회의 주인은 예수 그리스도라는 사실이다.

둘째, 흡인적 교회는 기존 교회의 전통적인 선교 패러다임을 따라 선교의 중심이 교회라고 생각하며 '교회 중심의 선교'(Church-Centered Mission)를 주장한다.

이는 선교가 교회의 하나의 기능이라고 생각하는 교회론을 기초로 개념화되어 교회와 선교를 분리한다. 흡인적 교회에 의하면 하나님이 교회를 만드셨고 교회는 세상을 위해 일한다고 생각하는데 이런 패러다임에서는 선교의 중심이 교회에 있다. 교회가 선교를 하지 않는다면 선교의 완성은 결코 성취할 수 없다.

하지만 선교적 교회에서는 '하나님의 선교'(*Missio Dei*)를 주장한다. 즉, 선교는 일차적으로 인간이나 교회의 활동보다는 하나님의 사역이며, 선교의 주체는 하나님이시고, 교회는 하나님의 사역에 도구와 수단으로 참여하는 것이다. 선교적 교회에서는 교회가 존재하지 않아도 하나님은 일하신다. 성경을 보면 교회가 세워지기 전에도 하나님은 일하였다. 그러므로 교회는 선교를 많이 한다고 자랑할 것이 전혀 없다. 교회의 역할은 하나님이 주도하시는 선교에 단지 참여하는 것이다. 선교적 교회에서는 선교가 모든 교회 구성원의 일차적 사명으로 생각된다.

따라서 선교적 교회의 구성원들인 모든 성도는 하나님으로부터 부르심을 받았다는 선교사의 정체성과 세상으로 보냄을 받았다는 선교적 사명으로 해외 선교와 지역 안의 다양한 공동체에 선교사로 헌신한다.

---

12 헬라어 '에클레시아'(ἐκκλησία)는 '모임'이라는 의미다. 초대 교회는 성령님과 교통하는 자기들의 모임에 에클레시아를 사용했다.

셋째, 흡인적 교회는 기본적으로 영혼 구원에만 관심이 있다.

분명 영혼 구원은 선교의 핵심이고 성경의 중심적 명령이다. 하지만 여기서의 문제는 기존 교회의 선교가 영혼 구원에만 초점을 맞춘다는 데 있다. 사실 이런 경향에 대해 뉴비긴은 복음주의자들이 개인의 영혼 구원에만 관심이 있고, 사회정의에 대해서는 무관심하고, 총체적 구원에도 관심이 없으며, 하나님 나라의 한 백성으로서 교회의 연합보다 분열과 경쟁으로 대표되는 개교회의 이기주의 등은 스스로 복음주의자이기를 거부하고 있는 것이라고 비판했었다.

하지만 선교적 교회는 세상의 모든 피조 세계가 하나님의 구속 영역임을 주장한다. 하나님이 세상을 창조하실 때 그의 모습이 선하심과 같이 세상을 선하게 창조하셨기에 인간의 죄로 인해 타락한 세상의 모든 피조 세계를 함께 구속의 대상으로 봐야 한다고 주장한다. 따라서 선교적 교회는 세상 가운데의 사회적 참여를 통한 정의 구현과 창조 세계에 대한 인간의 청지기 사명을 완수하는 역할에 대해 책임을 느끼며 그 일을 위해 자연 보호 등의 영역에도 적극적 실천으로 참여한다.

넷째, 흡인적 교회는 교회와 세상, 사역과 삶을 구분하는 이원론이 강하게 나타난다.

흡인적인 전통적인 교회에서는 교회의 전임 사역은 전임 사역자인 목회자 등이 교회 일을 한다. 이런 구조적인 구분 때문에 흡인적 교회에서는 전임 사역자와 일반성도 간 상하 관계의 계급적 구조를 갖게 되고, 이런 계급적 구조는 전임 사역자 외 교회의 대부분을 구성하는 일반 성도를 다양한 사역에 있어 지극히 수동적으로 만들 수 있다.

반면에 선교적 교회는 이런 이분법적인 구분을 반대한다. 선교적 교회에서는 삶과 사역이 분리되지 않으며 세상과 문화에 적극적으로 참여하는 메시아적 영성을 강조한다. 선교적 교회에서는 전임 사역자뿐만 아니라 모든 성도가 각자의 은사에 따라 다양한 사역을 감당하며 상하 관계가 아닌 수평적인 리더십의 구조 안에서 서로 간의 유기체적 사역을 이루어 나간다. 즉, 목회자 등의 전임 사역자뿐만 아니라 모든 성도는 전임 사역자들이며 이런 전임 사역은 이들의 삶의 현장에서 일어나는 것이다. 그러므로 주일 교회에서의 삶과 주중 일상생활에서의 삶은 이중적인 삶으로 분리되지 않고 하나의 선교적 삶으로 연결될 수 있는 것이다.

따라서 개개인 성도의 삶을 통해 선교를 이루어 나가는 예수 그리스도의 제자로 양육하는 것은 선교적 교회의 가장 중요한 사역 중 하나다. 이렇게 성도의 제자화는 선교적 교회의 중심 엔진과 같으며 선교적 교회로의 전환과 역할에 필수적이다.

10. 본질로의 회귀, 선교적 교회로의 전환

교회는 삼위일체 하나님의 선교적 행위로 시작되었다. 그러므로 교회는 그 시작부터가 철저하게 선교적이었다고 말할 수 있다. 이런 교회의 전통을 계승한 초대 교회는 지극히 선교적 교회였다. 하지만 교회가 삼위일체 하나님에 의해 주도된 선교적 사명을 잊어버릴 때 교회는 자멸할 수밖에 없다. 그것은 역사가 증명한다.

필자는 1990년대 초부터 동유럽의 발칸반도에서 사역하면서 유럽의 교회들을 둘러볼 기회가 있었다. 사람 없이 텅 비어 버린 고색창연한 교회 건물 중 많은 수가 이제는 관광지로만 남아 있고, 그중 관광지로서 가치가 없는 교회 건물들은 카페 등으로 변하거나 아예 문을 닫는 경우도 많다.

아직도 많은 한국 교회는 본질은 변하지 않으면서도 은행 빚을 지어가며 경쟁하듯 크고 화려한 교회 건물들을 앞다투어 짓고 있지만, 과연 언제까지 교회당 건물을 거룩한 성전이라고 지칭하며 교회 건물 건축에 목을 맬지 하는 생각에 한국 교회를 바라보며 답답한 마음이 금할 길 없다.

선교적 교회는 삼위일체 하나님에게서 보냄 받은 교회다. 이제라도 한국 교회는 선교적 교회로의 전환을 통해 예수 그리스도께서 영광 중에 다시 오시는 그날까지 주께서 주신 사명을 세상 속에서 신실하게 감당해야 할 것이다.

그렇다면 선교적 교회로의 전환은 어떻게 가능할까?

첫째, 무엇보다도 먼저 선교를 교회의 정체성으로 삼아야 한다.

선교는 교회의 본질이며 최고의 사명이다. 많은 교회가 선교를 이야기하지만, 선교를 교회의 가장 중추적인 정체성으로 삼는 교회는 많지 않다. 한국 교회만 봐도 다른 국가들과 비교했을 때 140여 년의 그리 길지 않은 역사임에도 그 속에서 내려온 교회의 전통과 문화 속에서 이미 단단하게 굳어진 교회의 구조는 새로운 변혁을 강력하게 거부하고 있다.

하지만 이전 세상을 압도하고 인도했던 교회의 영향력은 이제는 그 속도나 파괴력에서 세상에 완전히 압도당하고 있다. 따라서 교회의 '급진적' 변혁을 이루기 위해서는 삼위일체 하나님이 교회에 부여하신 본질적 선교의 사명을 받아들이고 교회의 정체성으로 삼아야 한다.

둘째, 선교에 대한 성경적 시각을 가르치는 것이다.

지금까지 선교는 지극히 소수의 특별한 부르심을 받은 선교사로 파송 받은 성도가 감당하는 타문화 선교 사역이나 해외 선교 사역으로 이해되어 왔다. 따라서 교회는 교회 자체가 선교사로 선교에 참여하기보다는 특별히 해외 선교사로 부르심 받은 소수의 성도를 교회에서 파송하고 후원하는 구조의 선교를 감당하였다. 이렇게 교회나 모든 성도가 선교에 참여하는 것이 아닌 특별한 소수의 인원만이 선교에 참여하는 구조는 선교에 대한 심각한 이원론적 시각을 낳게 하였다.

그러므로 앞으로 교회는 선교가 특별하게 선택받았다고 믿는 사람들만이 참여하는 것이 아닌, 교회의 모든 성도가 선교사임을 가르치고 모든 성도가 세상 가운데서 선교사로 살아갈 수 있도록 훈련하고 돕는 것이 필수적이다.

셋째, 세상 속에서 삶을 통해 복음을 증거할 수 있는 그리스도의 제자로 훈련하는 것이다.

예수께서 제자들을 훈련하셨던 이유는 세상의 열방으로 제자들을 파송하기 위해서였다. 즉, 제자훈련의 목적은 삶 속에서의 섬김을 통해 세상을 구원하는 선교에 그 초점이 맞춰져야 한다. 따라서 성도를 세상 속에서 그리스도의 제자로 훈련하는 교회의 모든 교육과 재정과 사역은 선교에 집중되어야만 한다.

넷째, 교회의 재정 사용에 있어 선교가 우선순위가 되어야 한다.

미국 서밋교회(The Summit Church)의 J. D. 그리어(J. D. Greear)는 자기가 목회하는 서밋교회의 모든 재정이 선교를 위해 사용된다고 말한다.[13]

과연 우리의 교회는 일 년 동안 사용하는 전체 예산 중 선교를 위해 어느 정도의 재정을 사용하고 있을까?

혹시 교회에서 교제한다는 빌미로 흥청망청 소비되는 재정은 없는가?

선교를 위해 세워진 교회가 그 본질을 위해 재정을 사용하기보다는 엉뚱한 곳에 재정적 소비를 하지는 않는가?

아직도 교회 건물의 증축이나 신축 등에 의한 교회의 재정 부족을 이유로 가장 먼저 선교사들에 대한 후원을 중지하는 교회들이 있는가?

다섯째, 개교회의 독립적 운영이 강조되는 개신교에서는 특히 담임목사와 교회 리더들의 교회에 대한 비전과 철학이 무엇인가 하는 것이 중요하다. 왜냐하면, 교회의 모든 목회 방향은 이런 리더들에 의해 좌우되곤

---

13   J. D. 그리어, 『담장을 넘는 크리스천』, 정성묵 역 (서울: 두란노, 2016), 209.

하기 때문이다. 특히, 종종 목회자들에게는 선교적교회운동 역시 교회성장을 위한 또 다른 프로그램으로 이해되기도 한다.

그러므로 담임목사를 비롯한 교회의 리더십들이 먼저 선교에 대한 성경적 이해와 선교적교회운동이 무엇인지 그 본질을 바로 이해하고 이에 동의할 때 기존 교회의 선교적 교회로의 전환은 건강하고 지속해서 진행될 수 있을 것이다.

11. 미국의 대표적인 선교적 교회들

현재 북미주에는 다양한 모습의 선교적 교회들이 존재한다. 이에 그중 몇 개의 교회를 소개한다. 이들 선교적 교회들의 다양하고 급진적인 모습들을 통해 글을 읽는 독자들에게 선교적 교회가 어떤 모습의 교회인지 좀 더 쉽게 이해되기를 바란다.

1) 크리스천 어셈블리(Christian Assembly):[14] 성도가 사역의 주체가 된다

1906년의 아주사 부흥운동으로 이탈리안 크리스천 어셈블리가 시작되었다. 다양한 인종과 민족, 세대와 계층이 함께하는 공동체적 예배로 유명한 이 교회 안에는 220개 이상의 라이프 그룹이라는 핵심 사역 그룹이 있다. 라이프 그룹의 내적 사역 안에는 남성과 여성 사역, 회복 사역이 있고, 외적 사역 안에는 전도, 선교, 교회 사역 등이 있다.

라이프 그룹 사역은 알코올 중독이나 성 중독 같은 중독자 사역과 성폭력 피해자, 이혼 등의 회복 사역, 노숙자 사역, 장애아 사역, 입양 사역

---

14 이상훈,『리폼처치』(서울: 교회성장연구소, 2015), 11.

등 무척 다양하다. 라이프 사역의 특징은 자율적이며 자발적인 사역 문화를 가지고 있어 목회자들은 그룹 멘토링으로 성도가 삶의 자리에서 실제적인 선교를 감당하도록 도전하는데, 사명을 발견한 성도는 사역 현장으로 보냄을 받고 성도의 자발적 참여와 헌신으로 교회의 변화를 주도한다. 사역은 모두 성도가 주도하며, 사역의 목표는 성도가 선교적 삶을 살게 하는 것이다. 주일 예배에는 모든 세대가 함께 예배에 참여하며 주중에 청소년과 대학생을 위한 예배가 있다.

2) 드림 센터(Dream Center):[15] 지역 공동체를 섬긴다

"지역의 필요를 정확히 이해함으로 교회의 독특한 사명을 발견하라."
"기다리지 말고 찾아가라."
"24시간 7일 동안 사역하는 교회가 돼라."
"성도에 대한 기대치를 높이고 그에 부합하는 훈련을 시켜라."

드림 센터에는 수천 명의 자원봉사자가 200여 개가 넘는 다양한 사역을 통해 매주 5만 명을 섬기고 있다. 또한, 약 600명이 함께 거주하며 재활과 훈련을 받고 섬김을 실천하는 사회봉사 기관도 운영한다. 이 사역은 전국에 130여 개가 넘는 드림 센터를 세우고 지역을 변화시키는 사역이 되었다.

드림 센터의 비전은 소외된 사람들이 하나님과 연결되도록 도와주고, 노숙자들과 가난한 사람들, 의료와 교육이 필요한 사람들에게 즉각적이고 장기적인 도움을 제공하며, 다양한 섬김 사역을 통해 회복의 공동체를 형성하는 것이며, 변화된 사람들이 또 다른 사람들에게 사랑과 희망을 전파하는 변화의 주체가 되도록 훈련하는 것이다.

---

[15] Ibid., 75.

드림 센터에는 가장 오래된 Adapt-A-Block이 있는데, 매주 토요일 아침 500~600여 명의 봉사자가 135개 이상의 구역을 찾아 청소, 페인트칠, 수리, 놀아 주기, 돌봄 등을 통해 필요한 물품을 제공한다. 그 결과 수천 명이 복음을 받아들였고, 가장 범죄율이 높았던 LA의 에코 파크는 가장 살기 좋은 50개 도시 중 하나가 되었다.

3) 소마 공동체(SOMA Community):[16] 선교적 공동체를 회복하라

시애틀의 소마 공동체는 가정 중심의 공동체인데, '소마'는 그리스도의 몸인 교회를 묘사하기 위한 헬라어로 사람 중심적 교회를 지향한다. 소마 공동체는 그리스도의 제자로서 실천적 영성을 추구하는 선교적 공동체(교회)다. 예배는 주중에 드리며 두 시간 반 정도의 시간에 특별한 형식이 없고 나눔과 친교, 기도, 찬양 등이 어우러지며 개인의 집에서 이웃이나 친구들을 초대해 식사를 통해 교제하며 예배를 드린다.

이들은 선교적 공동체의 정체성을 성취하기 위해 네 가지 정체성을 강조하는데, 가족 됨의 정체성, 선교사로서의 정체성, 섬기는 자로서의 정체성, 배우는 자로서의 정체성이 그것이다. 이들은 공동체 내에서 공동체원을 제자로 훈련해 다른 공동체를 이끌 리더로 세운다.

소마 공동체는 8~20명으로 구성되어 있는데, DNA 그룹은 동성의 세 명으로 구성되고, 지역 모임인 Expression이 모여 소마 공동체가 된다. 리더는 복음, 메시지, 선교 등의 진리에 집중하는 예언자 리더십, 타인의 영혼과 삶을 돌보는 제사장적 리더십, 구조와 전략 실천 등으로 선교를 이끄는 왕적 리더십이 있으며 리더들을 교육하는 소마 스쿨도 운영된다. 북미의 20개 주에 100여 개의 공동체가 존재한다.

---

16 Ibid., 133.

4) LA 뉴시티교회(New City Church of LA):[17] 급진적 사역을 통한 도시 선교

뉴시티교회의 비전은 그리스도의 사랑으로 포용적인 복음 중심적 공동체가 되는 것이다. 상처받고 깨어진 도시인들에게 참된 안식을 제공하는 도피성이 되는 교회로 '진짜 교회'라는 말을 듣는 교회다. 변호사 출신의 케빈 하에 의해 2008년에 가난하고 소외된 이들을 위해 개척된 교회인데, 특징은 다양한 인종과 민족, 사회 경제적 계층의 사람들이 하나가 되어 신앙공동체를 이루고 있다는 점이다.

이 교회의 'Grow + Serve Group'이라는 소그룹 사역에서는 10~20명의 그룹이 함께 성장하고 함께 도시를 섬긴다는 목표를 가진다. 소그룹 사역을 통해 섬김을 실천하고 동시에 신앙적 성장을 도모할 수 있는 구조를 만들었다.

각 그룹은 노숙자 사역, 거리의 아이들을 위한 사역, 청소 그룹, 도시 정원을 가꾸는 사역, 병든 자를 찾아가는 사역, 은퇴자나 중독자 섬기기 사역 등 다양한 사역을 스스로 결정하고 실행한다. 이들은 일방적으로 베푸는 것에만 머물지 않고 지역의 전문 사역 기관과 연계해 실질적 회복을 도모한다.

12. 선교적 교회로의 실제적 제안

앞에서 북미주의 다양한 배경과 모습의 선교적 교회들을 살펴보았다. 그럼 이제 질문이 생긴다.

---

17 Ibid., 175

우리가 속한 교회도 앞선 교회들과 같이 선교적 교회가 될 수 있을까? 과연 교회는 어떻게 '선교적'(Missional)이 될 수 있을까?

오스틴시티라이프교회(Austin City Life Church)의 담임목사이자, PlantR의 대표인 조나단 닷슨(Jonathan Dodson)은 「아웃리치 매거진」(Outreach Magazine)에 기고한 글에서 교회가 선교적이 되기 위한 여덟 가지 단순하고 쉬운 방법을 제시하고 있다.[18]

첫째, 비기독교인들과 식사를 함께하라.

직장 동료들과 점심을 함께하고, 이웃들을 저녁에 집으로 초대해서 함께 식사하라. 식사하러 나갈 때는 다른 이들을 초대해서 함께 가라. 가족들과 패밀리 레스토랑에 가서도 모르는 이들과 함께 동석해 대화를 나누라. 기독교적인 내부문화에서 나오라.

둘째, 자가용을 이용하지 말고 걸어라.

당신이 걸어 다닐 수 있는 지역에 거주한다면 자가용을 이용하지 말고 당신의 동네와 아파트 주변, 캠퍼스 안을 걸어라. 낯선 사람에게 인사를 하고 말을 걸어 보라. 사람들의 주위를 끌기 위해 애견이나 아이들과 함께 걸어라. 친구를 사귀라. 집을 나서서 당신의 이웃들에게 관심을 가져 보라. 질문을 하라. 기름도 아끼고, 지구도 보존하고, 이웃을 구원할 수 있으니 일석이조다.

셋째, 규칙적인 사람이 되라.

가스나 식료품, 이발, 외식, 커피 등을 위해 여기저기를 돌아다니지 말고 같은 장소에 가라. 웃고 질문하며 친구가 돼라. 나는 도시 곳곳의 커피숍에 친구들이 있다. 스타벅스에서 일하는 내 친구들은 일주일에 두세 번씩 남은 빵을 우리 교회에 기부하는데 우리는 이것을 노숙자들에게 나누

18　Jonathan Dodson, "8 Easy Way to Be Missional", *Outreach Magazine*, May 26, 2015.

어 준다. 관계를 발전시키라. 규칙적으로 하라.

넷째, 비기독교인들과 취미를 함께하라.

함께 공유할 수 있는 취미를 선택하라. 밖으로 나가 다른 사람들과 함께 즐기는 것을 하라. 스포츠를 함께 즐기고, 피아노나 바이올린, 기타, 뜨개질, 테니스 등을 가르쳐 보라. 이 일들을 기도로 준비하고, 의도적으로 힘쓰라. 즐거운 시간을 보내고 꾸밈없이 대하라.

다섯째, 동료들과 이야기를 나누라.

퇴근 후 팀 동료들과 함께 나가 시간을 가지라. 당신이 이들에게 관심을 두고 있다는 것을 보이라. 동료 중 네 명을 선택하고 그들을 위해 기도하라. 당신의 이웃들 안에 어머니 모임을 만들고 이때 전적으로 그리스도인 어머니들만 모이지 말라. 이웃의 아이들과 함께 놀 날을 정하라. 사역하라.

여섯째, 비영리 단체에서 자원봉사를 하라.

당신의 지역 사회에서 비영리 단체를 찾아 한 달에 한 번 정도 지역 사회를 위해 봉사하라. 이때 이웃들이나 친구들, 당신이 속한 소그룹을 데려가라. 당신의 교회와 더불어 지역 사회를 위해 봉사하라.

한 달에 한 번 당신도 할 수 있다!

일곱째, 지역 사회 행사들에 참여하라.

집에서 게임을 하거나 TV를 보거나 인터넷을 검색하는 대신 지역 사회 행사에 참여하라. 모금 행사나 축제, 청소, 콘서트들에 참석하라. 선교적 마음을 가지고 참여하라. 그곳에 온 사람들과 대화를 나누고 그 문화를 배우라. 그 속에서 보고 들은 것을 되새겨 보고 지역 사회를 위해 기도하라. 지역 사회와 함께하라.

여덟째, 이웃을 섬겨라.

함께 잡초를 뽑고, 잔디를 깎고, 차를 수리하며 이웃에게 도움을 주라. 동네 모임이나 아파트 사무실에 들러 개선을 위해 당신이 도울 수 있는 것이 어떤 것이 있는지를 물어보고, 지역 경찰서나 소방서에 가서 당신이 어떤 일에 도울 수 있는지를 문의하라. 창의력을 발휘하라.
그저 섬기라!

여기서 중요한 것은 조나단도 언급했듯이 우리의 일상생활 속의 삶을 선교적으로 살아가는 것이다. 즉, 교회가 선교적인 교회가 되기 위해서는 교회에 속한 성도가 일상의 삶 속에서 위와 같은 '선교적인 삶'(Missional Life) 또는 '삶으로서의 선교'(Life as Mission)를 살아내는 것이 핵심이다.

선교에 대한 사명은 특별한 소명을 받은 소수의 사람에게만 주신 것이 아니라 우리 모든 그리스도인에게 주셨다. 그러므로 예수 그리스도를 영접하는 그 순간부터 성도는 선교 사역에 동참해야 하는 것이다. 우리 모든 성도는 사도행전의 성도와 같이 사역자로 세우심을 받았다.

사도행전을 다시 읽어 보라!

사도행전에 기록된 40개의 기적에서 39개가 교회 밖에서 그리고 사도들이 아닌 일반 성도에 의해 이루어진 것을 알고 있는가?

우리 그리스도인 모두는 선교사다. 만약 우리가 선교사가 아니라면 우리는 그리스도인이 아니며 선교의 대상이다. 우리에게 절대 중간 지대는 없다.

하나님이 하나님의 선교를 위해 교회를 세우셨다. 그러므로 성경의 모든 말씀은 세계선교의 배경 속에서 해석되어야 한다. 따라서 교회의 목표는 단순히 교회의 수적 성장이 아닌, 지역 사회에 대한 복이 되어야 하며 또한 복의 통로가 되어야 한다.

이를 위해 교회는 하나님의 복을 지역 사회와 세상에 대한 섬김을 통해 구체적으로 보여 줄 수 있어야 하며, 복음은 교회의 구성원인 성도의 삶을 통해 세상 속에서 증명되어야 한다. 기억하자. 선교는 하나님의 백성인 성도의 정체성 바로 그 자체다.

참고 문헌

양현표, 이박행, 『겸직 목회』, (서울: 솔로몬, 2022).

오도넬, 켈리 편, 『선교사 멤버케어』, 최형근 외 역 (서울: CLC, 2004).

옥성득, "평양 대 부흥과 길선주 영성의 도교적 영향", 한국기독교와 역사, 25호, 2006년 9월

유광종, 『중국 두렵지 않은가』, (서울: 책밭, 2014).

이덕주, 『한국 토착 교회 형성사 연구』, (서울: 한국기독교역사연구소, 2000).

이상훈, 『리폼처치』, (서울: 교회성장연구소, 2015).

장동민, 『대화로 풀어보는 한국 교회사 1』, (서울: 부흥과개혁사, 2009).

편집부, 『기독교사상』 1992년 11월호, (서울: 기독교사상 출판부, 1992).

함태경, 『알았던 선교 몰랐던 중국』, (서울: 두란노, 2015).

황영익, 『레슬리 뉴비긴과 칼빈의 선교적 대화』, (의정부: 드림북, 2015).

그리어, J. D. 『담장을 넘는 크리스천』, 정성묵 역 (서울: 두란노, 2016).

게리슨, 데이비드. 『하나님의 교회개척 배가운동』, 이명준 역 (서울: 요단출판사, 2005).

뉴비긴, 레슬리. 『오픈 시크릿』, 홍병룡 역 (서울: 복 있는 사람, 2012).

라이트, 크리스토퍼. 『하나님의 선교』, 정옥배, 한화룡 역 (서울: IVP, 2010).

라이트, 크리스토퍼. 『하나님 백성의 선교』, 한화룡 역 (서울: IVP, 2010).

루이스, 버나드. 『이슬람 1400년』, 김호동 역, (서울: 까치, 1994).

리드, 나오미 『사막에 자두나무가 자란다』, 문세원 역 (서울: 앵커출판&미디어, 2020).

링겔, 조슈아. 『크리슬람, 성경적 관점에서 본 내부자 운동』, 전호진 역 (서울:

종교문화연구출판사, 2014).

램버트, 토니.『중국의 교회 그 놀라운 성장』, 이찬미, 최태희 역 (서울: OMF-Rodem Books, 2007).

밀러, 대로우.『라이프워크』, 이혜림 역 (서울: 예수전도단, 2012).

보쉬, 데이비드 J.『변화하는 선교』, 김만태 역, (서울: CLC, 2017).

스와틀리, 키스.『인카운터 이슬람』, 정옥배, 김보람 역, (서울: 좋은씨앗, 2008).

스토트, 존 & 라이트, 크리스토퍼.『선교란 무엇인가?』, 김명희 역 (서울: IVP, 2018).

야오, 케빈 시위. "중국교회의 선교운동", 한국선교연구원(kriM) 파발마 2.0, 2015.

웨버, 로버트 E.『그리스도교 커뮤니케이션』, 정장복 역 (서울: 대한기독교출판사, 1985).

잉글랜드 성공회 선교와 사회 문제 위원회.『선교형 교회』, 브랜든 선교 연구소 역, (서울: 비아, 2016).

파이퍼, 존,『열방을 향해 가라』, 김대영 역 (서울: 좋은씨앗, 2003).

크라이더, 알랜.『초대 교회에 길을 묻다』, 홍현민 역 (서울: 하늘씨앗, 2021).

타일러, 에드워드 버넷.『원시문화 1』, 유기쁨 역 (서울: 아카넷, 2018).

플랫, 데이비드.『래디컬』, 최종훈 역 (서울: 두란노, 2011).

헤셀그레이브, 데이비드.『선교 커뮤니케이션론』, 강승삼 역 (서울: 생명의말씀사, 1999).

2010 제 3차 로잔대회공식문서,『케이프타운 서약』, (서울: IVP, 2014)

Bookless, Dave. *Planetwise: Dare to Care for God's World* (Nottingham: IVP, 2008).

Dodson, Jonathan. "*8 Easy Way to Be Missional*", Outreach Magazine, May 26, 2015.

Encyclopedia Britannica. Vol.10.

Engel, James F. *Contemporary Christian Communication: Its Theory and Practice* (Nashville, New York: Nelson Incorporated, Thomas, 1979).

Gilliland, Dean S. ed. *The World Among Us: Contextualizing Theology for Mission Today* (Dallas: Word Publishing, 1989).

Guder, Darrel L. *Missional Church: A Vision for the Sending of the Church in North America* (Wm. B. Eerdmans Publishing Co, 1998).

Hattaway, Paul. *Operation China* (Carlisle: Piquant, 2009).

Hay, Rod. *Worth Keeping* (Pasadena, Ca: William Carey Library, 2007).

Jones, Tony. *The Church Is Flat: The Relational Ecclesiology of the Emerging Church Movement* (JoPa Productions, LLC, 2011).

Kirk, J. Andrew. *What Is Mission? Theological Explorations* (London: Darton, Longman & Todd; Minneapolis: Fortress Press, 1999).

Kouzes, James M. and Posner, Barry Z. *The Leadership Challenge* (San Francisco: Jossey-Bass, 2002).

Kraemer, Hendrik. *The Christian Message in a Non-Christian World* (London: Edinburgh House Press, 1947).

Luther, Martin. *The Babylonian Captivity of the Church* (1520: Project Online Electronic Study Edition, 2002).

Minucius Felix, Octavius. 31.6-8; 38.6(North Africa, ca 200).

Neill, Stephen. *A History of Christian Missions* (Harmondsworth, UK: Penguin Books, 1986).

Newbigin, Lesslie. *One Body, One Gospel, One World: The Christian Mission Today* (London: Wm. Carling & Co. Ltd, 1958).

Roxburgh, Alan J. & Boren, M. Scott. *Introducing Missional Church: What it is, Why it matters, How to become one*, (Baker Book, 2009).

Spurgeon, Charles. *"A Sermon and a Reminiscence,"* Sword and Trowel, March 1873.

Tertullian, To His Wife 4, 7.

Stott, John. *Favorite Psalms* (London: Candle Books, 1988).

"The Thailand Statement", *in Making Christ Know: Historic Mission Documents from the Lausanne Movement 1974-1989* (ed. John Stott; Grand Rapid: Eerdmans, 1996).

Travis, John. *"The C1 to C6 Spectrum",* Evangelical Missions Quarterly, 34: 3, October 1998.

Tucker, Ruth and Leslie, Andrews. *Historical Notes on Missionary Care. In Missionary Care: Counting the Cost for World Evangelization*, ed. Kelly O'Donnell, (Pasadena, CA: William Carey Library, 1992).

Yoon, M. *"Nursing Missionary Elizabeth J. Shepping's Education and Holistic Care for Korean"*, 2015.

孙毅, "新兴城市家庭教会的主要关切", 2009년 11월《中国家庭教会问题专题研讨会》발표 논문, 현 普世社会科学研究所에서 편집한 "中国基督家庭教会问题研究"연구논문집.

李凡, "基督教与中国政治发展" 2008년 7월 27일《背景与分析》특간, 제19호에 발표. "中国基督教家庭教会问题研究", 2009년 1월.

"(기획)1. 주일학교 학생수 40% 줄어… 영아부 없는 교회도 절반이상", CBS 노컷뉴스, 2021. 4. 1.

"선교지에 세워진 교회가 스스로 선교에 나서는 시대가 활짝", 국민일보, 2019. 12. 26.

"아프리카 유학생, 갈수록 중국 선호", 연합뉴스, 2022, 9. 8.

"지난 20년간 BAM운동 놀랍게 성장", 크리스천투데이, 2019. 6. 6.

"한국 교회 선교, 성육신적으로 해달라", 교회와 신앙, 2008. 6. 17.

"한국 선교사, 현지 문화와 소통 미흡", 기독신문, 2008. 6. 13.

"한 명 양성에 21억…조종사가 적진에 떨어지면?", KBS NEWS, 2020. 05. 28.

한국이슬람교중앙회의 보고서.

한국유학저널(http://www.k-yuhak.com)

"한국은 외국인 근로자 없이 버틸 수 없는 나라가 됐다." 중앙일보, 박영범의 이코노믹스, 2021. 5. 18.

"BAM운동은 한국 교회 회복과 선교의 대안 될 것", 기독일보, 2024. 5. 24.

Business as Mission에 관한 10문 10답, 2018. 10.10. 업뎃/조샘

2021년 이민자 체류 실태 및 고용 조사 결과. 대한민국 정책브리핑.

http://www.bridgesinternational.com/

htpp://www.centerforbam.com

https://www.opendoors.or.kr/board/list.do?iboardgroupseq=1&iboardmanagerseq=3

www.BAMglobal.org